权威·前沿·原创

皮书系列为
"十二五""十三五"国家重点图书出版规划项目

深圳蓝皮书

BLUE BOOK OF
SHENZHEN

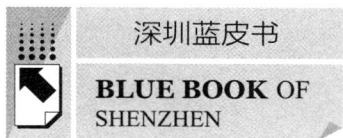

编委会主任／乔家华　吴　忠　孙福金

深圳劳动关系发展报告
（2019）

ANNUAL REPORT ON SHENZHEN'S LABOR RELATIONSHIP
(2019)

主　编／汤庭芬
副主编／秦晓南　杨保华　黄金玲

社会科学文献出版社
SOCIAL SCIENCES ACADEMIC PRESS（CHINA）

图书在版编目（CIP）数据

深圳劳动关系发展报告. 2019 / 汤庭芬主编. -- 北
京：社会科学文献出版社，2019.6
　（深圳蓝皮书）
　ISBN 978 - 7 - 5201 - 4962 - 4

　Ⅰ. ①深… 　Ⅱ. ①汤… 　Ⅲ. ①劳动关系 - 研究报告 -
深圳 - 2019 　Ⅳ. ①F249. 276. 53

　中国版本图书馆 CIP 数据核字（2019）第 110811 号

深圳蓝皮书
深圳劳动关系发展报告（2019）

主　　编 / 汤庭芬
副 主 编 / 秦晓南　杨保华　黄金玲

出 版 人 / 谢寿光
责任编辑 / 丁　凡
文稿编辑 / 李惠惠

出　　版 / 社会科学文献出版社·城市和绿色发展分社（010）59367143
　　　　　地址：北京市北三环中路甲29号院华龙大厦　邮编：100029
　　　　　网址：www. ssap. com. cn
发　　行 / 市场营销中心（010）59367081　59367083
印　　装 / 三河市东方印刷有限公司

规　　格 / 开　本：787mm × 1092mm　1/16
　　　　　印　张：22.5　字　数：337 千字
版　　次 / 2019 年 6 月第 1 版　2019 年 6 月第 1 次印刷
书　　号 / ISBN 978 - 7 - 5201 - 4962 - 4
定　　价 / 98.00 元

本书如有印装质量问题，请与读者服务中心（010 - 59367028）联系

摘　要

2018 年是全面贯彻落实党的十九大精神的开局之年。在这一年里，深圳市各相关部门坚持以人民为中心，以深圳质量、深圳标准为引领，直面劳动争议持续高发的态势，为构建和谐劳动关系提供了坚强保障。《深圳劳动关系发展报告（2019）》由深圳市社会科学院、深圳市人力资源和社会保障局、深圳市总工会和深圳大学联合编辑出版。全书展示了深圳市在推动和谐劳动关系工作方面的创新亮点，从理论与实践的视角，探索深圳构建和谐劳动关系的发展路径。

《深圳劳动关系发展报告（2019）》分为五部分。第一部分为总报告。介绍 2018 年深圳认真贯彻国家和广东省、深圳市关于构建和谐劳动关系的决策部署，积极应对经济形势变化带来的影响，构建中国特色和谐劳动关系取得显著成果，同时展示和研判深圳在劳动关系工作领域的创新亮点及发展趋势。第二部分为人力资源与社会保障篇。介绍 2018 年各级人力资源社会保障部门坚持新发展理念，运用法治思维和法治方式加强劳动关系调整制度建设，提升劳动关系构建法治化、智能化水平，构建和谐劳动关系工作取得显著成效。第三部分为工会组织篇。介绍 2018 年深圳各级工会组织坚持民主化、专业化的改革创新方向，继续深化集体协商机制，强化企业民主管理，有效推进"互联网＋"工会普惠性服务，发挥工会对广大职工群众的团结凝聚作用。第四部分为劳动关系和谐度测评篇。介绍 2018 年深圳开展企业劳动关系和谐度评估研究课题，运用多项指标进行调研测评，对不同行业、各种类型企业劳动关系成果进行总结评估，为推动全市企业构建和谐劳动关系提供新经验。第五部分为专题研究篇。对 2018 年深圳劳动关系领域发生的重大变化、劳动关系运行中涉及的法律与实践问题，进行有深度、有新意的研究，提出劳动关系协调机制的理论设想与创新思路，为今后劳动立法、工作实践提供有益的参考。

本书对深圳劳动关系发展的预测与展望：深圳作为改革开放的前沿城市，受经济下行、产业结构调整升级以及中美贸易摩擦等多重因素的影响，企业经营发展承受较大压力，劳动关系不稳定因素明显增加，劳动关系工作面临诸多挑战。面对新形势、新任务，2019 年深圳劳动关系工作要主动适应经济发展新常态，确保工作任务的全面完成。一是深化和谐劳动关系综合试验区建设，形成一批可复制、可推广的经验。二是加强劳资纠纷预防化解处置，切实推进劳资纠纷风险预警信息系统的应用。三是建立健全工资支付保证金等欠薪治理工作相关配套制度，加强欠薪问题的源头治理。四是推进"深圳市劳动人事争议 E 仲裁信息化体系"建设，实现业务网上办理、流程全面覆盖、数据互通共享、系统辅助办案的"智能仲裁"。五是优化职业培训补贴政策，完善以产业用人需求为核心的普惠制培训补贴制度，对企业设立的技能人才培养载体予以资助。六是持续完善社会医疗保险制度，继续推进按疾病诊断相关分组付费改革工作，逐步在全市医院推广。七是重视网上工会的建设，加快服务模式的转型和创新，适应新媒介融合的发展要求。

关键词：和谐劳动关系　劳动争议　薪酬改革　基层民主

Abstract

The year 2018 is the first year to fully implementing the spirit of the Nineteenth National Congress of the Party. In the past year, Shenzhen's relevant departments adhere to centre round the interests of the people and to lead by Shenzhen Quality and Shenzhen Standard. Facing the situation of high frequency of labor disputes, they provided powerful guarantee for constructing harmonious labor relations. *Annual Report On Shenzhen's Labor Relationship* (*2019*) is the product of joint efforts by four organizations: Shenzhen Academy of Social Sciences, Shenzhen Bureau of Human Resources and Social Security, Shenzhen Federation of Labor and Shenzhen University. The book shows the bright spots of Shenzhen's innovation in promoting harmonious labor relations.

The volumecomprises of five parts. Part one is General Report, which introduces the remarkable achievements of Shenzhen in building harmonious labor relations with Chinese characteristics by carefully implementing the decision-making deployment of the state and provinces on constructing harmonious labor relations and actively coping with the impact of changes in the economic situation. And the paper shows and judges Shenzhen's innovation highlights and development trends in the field of labor relations. The focus of Part two is human resources and social security. Articles in this part describe that human resource departments at different levels of government adhered to the new development concept, strengthened the construction of labor relations adjustment system by using the thought of rule of law and the way of rule of law, promoted the level of rule of law and intelligence in the construction of labor relations, and achieved remarkable results in building harmonious labor relations in 2018. Part three is concerned with the trade unions. The reports in this part describe how the Shenzhen's trade unions at different levels persisted in the reform and innovation direction of democratization and specialization, continued to deepen the mechanism of collective bargaining, strengthened democratic management of enterprises, effectively promoted the "Internet +" trade unions' inclusive services, and achieved union solidarity and cohesion among the broad masses of workers and staff members. Part Four deals with evaluation of labor relations harmony index. This part introduces the latest research findings of those who have been trying to carry out the research on the evaluation of the harmony degree of Shenzhen's enterprise labor relations, and to use a number of indicators to conduct research and evaluation, and to summarize and evaluate the results of different industries and types of enterprise labor relations, so as to provide new experience for promoting the construction of harmonious labor relations in enterprises of the whole city. Part Five is made up of topical reports. The papers made a deep and innovative research on the major changes in the field of labor relations in Shenzhen in 2018 and the legal and practical problems involved in the operation of labor relations, and put forward the theoretical assumptions and innovative ideas of the coordination mechanism of labor relations, which will provide useful reference for future labor legislation and work practice.

In the opinion of the volumes editors and contributors, as a frontier city of reform and opening-up, Shenzhen will be affected by many factors, such as economic downturn, industrial restructuring and upgrading, and trade frictions between China and the United States. Enterprises'operation and development will be under great pressure. The unstable factors of labor relations will increase significantly, and the work of labor relations will face many challenges.

In 2019, facing the new situation and new task, Shenzhen government need to take the initiative to adapt to "economic new normal", and ensure the complete completion of its tasks. First, We should deepen the construction of a comprehensive pilot area for harmonious labor relations and form a number of replicable and popularizable experiences. Second, we should strengthen the prevention, resolution and disposal of labor disputes, and effectively promote the application of early warning information system of labor disputes risk. Third, we should establish and improve the relevant supporting systems for wage arrears management, such as wage payment guarantee, and strengthen the source control of the problem of wage arrears. Fourth, we should promote the construction of "Shenzhen Labor and Personnel Dispute E Arbitration Information System", and realize "Intelligent Arbitration" for business online processing, process comprehensive coverage, data exchange and sharing, and system-assisted case handling. Fifth, we should optimize the subsidy policy for vocational training, improve the GSP training subsidy system centered on the needs of industrial employers, and subsidize the carrier for training skilled personnel set up by enterprises. Sixth, we should continuously improve the social medical insurance system, continue to promote the reform of payment according to disease diagnosis related groups, and gradually promote it in hospitals throughout the city. Seventh, we should pay attention to the construction of online trade unions, accelerate the transformation and innovation of service mode, and adapt to the development requirements of new media integration.

Keywords: Harmonious Labor Relations; Labor Dispute; Salary Reform; Grass-roots Democracy

目 录

Ⅰ 总报告

B.1 2018年深圳劳动关系发展状况及展望
·········· 深圳劳动关系发展报告课题组 / 001

Ⅱ 人力资源与社会保障篇

B.2 深圳市近年构建和谐劳动关系的实践与思考
·········· 杨保华 赖粤文 / 021

B.3 推进和谐劳动关系综合试验区改革研究与思路
·········· 吴潇文 胡磊 蒋婷 陶韵竹 胡晓烨 / 034

B.4 深圳市2018年人力资源和社会保障情况调查分析········· 孟凡友 / 044

B.5 深圳公共就业服务的主要问题及对策建议······ 冯力 张俊杰 / 057

B.6 深圳企业工资支付情况分析及对策建议········ 杨保华 吴丽莎 / 068

B.7 深圳劳动监察执法工作现状及思考·············· 吴洁红 / 081

B.8 2018年深圳市劳动人事争议仲裁现状分析及2019年形势预判
·········· 敖宇星 / 092

B.9 盐田区劳动关系公共服务创新与实践
·········· 刘定权 / 104

B. 10 2013～2017年深圳市劳动争议裁审衔接情况分析报告

…………………………… 林　莉　刘　莉　罗映清 / 119

B. 11 社会力量多元参与劳动争议调解

——深圳市坪山区探索劳动争议预防调解新模式

…………………………………… 杨洲杰　张翠红 / 139

Ⅲ　工会组织篇

B. 12 打造一支高素质专业化工会干部队伍

——对新时期工会干部队伍建设有关问题的观察和思考

………………………………………………… 冯　力 / 152

B. 13 工会会员普惠服务体系建设研究 ………… 曾虹文　梁水英 / 162

B. 14 融合多种民主形式，建立有效管理体制 ……………… 古凤绮 / 176

B. 15 "互联网＋"时代下，工会组织变革的创新与思考

………………………………………………… 安　江 / 186

Ⅳ　劳动关系和谐度测评篇

B. 16 中电港公司2018年劳动关系和谐度测评报告

………… 汤庭芬　艾宏扬　高光明　周　捷 / 198

B. 17 深圳市泛海三江电子股份有限公司2018年劳动关系

和谐度评估报告 ………………………… 张　琛　陈　坤 / 208

B. 18 2018年中金岭南财务公司劳动关系和谐度测评报告

………………………………………………… 汤庭芬 / 215

Ⅴ　专题研究篇

B. 19 深圳中级人民法院2016～2018年劳动争议案件大数据分析

………………………………………………… 邢蓓华 / 223

B. 20 广东薪酬制度改革进程研究

　　——改革开放以来薪酬改革发展历程 ················ 曾晓慧 / 232

B. 21 发达国家职业伤害救济制度及对我国的启示 ··········· 翟玉娟 / 246

B. 22 劳动合同解除情事变迁原则浅析 ················ 彭小坤 / 259

B. 23 我国非全日制劳动者的劳动风险保障现状及完善

　　··············· 张荣芳　邱颖琪 / 272

B. 24 广东省用人单位应参保未参保职工基本养老保险补缴机制研究

　　··················· 黄莹瑜 / 284

B. 25 深圳市 L 区企业职工就业质量评估研究 ··········· 徐道稳 / 296

B. 26 欠缺就业证件情形下外国人劳动权益保护问题

　　··············· 班小辉　金　瑾 / 315

B. 27 员工诉求超法律基准类劳资纠纷处置研究 ·········· 张振成 / 327

「皮书数据库阅读使用指南」

CONTENTS

I General Report

B.1 Labor Relations in Shenzhen: Review of 2018 and Forecast for 2019
Research Group of Shenzhen's Labor Relationship Annual Report / 001

II Human Resources and Social Security

B.2 Practice and Consideration of Constructing Harmonious Labor
Relations in Shenzhen in Recent Years   *Yang Baohua, Lai Yuewen* / 021

B.3 A Study on Promoting the Reform of a Comprehensive Pilot Area
for Harmonious Labor Relations
Wu Xiaowen, Hu Lei, Jiang Ting, Tao Yunzhu and Hu Xiaoye / 034

B.4 Investigation and Analysis of Human Resources and Social Security
in Shenzhen in 2018   *Meng Fanyou* / 044

B.5 Main Problems and Countermeasures of Public Employment Service
in Shenzhen   *Feng Li, Zhang Junjie* / 057

B.6 Analysis and Suggestions on the Wage Payment of Shenzhen
Enterprises   *Yang Baohua, Wu Lisha* / 068

B.7 Current Situation and Consideration on Law Enforcement of
Labor Supervision in Shenzhen   *Wu Jiehong* / 081

B.8   Analysis of the Present Situation of Labor and Personnel Dispute
          Arbitration in Shenzhen in 2018 and Prediction of the Situation in 2019
                                                              Ao Yuxing / 092

B.9   Innovation and Practice of Public Service of Labor Relations in
          Yantian District   *Liu Dingquan* / 104

B.10 Analysis Report on Linkage of Labor Dispute Arbitration and Trial
          in Shenzhen from 2013 to 2017
                                        Lin Li, Liu Li and Luo Yingqing / 119

B.11 Social Forces Diversified Participation in Labor Dispute
          Mediation: Exploring a New Model of Labor Dispute Prevention
          and Mediation in Pingshan District of Shenzhen City
                                        Yang Zhoujie, Zhang Cuihong / 139

Ⅲ   Union Organizations

B.12 Creating a Contingent of High-quality Professional Union Cadres:
          Observation and Consideration on Problems Relating to the
          Construction of Trade Union Cadres in the New Period
                                                              Feng Li / 152

B.13 Research on the Construction of Trade Union Members'
          Inclusive Service System   *Ceng Hongwen, Liang Shuiying* / 162

B.14 Integrating Various Forms of Democracy and Establishing an
          Effective Management System   *Gu Fengqi* / 176

B.15 Innovation and Reflection on the Reform of Trade Union Organizations
          in the Era of "Internet +"   *An Jiang* / 186

Ⅳ   Evaluation of Labor Relations Harmony Index

B.16 Evaluation Report of Harmony Degree of Labor Relations of
          China Power Port Company in 2018
                      Tang Tingfen, Ai Hongyang, Gao Guangming and Zhou Jie / 198

B.17 Shenzhen Fanhai Sanjiang Electronics Co., Ltd. Evaluation Report
on Harmony of Labor Relations in 2018　　*Zhang Chen, Chen Kun* / 208

B.18 Evaluation Report on Harmony of Labor Relations of Zhongjin
Lingnan Finance Company in 2018　　*Tang Tingfen* / 215

V　Special Reports

B..19　Big Data Analysis of Labor Dispute Cases in Shenzhen
Intermediate Court from 2016 to 2018　　*Xing Beihua* / 223

B.20　Research on the Reform Process of Compensation System
in Guangdong Province: The Development Course of Salary
Reform since Reform and Opening-up　　*Ceng Xiaohui* / 232

B.21　Occupational Injury Relief System in Developed Countries and
Its Enlightenment to China　　*Zhai Yujuan* / 246

B.22　Analysis of the Principle of Change in Removal of Labor Contract
　　Peng Xiaokun / 259

B.23　Current Situation and Improvement of Labor Risk Guarantee for
Part-time Workers in China　　*Zhang Rongfang, Qiu Yingqi* / 272

B.24　Research on the Basic Pension Insurance Compensation Mechanism
of Uninsured Workers in Guangdong Province　　*Huang Yingyu* / 284

B.25　Study on Employment Quality Assessment of Enterprise Workers in
L District of Shenzhen City　　*Xu Daowen* / 296

B.26　Protection of Foreigners' Labor Rights and Interests in Lack
of Employment Documents　　*Ban Xiaohui, Jin Jin* / 315

B.27　Research on Disposal of Employee's Claim for Labor Disputes
beyond Legal Benchmark　　*Zhang Zhencheng* / 327

总 报 告

General Report

B.1

2018年深圳劳动关系发展状况及展望

深圳劳动关系发展报告课题组*

摘　要： 2018年是改革开放40周年，深圳全面贯彻习近平总书记对广东重要讲话和对深圳重要批示指示精神，有效应对风险挑战，在构建新型和谐劳动关系方面取得新进展、新突破，为深圳民生改善、经济发展、社会稳定做出了积极贡献。本报告介绍深圳2018年推进构建和谐劳动关系的主要做法，展示就业人才、劳动关系、社会保障等方面取得的新突破；分析深圳作为经济大市、创新大市、外贸大市和人口大市，地处改革开放和意识形态斗争"两个前沿"的最前沿，构建和谐劳动关系面临的问题和挑战；提出按照习近平总书记对深圳的重要批示指示精神，引领2019年深圳劳动关系工作高质量发展

---

* 深圳劳动关系发展报告课题组成员单位：深圳市社会科学院、深圳市总工会、深圳市人力资源和社会保障局。

的奋斗目标和举措。

关键词: 劳动关系 综合试验 就业人才 社会保障

一 聚集重点，2018年深圳构建和谐劳动关系工作取得新成绩

2018年是改革开放40周年，是全面贯彻党的十九大精神的开局之年，是极不平凡的一年。全市人力资源部门深入学习习近平新时代中国特色社会主义思想和党的十九大精神，全面贯彻习近平总书记对广东重要讲话和对深圳重要批示指示精神，坚决落实深圳市委、市政府决策部署，迎难而上、锐意进取，在构建新型和谐劳动关系方面取得新进展、新突破，为深圳民生改善、经济发展、社会稳定做出了积极贡献。

（一）建设和谐劳动关系综合试验区，推进劳动关系协调体制机制不断完善

1. 省市共建盐田和谐劳动关系综合试验区在全国起到示范引领作用

2015年党中央、国务院发出积极开展构建和谐劳动关系综合试验区（市）建设的号召，深圳市迅速响应，于2015年8月启动省市共建盐田区综合试验区建设，以构建和谐劳动关系综合试验区为抓手，加快完善劳动关系治理体系，提升劳资纠纷治理能力和水平，有效防范劳动关系风险。盐田试验区作为深圳市第一个综合试验区，启动以来紧紧围绕共建方案中"一条主线、三大品牌、五大特色和十个重点"的总体思路，通过持续推进，经过多方的努力，盐田区圆满完成省市共建的各项目标任务，探索建立构建和谐劳动关系的盐田标准，形成党委领导、政府负责、企业主体、职工参与、社会协同的劳动关系治理格局，形成区、街道、社区、企业四级联创共建模式，形成专业高效的劳动关系管理服务模式，辖区劳动用工管理水平逐

年提升，2016～2018年劳资纠纷总量连创历史新低，群体性劳资隐患提前化解率达80%以上，30人以上群体性劳资纠纷就地化解率达100%，90%以上的劳资纠纷通过调解方式得到妥善化解。盐田试验区卓有成效的实践，得到了部、省、市领导的高度重视和充分肯定，盐田多次在部、省会议上做经验介绍，《中国改革报》多次头版报道，将盐田誉为构建和谐劳动关系的"盐田标杆""盐田样本"，盐田港区被评为"全国和谐劳动关系模范工业园区"。

2. 在全省率先开展劳务派遣单位等级评定

为实施质量标杆引领计划，推动劳务派遣规范管理和高质量发展，由深圳市人力资源和社会保障局（以下简称"人社局"）牵头行业协会具体编制的两项地方标准——《劳务派遣服务规范》和《劳务派遣单位等级划分与评定》，于2017年3月1日在全省率先发布。为推动劳务派遣单位对标、达标、提标，深圳市人社局于2018年5月启动劳务派遣单位等级评定工作，按照标准要求，授权行业协会具体开展。通过网上测评、材料审核、评分模拟、现场评分等一系列环节，最终有42家劳务派遣单位获得相应等级，其中5A级18家，4A级9家，3A级11家，2A级2家，1A级2家。2019年2月，向社会公布了首批劳务派遣单位等级名单，树立行业标杆。

3. 劳动关系研究工作得到加强

（1）首次开展全市劳动关系形势调查评估工作。通过梳理劳动关系全过程涉及的主体和关键环节，制定劳动关系发展状况调查评估指标体系和评估模型，对602家企业和1188名员工、16家承接政府劳动关系事务的社会组织开展问卷调查，形成劳动关系发展状况调查分析报告，从第三方角度客观评价劳动关系形势。

（2）深圳劳动关系研究院成立并发挥专业作用。自2018年1月成立以来，开展了整合智库平台、承接课题调研、提供咨询服务等工作，例如承接坪山区规模以上企业劳动关系现状调研、光明区建设发展集团"侨新职工"劳动关系归属研判和龙华区民治街道"产业工人参与社会治理环境影响因素及实现模式"等课题项目，与中国劳动和社会保障科学研究院、首都经济贸易大学劳动经济学院及深圳大学法学院签订合作协议，聘请中国劳动和社会保障科学研究院、中国人民大学、中山大学等在劳动关系领域的顶尖实务理论专家并颁发聘书，积极参与构建和谐劳动关系。

（二）积极应对中美经贸摩擦，推动实现更高质量更加充分就业

全市就业人口规模达到1127.36万人（失业保险缴费统计数据），城镇登记失业率为2.31%（见表1），在全国处于较低水平。

表1　深圳市劳动者就业关键指标

单位：人，%

指标名称	2017 年	2018 年	同比增长
新增就业人数	100844	109174	8.26
城镇登记失业率	2.20	2.31	0.11
失业转就业人数	28651	31500	9.94
登记失业人员本期新增人数	17438	16799	−3.66
期末登记失业人数	41370	44551	7.69

1. 就业促进政策体系日趋完善

全面落实中央、广东省关于稳就业的决策部署，出台进一步促进就业若干措施，有效应对当前经济环境的新情况、新变化，持续减轻企业负担，鼓励支持就业创业，实施积极就业培训，提高劳动者就业竞争力和职业转换能力，从源头稳定就业。

2. 重点群体就业保障有力

抓好异地务工人员就业促进工作，举办"春风行动"等市级专场招聘会251场，提供就业岗位11.3万个。对就业困难人员和"零就业家庭"人员实行分级分类帮扶。实施高校毕业生就业促进计划，深圳高校毕业生初次就业率保持在95%以上。

3. 创业就业能力不断增强

举办深圳"逐梦杯"大学生创新创业大赛、珠三角自主创业项目推介会、创业导师进基层等活动。全年发放自主创业补贴1952万元，创业担保贷款3985万元。留学人员创业企业稳步增长，"海归经济"蓬勃发展。

4.积极应对中美经贸摩擦对就业的影响

成立人社领域应对处置工作领导小组，制定应急维稳预案，压实属地管理责任；分片巡查监测涉美出口重点企业，防范重大劳资纠纷群体性事件发生；开展涉美出口企业的实地调研及问卷调查，及时跟踪应对，稳定就业。

（三）深化人才发展体制机制改革，建设更具竞争力的人才特区

全年新增专业技术人才12.8万人，总量达166.6万人；新增技能人才22万人，总量达353万人，高技能人才占31.2%；新引进留学人员2.1万人，累计近12万人；引进人才25.4万人，同比增长8.6%。人才资源总量稳步增长，人才队伍结构不断优化，人才综合素质和创新创业能力全面提升，为深圳经济社会发展提供了有力的人才支持。

1.积极重构优化人才政策体系

牵头起草12项配套办法和操作规程，推动人才认定机制的改革创新，制定人才分类评价若干措施。深化职称制度改革，完善科技、教育、卫生、文化等领域的人才评价标准。会同相关产业（行业）主管部门，在新兴前沿、创意设计、城市管理治理等领域研究制定急需紧缺人才认定办法。

2.全球靶向引进"高精尖缺"人才

突出刚性引才和柔性引才相结合，围绕国际化创新型城市建设需要，构建与国际接轨、更具全球竞争力的人才制度体系，助力解决"卡脖子"问题。成功举办第十六届中国国际人才交流大会和第二届中国深圳创新创业大赛国际赛。

3.首创应届毕业生引进"秒批"改革

高校应届毕业生接收和报到实现全流程网上办理，办事零跑动，系统自动比对并自动审批、无人工干预，审批信息在部门间由系统自动推送，充分运用现代信息技术方便群众办事，提升引才效率，此项改革作为深圳行政审批改革的亮点工作在国务院网站做了专题经验介绍。

4. 大力培育高技能人才队伍

推行企业首席技师制度，引导企业发挥技能领军人才作用。完善"技能菁英"遴选资助管理办法，加快培育青年技能领军人才。推进"粤菜师傅"工程，促进劳动者技能就业、技能致富。制定世界技能大赛工作激励资金管理办法，对获奖选手予以最高 100 万元奖励。11 名选手入围第 45 届世界技能大赛国家集训队。

5. 推进人力资源服务业集聚发展

2018 年 11 月 1 日正式出台实施深圳首个人力资源服务业扶持政策文件——《深圳市关于加快发展人力资源服务业的若干措施》，进一步突出高端引领、培育龙头、创新发展、招才引智、国际化发展等重点。形成以深圳人才园为核心园区，以龙岗区天安云谷区智慧广场、南山区深圳湾科技生态园、宝安区空港新城为分园区，全市近 13 万平方米的"一园多区"人力资源服务产业园，聚集了 80 余家国（境）内外知名人力资源服务机构进驻，成为深圳推动人力资源服务业集聚发展和吸引人才、聚集人才、服务人才的重要载体。2018 年 10 月，人社部批准深圳设立国家级人力资源服务产业园，并在 11 月 1 日隆重举行授牌仪式，致力于打造粤港澳大湾区首个"高端化、专业化、国际化、信息化"的国家级人力资源服务平台，开启人力资源服务业发展新局面。

（四）健全工资分配宏观调控机制，增强劳动者获得感幸福感

1. 稳慎调整最低工资标准

开展最低工资标准实施评估，形成《深圳市 2018 年最低工资评估报告》，为科学把握调整频率和幅度提供数据支撑。自 2018 年 8 月 1 日起，深圳市最低工资标准调整为 2200 元/月，涨幅为 3.29%。在经济发展基础上合理调整最低工资标准，保障和改善民生，促进社会和谐发展。

2. 完善企业薪酬调查制度

完成人社部下达的 959 家和广东省下达的 1100 家企业薪酬调查和相关数据上报分析任务，开展公职人员和企业相当人员工资比较，形成《深圳市公职人员和企业相当人员工资比较分析报告》《深圳市 2018 年企业人工

成本分析报告》，促进健全工资正常调整机制。工资指导价位从经济领域延伸到社会领域，为用人单位和员工合理确定工资分配提供了客观参考依据，受到用人单位和员工的关注和欢迎。

3. 人力资源市场工资指导价位制定发布工作实现新突破

2018 年工资指导价位涵盖了 38 个大类行业 446 个细类岗位，总体高位值、中位值、低位值和平均值分别为 25860 元/月、5069 元/月、2882 元/月和 6413 元/月，同比分别增长 2.32%、14.81%、5.76% 和 14.29%。近年来每年工资指导价位均比上年有所提高，明确释放了要求企业根据经济效益适当提高工资水平、促进员工分享经济社会发展成果的信号。行业工资指导价位发布机械、装饰、酒店、旅游、公路货运与物流、医药六个行业（2018 年首次发布医药行业工资指导价位），继续发布企业人工成本信息，对引导企业工资分配起到了积极作用。

（五）稳步提高社保水平，构建更加公平可持续的社会保障体系

社保五险总参保 6095.05 万人，同比增长 3.64%（见表 2），社保基金收入同比增长 15.4%，基金总支出同比增长 39.8%。北上广深单位社保参保人数见表 3，社保缴费费率见表 4。

表 2　深圳市社会保险关键指标

单位：万人，%

指标名称	2017 年	2018 年	同比增长	参保率
参加养老保险人数 *	1134.32	1157.77	2.07	102.70
参加企业养老保险人数 *	1116.46	1137.34	1.87	100.89
参加社会医疗保险人数 *	1396.11	1466.92	5.07	130.12
医疗保险一档 *	432.84	478.47	10.54	42.44
医疗保险二档 *	579.00	628.57	8.56	55.76
医疗保险三档 *	384.27	359.88	− 6.35	31.92
参加生育保险人数 *	1160.57	1202.62	3.62	106.68
参加工伤保险人数 *	1100.68	1140.38	3.61	101.15
参加失业保险人数	1089.49	1127.36	3.48	100.00
社会保险参保总人数	5881.17	6095.05	3.64	—

* 参保率以失业保险缴费口径的就业人数 1127.36 万人计算。

表3 2017年北上广深单位社保参保人数

单位：万人

城市	参保人数				
	养老保险	医疗保险	失业保险	生育保险	工伤保险
深圳	1157.77	1466.92	1127.36	1202.62	1140.38
北京	1604.5	1569.2	1170.2	1035.2	1117.9
上海	1432.97	1496.78	961.84	972.04	958.06
广州	494.44	684.28	540.8	518.92	579.31

资料来源：根据各地人力资源和社会保障局网站资料整理。

表4 北上广深单位社保缴费费率

单位：%

城市	社会保险用人单位缴费费率					
	养老保险	医疗保险	失业保险	生育保险	工伤保险	合计最低
深圳	13~14	0.45~6.2	1	0.50	0.14~1.14	23.14
北京	20	10	0.80	0.80	0.5~2	32.1
上海	20	9.50	0.50	1	0.2~1.9	31.2
广州	14	8	0.64	0.85	0.20	23.69

资料来源：根据各地社保缴费政策整理。

1. 养老保险待遇水平稳步提升

全市企业退休人员人均基本养老金3818元/月，居全国前列。深圳积极落实国家和广东省各项养老保险待遇调整政策，将低保对象、特困人员等困难群体纳入本市居民基本养老保险扶贫范围。

2. 医疗保险实现广覆盖、低缴费、高保障

在全国率先实现医疗保险制度一体化，农民工个人每月缴费11元，即可享受不低于160万元的医保待遇。居民参加医保财政年补助标准由450元提高至492元。全市推广"与分级诊疗相结合的医疗保险总额管理制度"。

3. 完善工伤保险体系

规范工伤预防管理工作，联合住建、安监等部门，协同推进建筑施工企业参加工伤保险工作。完善劳动能力鉴定制度建设，出台《深圳市劳动能

力鉴定管理办法》，优化鉴定流程，健全鉴定专家考核责任制度。

4. 持续减负优化营商环境

通过社保降费率、实行社保浮动费率、发放生育津贴、失业稳岗补贴，共计减负 114.94 亿元。

（六）积极预防和妥善处置劳资纠纷，着力扭转易发多发态势

1. 扎实做好保障农民工工资支付工作

出台保障农民工工资支付工作考核、督查、问责等多项制度，对严重拖欠农民工工资用人单位及其有关人员实施联合惩戒。严厉打击拒不支付劳动报酬犯罪，加强涉嫌拒不支付劳动报酬案件查处和司法移送工作。2018 年全市人力资源保障部门向公安机关移送涉嫌拒不支付劳动报酬犯罪案件 92 宗，其中公安机关立案 68 宗，刑事拘留 42 人。

2. 加大执法检查力度

出台《用人单位搬迁所引发劳资矛盾处置工作指引》，积极预防和妥善处置企业搬迁引发的劳资纠纷。进一步加强全市劳资纠纷预警系统的应用。落实劳动监察"两网化"管理，加强日常执法检查，积极处理举报投诉案件。组织开展全市用人单位工资发放大检查、打击恶意欠薪百日专项行动、清理整顿人力资源市场专项行动、用人单位遵守劳动用工和社会保险法律法规等多项专项执法检查，依法查处劳动保障违法行为，切实维护劳动者合法权益。2018 年，全市劳动监察机构共检查用人单位 2.42 万家次，涉及劳动者 262.7 万人；办结各类劳动违法案件 1476 宗，同比增长 15.3%；处置 30人以上劳资纠纷 71 件，同比下降 29.7%。

3. 妥善处置湖南籍疑似尘肺病人员上访事件

按照深圳市委、市政府统一部署，以"依法处置、实事求是、尊重历史"为原则，始终坚持依法偿付和人文救助相结合，牢牢守住法治底线，强化跨部门合作，依法妥善处置事件，得到了广东省委、省政府和深圳市委、市政府的充分肯定。人社部副部长游钧在 2018 年 1 月 8 日深圳调研座谈会及 10 日全国工伤保险工作座谈会上多次表扬深圳：在深圳市委、市政

府的统一部署下，深圳人社部门坚守政策底线，严格依法依规稳妥处置尘肺病人员集访事件，特别是站在全国角度考虑问题，着眼大局，充分考量了对其他地区的影响，成为全国成功化解群体事件的典型，带了好头、做了表率。

4. 有效发挥欠薪保障基金作用

一是依法开展欠薪垫付工作。2018 年，深圳市欠薪保障基金垫付欠薪案件 82 宗，垫付人数为 4130 人，垫付欠薪金额 3132.8 万元，有效维护员工工资报酬权益，保障社会和谐稳定。二是推动欠薪保障费阶段性停征工作。经深圳市人大常委会决定，2018～2022 年，暂停向全市用人单位征收欠薪保障费，预计五年共减轻用人单位负担 8.55 亿元，进一步优化营商环境。

（七）创新劳动争议调解仲裁机制，提升效能建设水平

1. 劳动争议调解体制机制框架基本确立

一是加强顶层制度建设。经深圳市政府同意，联合市委政法委印发《关于进一步加强专业性劳动争议调解工作的意见》，明确新时期劳动争议调解的指导思想、目标任务、组织队伍建设和工作制度，具有里程碑意义。二是开展专业化培训。全年培训 2000 余名调解员，扎实推进队伍建设。2018 年，全市各类调解组织共调解劳动争议案件 31123 件，其中达成和解 26123 件，调解成功率达 83.9%。

2. 创新办案方式提升仲裁效能

2018 年全市劳动争议仲裁机构共立案受理案件 39964 件，涉及 72726 人，同比均增长 29%。其中，集体争议案件 1288 件，同比增长 40.61%，涉及人数 33626 人，同比增长 30.52%。一是创新办案方式。建成并启动深圳市劳动争议 E 仲裁服务平台，当事人进行仲裁可实现"从五到一、从难到易、只跑一次"（除开庭审理外，申请仲裁、受理立案、庭前送达和庭后送达均无须到现场）的转变，提高便民服务效率。二是筑牢办案基础。开展深圳首届劳动争议仲裁优秀裁决书评选活动，借助"以案说法"，引导争议当事人正确维权、服裁息诉。完善办案指引，健全案件分类处理制度，规

范终局裁决和简易案件处理制度。启动仲裁服务保障规范的地方性标准研究工作，探索建立科学、统一、具有可操作性的深圳仲裁标准和规范。三是完善多元化解机制。贯彻落实人社部等八部门《关于进一步加强劳动人事争议调解仲裁完善多元处理机制的意见》，完善调解协议审查确认工作制度，加强调裁衔接，提高调解协议的法律效力与执行力；联合市中院发布深圳市首部《深圳市劳动人事争议裁审衔接白皮书》，进一步强化裁审衔接。

二 新时代构建和谐劳动关系面临的形势和挑战

2018 年，在深圳市委、市政府坚强领导下，全市各级人力资源部门扎实工作，全市就业失业总体平稳，失业率低于全国平均水平，和谐劳动关系企业、园区和综合试验区创建成效显著，劳动争议仲裁案件和群体性案件明显减少，拖欠工资违法案件和因欠薪引发的突发事件均大幅减少，追发劳动者工资等待遇覆盖面不断扩大，守住不发生系统性区域性风险的底线，保持劳动关系总体和谐稳定。

深圳是经济大市、创新大市、外贸大市和人口大市，人流、车流、物流、资金流、信息流等各类要素高度密集、快速流动。2018 年，深圳市生产总值突破 2.4 万亿元，同比增长 7.5% 左右，经济总量居亚洲城市前五位。与此同时，作为改革开放先行地，深圳地处改革开放和意识形态斗争"两个前沿"的最前沿，劳动关系新情况、新问题常常最早出现，与棘手的历史问题互相交织，是全国劳动关系建设领域工作压力最大的城市之一。近年来随着产业转型升级步伐加快，各种新经济、新业态的快速发展，用工方式更加灵活多样，劳资矛盾易发、多发且绝对数量仍保持高位，在各类社会矛盾中占比仍较高，构建和谐劳动关系的任务艰巨繁重。

（一）经济社会环境复杂变化，给劳动关系事业发展带来风险挑战

2019 年受国内外格局变革和经济社会环境变化影响，劳动关系不稳定

因素增多。外部环境复杂严峻，经济保持中高速增长难度增大，中美经贸摩擦这个最大的不确定因素与产业结构调整、企业经营困难等因素叠加，企业经营压力不断增大，企业注销或搬迁现象频繁，经济社会矛盾交织，可谓错综复杂、千变万化，给防范劳资风险带来挑战。2018年劳动争议立案数达到39964件，同比增长29.27%，2019年仍将在高位运行。

劳动关系的主体是企业和劳动者。从企业方面来看，根据2018年统计年鉴，截至2017年底，全市登记企业达177万家，规模以上工业企业单位数7943个，规模以上工业总产值32119.15亿元，全员劳动生产率252660元/人。其中既有员工人数达十万人的超大型企业，也有大量中小微企业；既有大量高新技术企业，更有许多劳动密集型企业。在劳动关系管理模式上，既有科学现代的人力资源管理，也有常被劳动者举报投诉和申请仲裁的粗放管理。从劳动者方面来看，截至2017年末，常住人口1252.83万人，常住户籍人口434.72万人，常住非户籍人口818.11万人；按照2018年失业保险缴费人数口径统计，就业人员人数达到1127.36万人。且以"80后""90后"的新生代劳动力为主力军，文化水平明显提高，他们期盼更体面的就业、更高的收入、更完善的社保，要求民主参与、利润分享的诉求越来越强烈，且集体行动意识、组织策划力明显加强。面对生产经营不稳定的企业，庞大流动的就业人群，劳动关系状况日益多元化、复杂化，如何构建和谐稳定的劳动关系是深圳面临的重大课题。

（二）劳动报酬权益争议仍是焦点

深圳市企业工资增长平稳，最低工资标准执行情况较好。但工资问题仍然突出，具体表现在以下三个方面。一是工资增长的速度跟不上劳动者的期望。尽管近年来劳动者工资报酬逐年增长，但由于生活成本日益攀升，劳动者对工资增长的期望值较高。目前深圳最低工资占社会平均工资比重为30%左右，与国际上40%的水平相比仍有差距，降低了劳动者的获得感与幸福感。二是劳动报酬类的纠纷仍然较多。2018年，在信访反映的问题中，工资福利内容占比达42.6%；劳动争议仲裁立案案件中，以劳动报酬为主诉类型的劳动争议案件 16493 件，涉及人数 37378 人，占案件总数和人数的 41.3% 和 51.4%。

（三）诉求超法律基准类劳资纠纷高发且处置难度大

近年来，随着深圳市产业政策调整步伐加快和产业结构优化政策效果日益凸显，大量劳动力密集型、低附加值、高污染企业主动通过减少加班或者放假等方式收缩经营规模、寻求转型升级和搬迁予以应对，或者停产停业、宣布提前解散、结业，是员工诉求超法律基准类劳资纠纷高发的主要原因。2016 年至 2018 年上半年员工诉求超法律基准类劳资纠纷中，此类原因引发的超过 80%。2016 年和 2017 年的员工诉求超法律基准类劳资纠纷中，员工诉求涉及无法律依据或者超出现行法律标准要求支付经济补偿金的均超过 80%，而 2018 年上半年该数据超过 90%，说明无法律依据或者超出现行法律标准要求支付经济补偿金是当前超法律基准类劳资纠纷中员工诉求的最主要内容。面对此类诉求的劳资纠纷，人力资源等政府相关部门在处置时囿于法律，主要通过引导劳资双方协商解决。由于涉及金额巨大，劳资双方均不轻易让步，难以在短时间内解决，各级政府面临的维稳工作压力也越来越大。

（四）欠薪治理制度有待完善

1996 年，深圳市通过立法在全国率先出台《深圳经济特区欠薪保障条例》，建立欠薪保障制度，一方面与国际惯例接轨，在欠薪保障立法方面先行一步，为全国提供借鉴；另一方面对符合《深圳经济特区欠薪保障条例》规定条件（用人单位破产申请被法院依法受理以及用人单位主要负责人逃匿隐匿的）被拖欠工资的劳动者，人力资源部门从欠薪保障基金中垫付部分工资，然后代劳动者继续追偿欠薪，有利于保障员工获得劳动报酬权，维护社会稳定。多年来，深圳发挥了欠薪保障基金作用，但对照国家、广东省欠薪治理工作相关要求，深圳市工资支付保证金制度还不够完善，工程建设领域实名制和分账制管理等制度措施还没有全面落实，仍须花大力气加强欠薪治理制度建设。

三 勇当尖兵，用习近平总书记指示精神，引领2019年劳动关系工作高质量发展

2019 年是新中国成立 70 周年，是全面建成小康社会的关键之年，也是深圳建市 40 周年，更是深圳全面推开建设"先行示范区、强国城市范例"的开局之年。在改革开放再出发的重要时刻，2018 年 10 月 22~25 日，习近平总书记亲临广东、深圳视察，提出"深化改革开放、推动高质量发展、提高发展平衡性和协调性、加强党的领导和党的建设"四个方面重要指示，特别是在社会治理方面，强调要切实保障和改善民生。2018 年 12 月 26 日，习近平总书记再次对深圳工作做出重要批示，赋予深圳"朝着建设中国特色社会主义先行示范区的方向前行，努力创建社会主义现代化强国的城市范例"的崇高使命，更加明确了深圳当前和未来的工作目标、发展定位和前进方向。要将习近平总书记对特区的深情厚爱和殷殷重托转化为推动劳动关系改革再深入、工作再落实的强大动力，深刻把握粤港澳大湾区建设重大机遇，深入分析中美经贸摩擦、互联网经济等外部环境变化对劳动关系的影响，努力提高劳动关系治理专业化、智能化、精细化水平，牢固树立标杆意识，围绕中心大局，在改革思路举措上再领风气之先，防范化解风险，满足劳动者对有更稳定的工作、更满意的收入、更舒适的工作条件的期盼，切实提升人民群众的获得感、幸福感、安全感，更好促进劳动者全面发展和社会和谐进步。

（一）主要工作目标

保持就业局势总体稳定，稳步提高社保待遇水平；建设规模宏大的创新型人才队伍，积极参与收入分配改革，确保劳动关系和谐稳定健康发展，全市企业劳动合同签订率达 95%，劳动人事争议仲裁结案率达 90%，劳动监察案件结案率达 96%。

（二）主要工作措施

1. 加强构建和谐劳动关系制度机制建设

（1）深化和谐劳动关系综合试验区建设。加强对盐田、坪山两个综合试验区的指导督促，推动盐田建设国家级综合试验区，进一步把握"综合试验"的目标要求，对综合试验区在劳动关系协商协调机制、治理体系、工作方式方法等方面进行的探索和创新，进行梳理归纳和总结提炼，初步形成一批可复制、可推广的经验。

（2）编制和谐劳动关系企业评价规范，力争以地方标准形式发布，从标准的层面对构建和谐劳动关系提出指导性的规范要求。

（3）开展劳动关系深调研和深服务。一是开展深度调研。围绕加强劳资纠纷调处、构建和谐劳动关系等重点工作部署开展调研工作，开展灵活用工研究和劳动关系形势调查评估，加强形势分析研判。二是创新服务手段。深度挖掘、分析和运用劳动关系数据，开发劳动关系微信小程序，为企业和劳动者查询劳动关系政策法规、劳动关系常见问题、人力资源市场工资指导价位、劳动争议调解问题提供一个便捷、精准、优质的政策信息移动互联网查询工具，提升劳动关系公共服务水平。

2. 促进实现更加充分稳定的就业

（1）实施更加积极的就业政策。着力减轻企业负担，继续执行失业保险支持企业稳定岗位政策，加大失业保险费返还的力度（对不裁员或少裁员的参保企业，按该企业及其职工上年度实际缴纳失业保险费总额的50%予以返还，对符合规定条件的参保困难企业，按六个月的当地月人均失业保险金和参保职工人数确定返还标准）。积极支持小微企业吸纳就业，延长市外应届高校毕业生社保补贴范围至两年，政府性融资担保基金优先为符合条件的小微企业提供低费率的担保支持。

（2）鼓励支持创业带动就业。加大创业带动就业的扶持力度，扩大自主创业人员的对象范围，将本市普通高校、职业学校、技工院校应届生扩大至全部在校学生，取消毕业五年内毕业生的户籍要求、扩大至市外，并将法定劳动年龄段内的港澳居民纳入深圳自主创业的范围。用好失业保险基金支持就业创业措施，从滚存基金余额中提取10%用于创业担保贷款担保基金和贴息支出。

（3）统筹做好重点群体就业。促进高校毕业生、异地务工人员、就业困难人员多渠道就业，根据不同群体特点，开展就业创业帮扶，落实培训补贴政策。提高高校毕业生求职创业补贴标准，鼓励高校设立就业创业指导服务站。对吸纳异地务工人员就业的初创企业发放创业带动就业补贴。做好困难人员就业托底帮扶，确保"零就业家庭"动态归零，及时兑现失业保险等社会保障待遇。

（4）加强公共就业服务。对重点用工企业由人力资源部门设立就业服务专员，全程提供用工政策对接和协调服务。对市级创业孵化基地由就业补助资金给予20万元补助。设立"职业指导讲师团"，深入开展创业导师进基层活动，探索共建高校毕业生校园服务站。树立"逐梦杯"大学生创新创业大赛、"珠三角自主创业项目推介会"等活动品牌。

（5）加强就业形势分析研判。密切跟踪就业形势变化，精准跟踪监测受经贸摩擦影响的重点企业，并选取1100家样本企业开展用工动态监测，800家样本企业开展失业动态监测，及时评估就业形势变化和风险隐患，加强政策储备，精准施策发力。特别是针对经贸摩擦和结构调整中的失业人员，分群体、多渠道、多方式提供有针对性的职业培训和就业服务。

3. 着力建设一流的高素质人才队伍

（1）深化人才评价机制改革。做好高层次人才认定管理办法的制定工作，提高人才评价的科学化、社会化和市场化水平。出台急需紧缺人才认定管理办法，突出产业导向，聚焦新兴前沿领域。坚持"不唯论文、不唯职称、不唯学历、不唯奖项"，加快推进人才分类评价机制改革，在若干重点领域创新人才评价机制。深化职称制度改革，建立以创新和贡献为导向的绩效评价体系。在工程技术领域推动实现高技能人才与工程技术人才职业发展贯通。

（2）加强高层次人才队伍建设。立足全球视野，瞄准关键核心技术，聚焦"卡脖子"的问题，加强"高精尖缺"战略科技人才、科技领军人才、青年科技人才的引进和培养。做好杰出人才选拔培养、市贴专家评选、博士后等工作。争取国家授予深圳设立和撤销企业博士后科研工作站分站事权。大力吸引留学人才回国创新创业，继续办好中国深圳创新创业大赛第三届国际赛。

（3）实施技能人才培养专项工作。加强技能大师工作室、技师工作站、高技能人才培训基地等载体建设，全面推行企业首席技师制度和"技能菁英"工程。深入实施"粤菜师傅"工程，开展培训认定，促进就业创业，举办技能竞赛，营造浓烈氛围。探索建立在财税、土地、水电、荣誉等方面给予"企业学徒制"教育企业综合配套支持政策。建立健全以职业资格评价、技能等级认定和专项能力考核为主要内容的技能人才评价制度。优化职业培训补贴政策。制定发布重点产业技能人才紧缺目录。推进工匠学院筹建，打造具有国际一流水平的技工院校。全力做好第45届世界技能大赛集训参赛工作。

（4）优化人才激励和服务机制。加大产业发展和创新人才奖励支持力度，扩大奖励规模，在保证总部经济和金融经济激励效果基础上，进一步向高新技术企业等实体经济倾斜，强化服务产业发展和支撑创新驱动的政策导向。全面推进"深圳人才一体化"平台建设，构建流程优化合理、材料清晰规范、服务便捷高效的具有科学性、扩展性、前瞻性的人才服务标准体系。完善人力资源市场监管办法，加大人力资源市场监管力度，为人才提供更完善的市场化服务。优化人才引进工作机制，简化人才引进业务流程，全面提升人才引进质量。推动在职人才及留学人员引进"秒批"办理。

4. 继续深化企业工资收入分配制度改革

（1）继续完善最低工资标准调整机制。适当调整最低工资标准，是深圳贯彻落实党的十八大、十九大精神，努力增加居民收入的具体举措。近年来，居民消费价格总水平持续上涨，适时发挥最低工资的保障作用，有助于保障低收入劳动者实际生活水平不因物价上涨而降低。依据经济社会发展状况、劳动者及其平均赡养人口最低生活费用、城镇居民消费价格指数等，进一步完善最低工资调整机制，健全最低工资标准评估制度，充分听取各方意见和要求，寻求企业和员工之间利益平衡点，形成多方参与制定最低工资标准的新模式，既要着力保障和改善民生，实现居民收入增长和经济发展同步，又要兼顾企业承受能力，营造良好的经营环境。

（2）继续完善企业薪酬调查和工资指导价位制定发布制度，探索恢复发布工资指导线，推进国有企业工资决定机制改革。了解掌握不同收入群体的工资收入等情况，建立健全适应社会主义市场经济体制要求的工资收入分配制度。进一步提高人力资源市场工资指导价位实用性，扩大同行业协会合作范围，制定发布体现深圳产业发展特色的行业工资指导价位。

5. 推进建设多层次社会保障体系

（1）落实新一轮减负举措。根据2018年12月2日市政府印发的《更大力度支持民营经济发展的若干措施》，至2020年底，参加基本医疗保险一档的用人单位缴费费率由6.2%下调至5.2%；在现行工伤保险八类行业基准费率和浮动费率政策的基础上，各参保单位工伤保险现行缴费费率再下调30%；失业保险费率由1.5%下调至1%，其中用人单位缴费费率为0.7%。预计此三项措施将为用人单位再减负45亿元，有力增强市场微观主体活力，推动营造深圳良好营商环境。

（2）稳妥推进养老保险制度改革。贯彻落实中央调剂金制度和全省统筹工作。启动特区养老保险条例的修订工作。扎实做好全市企业和机关事业单位退休人员养老金发放和调整工作。完善机关事业单位养老保险制度改革，做好机关事业单位养老保险改革后退休"中人"待遇核发工作。探索海外高层次人才的社会保险问题，允许符合条件人员通过延缴等方式在深圳享受养老保险待遇。

（3）强化工伤保险预防保障功能。积极推进工伤保险体制机制改革。

专项推进工程建设项目参加工伤保险。加强工伤事故和职业病预防和整治工作。制定劳动能力鉴定专家管理工作规则，建立鉴定专家考核监管机制，提高劳动能力鉴定费用标准。

（4）提升社保经办服务水平。稳妥做好中小企业和新业态从业人员、户籍灵活就业人员等人群的参保工作。推进经办业务无纸化、参保档案电子化、清单打印自助化、业务管理扁平化，着力全面实现社保"同城通办"。

6. 健全治欠保支的劳资纠纷预防处置机制

（1）加强劳资纠纷预防化解处置。一是推进劳资纠纷风险预警信息系统的应用。加大预警信息推送力度，并切实推进劳资纠纷风险预警信息系统的应用，对系统推送的预警信息，及时签收、即时分派、全力化解、按时反馈，做到件件有落实、单单有反馈。二是着力做好30人以上劳资纠纷处置。切实按照劳资纠纷分类处置办法和劳资纠纷处置预案，落实属地责任，加强与公安、维稳、住建等相关职能部门的沟通协作，着力做好30人以上劳资纠纷的分类处置，及时妥善处置劳资纠纷群体性事件。

（2）继续做好欠薪治理工作。一是完善欠薪治理工作制度。抓紧建立健全工资支付保证金等欠薪治理工作相关配套制度，进一步完善联席会议制度，充分发挥联席会议统筹协调全市欠薪专项治理工作的作用。二是推进实名制和分账制管理工作。配合住房建设部门开展在建工程项目联合约谈等工作，进一步落实工程建设领域劳务工实名制和分账制管理工作，加强欠薪问题的源头治理。三是积极做好2018年度保障农民工工资支付工作考核相关工作。做好广东省考核的各项迎检工作，对照广东省2018年度保障农民工工资支付工作考核细则抓好各项工作的落实和材料准备，确保迎检工作顺利完成。研究制定2018年度保障农民工工资支付工作考核细则，做好对各区保障农民工工资支付工作的考核

（3）完善信用管理。建立拖欠工资"黑名单"制度，将克扣、无故拖欠农民工工资达到认定拒不支付劳动报酬犯罪数额标准或因欠薪违法行为引发群体性事件、极端事件造成严重不良社会影响的企业及其责任人员，列入

拖欠工资"黑名单"。同时，将拖欠工资"黑名单"纳入中国人民银行征信系统及国家、广东省、深圳市公共信用信息管理系统，由相关部门对进入"黑名单"的企业实施信用惩戒，在政府招标、融资贷款、资质评审、评优评先等方面予以限制，使其"一处违法、处处受限"，提高企业失信违法成本，推动企业自觉诚信守法。

（4）健全欠薪保障长效机制。开展欠薪保障条例修法调研工作，探索适度扩大垫付范围；加强研究和解决欠薪保障工作中存在的问题的能力，不断提高全市欠薪保障工作规范化水平。

7. 加快推进劳动争议智能调解仲裁体系建设

（1）推动劳动争议调解规范化、标准化、信息化建设。抓紧出台与《关于进一步加强专业性劳动争议调解工作的意见》相配套的办案规则、补贴办法等文件，开展调解立法调研工作。开展调解员专业化培训工作，完成培训2000名调解员任务，不断提升调解员的专业素质。推动劳动争议调解平台实体化建设，上线运行调解信息系统，实现业务办理、组织机构、队伍管理、补贴发放、信息对接、统计分析全流程网上办理。2019年下半年开展升级改造，探索实现可视化、智能化、移动办案等功能。

（2）推进"深圳市劳动人事争议E仲裁信息化体系"建设，实现业务网上办理、流程全面覆盖、数据互通共享、系统辅助办案的"智能仲裁"。

（3）继续深化办案规范化建设，完善终局裁决案件处理指引，健全仲裁文书体系，优化仲裁文书模板，加大业务研讨力度，促进相关法律适用标准的统一。

（4）继续推进劳动人事争议仲裁深圳标准体系建设工作，开展劳动人事争议仲裁服务保障规范体系的研究起草工作，为全市仲裁标准化建设新发展奠定基础。

人力资源与社会保障篇

Human Resources and Social Security

B.2

深圳市近年构建和谐劳动关系的
实践与思考

杨保华　赖粤文*

摘　要：　劳动关系是最基本、最重要的社会关系之一。构建和谐稳定
劳动关系事关用人单位和劳动者的切身利益以及经济发展与
社会和谐。近年来，深圳市认真贯彻落实党中央、国务院和
广东省委、省政府构建和谐劳动关系的精神，取得明显成效。
本文总结回顾了2016～2018年深圳市人力资源系统构建和谐
劳动关系的主要做法及成效，分析当前工作存在的劳动关系
不稳定因素有所增加、劳资纠纷时有发生等问题和困难，并
从劳动关系协调工作、信访工作、劳动监察工作等方面对

* 杨保华，深圳市人力资源和社会保障局，处长，硕士，研究方向为劳动关系；赖粤文，深圳
市人力资源和社会保障局，研究方向为劳动关系。

今后构建和谐劳动关系工作提出进一步思考与建议。

关键词： 劳动关系　信访　劳动监察　仲裁

近年来，党中央、国务院和广东省委、省政府高度重视和谐劳动关系构建工作。2015 年 4 月，中共中央、国务院出台《关于构建和谐劳动关系的意见》。2015 年 11 月，广东省委、省政府出台《贯彻落实〈中共中央、国务院关于构建和谐劳动关系的意见〉实施意见》。2016～2018 年，深圳市积极贯彻落实党中央、国务院和广东省委、省政府关于构建和谐劳动关系的决策部署，加大工作力度，加强机制创新，积极促进劳动关系和谐稳定，取得了明显成效。深圳市大量劳资矛盾得到及时化解，没有出现严重影响社会安定的重大群体性劳资纠纷，劳动者权益保护工作进一步加强，劳动关系总体和谐、稳定、可控。

一　深圳市构建和谐劳动关系的主要做法和成效

（一）推动出台构建和谐劳动关系实施方案

为落实好中央和广东省构建和谐劳动关系的决策部署，2016 年 11 月 11 日，深圳市委办公厅和市政府办公厅印发《关于构建和谐劳动关系的实施方案》，结合深圳市实际情况和特点，提出构建和谐劳动关系的具体工作措施和部门职责分工，明确深圳市构建和谐劳动关系的目标和路径，为下一步构建和谐劳动关系工作的顺利开展奠定了坚实基础。

（二）创新开展劳动关系协调工作

1. 大力推进省市共建和谐劳动关系综合试验区建设

经广东省人社厅批准，深圳市于 2015 年 8 月、2017 年 1 月陆续启动省市共建盐田、坪山综合试验区建设。盐田试验区基本确立了"党委领导、政府负责、企业主体、多方共建"的构建和谐劳动关系主体框架，初步形成"城区＋街道＋企业＋社区"的四级联创共建工作格局，劳动关系现代化治理体系优势初步显现，劳动关系治理能力明显提升，劳动关系各项指标持续向好。2018年9月，盐田港区获广东省推荐入围"全国和谐劳动关系模范工业园区"评选。坪山试验区积极创新劳动关系公共服务机制，建立劳动关系评价指标体系，提供劳动关系"体检"服务，开展小微企业劳动关系事务托管服务，健全劳动争议社会化调解机制，强化裁审衔接，构建纠纷多元处置机制，构建和谐劳动关系总体成效显著。2017年坪山区人力资源局荣获"全国人社系统先进集体"称号，2018年10月被中国劳动保障科学研究院确定为劳动研究与创新基地。在2017年6月、12月分别召开的"全国构建和谐劳动关系综合试验区经验交流会""全国性社会力量参与构建和谐劳动关系综合试验研讨会"上，两个试验区均做了经验介绍。深圳市和谐劳动关系试验区创建工作扎实推进，特色鲜活，氛围浓厚，得到了国家、省、市领导的高度关注和充分肯定。

2. 积极指导企业完善工资分配制度

一是完善最低工资标准调整机制。客观定量地评估最低工资标准政策实施效果，科学制定最低工资标准调整方案报市政府审议通过后实施。深圳全日制就业劳动者月最低工资标准从2015年的2030元提高至2018年的2200元，在经济发展基础上合理调整最低工资标准，保障和改善民生，促进社会和谐发展。二是充分发挥人力资源市场工资指导价位引导作用。每年定期编制人力资源市场工资指导价位，率先在全国发布社会组织工资指导价位，工资指导价位从经济领域延伸到社会领域，为用人单位和员工合理确定工资分配提供了客观的参考依据，受到用人单位和员工的关注和欢迎。

3. 依法加强欠薪保障工作

对符合《深圳经济特区欠薪保障条例》规定条件（用人单位破产申请

被法院依法受理以及用人单位主要负责人逃匿隐匿的）被拖欠工资的劳动者，人力资源部门从欠薪保障基金中垫付部分工资，然后代劳动者继续追偿欠薪。2016～2018年，运用欠薪保障基金垫付企业欠薪282家，涉及员工9388人，垫付欠薪金额6593.7万元，有效地维护了员工合法权益，保障社会和谐稳定。

4. 启动国家特殊工时管理试点工作

按照人力资源和社会保障部的工作部署，深圳于2018年5月18日正式启动改革试点，围绕清单范围、调整机制、民主程序、监管机制、服务机制五个方面开展试验，力争到2019年3月底，形成可复制、可推广的制度性经验和政策建议，为全国开展特殊工时管理改革探索路径、积累经验、提供示范。

5. 在全省率先开展劳务派遣单位等级评定工作

2017年3月，在全省率先发布《劳务派遣服务规范》和《劳务派遣单位等级划分与评定》两项地方技术标准。《劳务派遣服务规范》以标准形式指明了规范经营的方向，《劳务派遣单位等级划分与评定》则从相关方面对劳务派遣机构开展评价。2018年5月，深圳市依据地方技术标准，依托行业协会启动劳务派遣单位等级评定工作，推动深圳市劳务派遣单位对标、达标、提标，在2018年底向社会公布一批劳务派遣单位等级名单，培育一批质量领军企业、行业龙头企业，提升劳务派遣服务质量和管理水平，推动行业优质发展。

（三）着力健全信访工作机制

1. 着力畅通信访渠道

通过加强信访窗口和电话咨询建设，完善"互联网＋"网上信访新兴便捷信访渠道，建立健全以"信、访、电、网"为主体，以第三方援助机制为补充的便捷、高效的"4＋1"信访渠道体系，让信访人有畅通的信访渠道向信访部门咨询政策和反映问题。

2. 着力健全信访制度

一是制定了《落实信访工作责任制实施办法》，压实信访工作责任，明确信访诉求分类，落实信访维稳现场处置责任，细化追责情形和追责依据。二是制定《信访工作手册》，将信访法律法规制度、操作流程、文书、报表汇集成册，有效提升工作人员的工作效率。三是制定《依法处理群众投诉请求工作办法》及配套文件，依法分类处置好人力资源保障群众信访诉求。四是制定《信访大厅突发事件应急处置工作制度》，明确应急处置工作职责分工，强化与各部门的联动协作，加强对突发事件的处置能力。

3. 着力完善信访大厅建设

一是配备安检设备、身份证识别登录系统等软硬件设施，为来访群众提供安全的诉求表达渠道。二是配备饮水机、医药箱、报刊夹、意见箱、储物柜等便民设施，为来访群众提供良好的服务环境。三是设置导访台、自助查询机，大厅张贴及摆放温馨提示及工作流程示意图，通过 LED 显示屏方便来访群众查询信访办理情况。

4. 着力提升信访咨询服务水平

一是积极推进机器人知识库建设。整理机器人知识库问答 16852 条，其中新增问答 15833 条，修改更新问答 1019 条。二是完成 12333 在线咨询系统与机器人知识库的对接，12333 工作人员可以直接调用机器人知识库的内容进行解答。后台可以根据咨询员调用问题的情况，及时对知识库问题进行更新、整理。三是在 12333 增设"维权专线"，为信访群众维护工资福利权益开通绿色通道。

（四）扎实推进劳动监察执法工作

1. 加大劳动监察执法检查力度，及时处理举报投诉案件

以易发、频发欠薪和非法用工等违法犯罪行为的行业企业为检查重点，针对劳动法律法规贯彻实施中的突出问题，加强日常巡视检查和专项执法检查工作，严厉打击劳动保障违法行为。依法受理举报投诉案件，认真负责抓好每一宗举报投诉案件的查处工作。2016～2018 年，深圳办结各类劳动违法案件达 4249 件。

2. 完善劳资纠纷预防化解处置机制，有效遏制群体性事件

2016年以来，深圳市30人以上劳资纠纷数量逐年下降，2016年为121件，2017年为101件，2018年为71件，群体性事件得到有效遏制。深圳市主要做法有以下两个方面。一是及时排查及化解劳资纠纷风险隐患。加大日常排查工作力度，及时发现并化解劳资纠纷风险隐患，并做好劳资纠纷隐患排查台账和报送工作。严格落实重要防护期突发群体性事件信息"零报告"制度，最大限度减少不稳定因素。二是分类处置劳资纠纷。按照"依法依规、分类处置，明确职责、健全机制，属地解决、快速化解"的原则，建立全市劳资纠纷处置新机制。将劳资纠纷分为一般性劳资纠纷和劳资纠纷群体性事件两类，分别明确处置两类劳资纠纷的工作职责划分和处置方法、程序。

3. 积极推动欠薪治理制度建设，全面治理欠薪问题

一是经深圳市政府同意，出台《关于全面治理拖欠劳务工工资问题的实施方案》，进一步健全和巩固深圳市预防和解决拖欠工资问题的长效机制。二是以深圳市政府办公厅名义出台保障农民工工资支付工作考核、督查、问责等多项配套制度。三是建立由艾学峰副市长担任召集人，深圳市人力资源和社会保障局、发改委、财政委等16部门相关负责同志为成员的深圳市解决拖欠劳务工工资问题联席会议，加强对解决拖欠劳务工工资问题工作的组织领导，完善部门协调机制。四是推进与公安机关的常态化协作联动，加强涉及拒不支付劳动报酬案件查处和司法移送工作，严厉打击拒不支付劳动报酬犯罪。2016年至2018年9月底，公安机关对人力资源部门移送的涉嫌拒不支付劳动报酬犯罪案件立案侦查192宗，刑拘123人。

4. 加强劳动监察"两网化"建设，进一步提升监察执法效能

一是完善网格管理体系，以街道或社区为基本单位划分网格，建立起"横向到边、纵向到底、人员落实、责任明确"的网格管理体系。二是推进全市劳动保障监察信息系统使用，依托监察信息系统，实现案件网上流转、全程跟踪和预警催办，进一步规范用工摸排、案件处理、分类监控和统计分析等工作。

5. 加强违法信息公布、信息共享和信息报送工作

出台《深圳市用人单位劳动保障违法信息公布办法》，及时向社会公布重大劳动保障违法行为企业信息，将查处的企业拖欠工资等违法信息纳入中国人民银行征信系统及深圳市公共信用信息管理系统，实现对企业信用信息互认共享。联合深圳市发改委等24个部门印发《深圳市关于对严重拖欠农民工工资用人单位及其有关人员开展联合惩戒的合作备忘录》，对严重拖欠农民工工资违法失信行为的用人单位及其法定代表人、主要负责人和负有直接责任的有关人员实施联合惩戒。

（五）提升劳动争议调解仲裁效能

1. 加强劳动争议调解体系建设

近年来，深圳市通过调解努力将劳动争议化解在萌芽状态，2016～2018年，全市各级调解组织调解劳动争议8.25万件，其中调解达成协议或和解的为7.08万件，充分发挥调解在争议处理中的基础性作用。深圳调解工作经验得到国家领导人和人力资源和社会保障部的充分肯定。2016年，时任中央政治局委员、中央政法委书记孟建柱在全国社会治安综合治理创新工作会议上的讲话提及，要借鉴深圳完善街道、社区、企业劳动争议调解网络的经验，加强劳动关系动态监测、研判，综合运用调解、仲裁、诉讼等方式预防化解劳动争议。2017年深圳市调解工作经验材料《深圳市以调解为器奏和谐之音》在《中国劳动保障报》、人力资源和社会保障部网站及"中国劳动人事争议调解仲裁"微信公众号等公共媒体上刊登。深圳市的主要做法如下。一是建立健全覆盖全市各区、街道、绝大多数社区和大中型企业的"区—街道—社区—企业"四级劳动争议调解网络。2017年，龙岗区宝龙街道劳动争议调解中心、坪山区和谐劳动关系促进会被人社部确定为全国劳动争议调解综合示范单位，宝安区西乡街道劳动争议调解中心、龙华区利金城工业园劳动争议调解中心被广东省人社厅确定为全省劳动争议调解综合示范单位。二是经深圳市政府同意，联合市委政法委印发《关于进一步加强专业性劳动争议调解工作的意见》，从加强组织建设、制度建设、队伍建设，

夯实工作基础和加强统筹协调五个方面提出具体的政策举措，完善深圳调解工作顶层设计。三是协调深圳市综治委，将"完善劳动争议调解机制"纳入对各区政府的综治考核范围，由市局负责评分，促使各区政府重视和加强调解工作。四是建立健全劳动争议调解以案定补激励机制，对参与成功调解劳动争议案件的调解员（非公职人员），按照案件难易程度（简单、普通、疑难、大型四个等级）和数量发放调解员补贴，提升调解员工的工作积极性。

2. 加强劳动争议仲裁效能建设

2016~2018年，全市各级仲裁机构共立案10.31万件，涉及劳动者20.28万人，办结案件10.24万件，主要做法如下。一是提高仲裁办案效能。坚持以"充实人员，强化调解，简化程序，努力挖潜"为中心，全力以赴处理持续高发的仲裁案件。完善办案指引，健全案件分类处理制度，规范终局裁决和简易案件处理制度。开展劳动争议仲裁优秀裁决书评选活动，通过对标优秀，促进仲裁员形成良好的学习氛围，借助"以案说法"，引导争议当事人正确维权、服裁息诉。二是加强仲裁员队伍建设。率先在全国探索建立"以事定费、以案配人、专业发展"的仲裁人员队伍长效管理机制，通过实行仲裁人员分类管理，科学核定人案配比和"案均用工成本"，建立仲裁员等级评定机制，切实提升仲裁队伍的专业性。三是加强裁审衔接。联合深圳市中级人民法院，建成并启用全国首个裁审衔接信息实时共享平台，并不断完善劳动争议案件的有效跟进和裁审文书的及时共享功能。2018年，与深圳市中级人民法院联合发布《深圳市劳动争议裁审衔接工作白皮书(2013—2017年)》，对全市裁审衔接工作进行全面总结分析。四是畅顺仲裁网上通道。根据"智慧人社"建设规划要求，结合"互联网+""大数据"理念，创新仲裁服务模式，启用深圳市劳动争议E仲裁服务平台。通过该平台，当事人在进行劳动争议仲裁活动中，除开庭审理外，其他申请仲裁、受理立案、庭前送达和庭后送达四个环节均可不到现场，从而实现"从五到一、从难到易、只跑一次"的巨大转变。

（六）切实保障职工的合法权益

1. 健全职工职业技能培训激励机制

2016 年 9 月出台《深圳市职业技能培训补贴办法》，调高 112 个工种的补贴标准，最高补贴标准调至 7000 元，企业岗前培训补贴由每人 100 元提高至 200 元；补贴对象范围扩大至劳动年龄范围内本市户籍人员及在本市连续正常缴交社会保险费六个月以上的异地务工人员；新增"特种设备作业人员培训"和"企业新型学徒制培训"补贴项目；个人申请职业技能培训补贴实现了全流程网上办理。

2. 构建更加公平更可持续的社会保障体系

一是通过购买服务委托社区网格员上门入户采集未参保人员信息，对商事登记未参保单位邮寄文书告知其社保登记义务，加强参保登记宣传培训工作，引导未参保人员尽快办理参保及缴费登记，扩大参保覆盖，全力推进全民参保计划。截至 2018 年底，深圳社会保险参保总人数为 6095.05 万人，同比增长 3.64%，占全省的 21.4%。二是全市企业退休人员人均基本养老金 3818 元/月，养老金平均替代率为 45.7%，养老待遇水平居全国前列。三是医疗保险实现广覆盖、低缴费、高保障，在全国率先实现医疗保险制度一体化，涵盖职工、居民、大学生、少年儿童，建立起基本医疗、地方补充医疗、重特大疾病补充医疗三层次医疗保障体系。四是制定建筑施工企业参加工伤保险办法，引导督促建筑施工企业按项目参加工伤保险，扩大建筑项目参保范围，保障建筑工人的权益。五是积极引导参保人主动通过异地就医平台联网结算异地就医费用。

二　当前构建和谐劳动关系工作面临的困难

（一）劳动关系不稳定因素有所增加

当前国际外部环境发生深刻变化，我国经济发展正由高速增长阶段转向高质量发展阶段，深圳市经济产业结构将不断优化升级，为此部分企业经营生产压力不断增大，劳动关系不稳定因素有所增加。

（二）劳资纠纷时有发生

深圳作为改革开放先行地，市场经济发达，用人单位上百万家，劳动者人数上千万。部分企业用工不规范，劳动者高流动性和越来越多元化的利益诉求，给劳动关系治理带来的较大的压力，让深圳市劳动争议数量持续在高位运行，劳资纠纷时有发生。

（三）欠薪治理制度有待完善

对照国家、广东省欠薪治理工作相关要求，深圳市工资支付保证金制度还不够完善，工程建设领域实名制和分账制管理等制度措施还没有全面落实，仍须花大力气加强欠薪治理制度建设。

（四）劳动关系工作力量配置有待加强

劳动监察执法力量配置与劳动监察范围大、任务重的矛盾突出。基层调解员大部分为身兼数职的聘用人员，队伍不稳定、待遇低，缺乏工作积极性。仲裁队伍人均办案量高，非在编人员比例高，离职流动率高，对仲裁工作的负面影响比较突出。

三 进一步做好构建和谐劳动关系工作的思考

在改革开放40周年的新起点上，深圳将始终坚持以习近平新时代中国特色社会主义思想为指导，坚定不移按照习近平总书记指引的方向奋力前行，按照人社部、广东省构建和谐劳动关系的工作部署，沉着应对各种挑战，积极作为，敢于担当，进一步做好构建和谐劳动关系各项相关工作。

（一）努力实现劳动关系协调工作取得新突破

1. 深化和谐劳动关系综合试验区建设

一是加强对盐田、坪山两个综合试验区的指导督促，推动盐田建设国家级综合试验区，进一步把握"综合试验"的目标要求，对综合试验区在劳动关系协商协调机制、治理体系、工作方式方法等方面进行的探索和创新，进行梳理归纳总结提炼，初步形成一批可复制、可推广的经验。二是推进特殊工时管理改革，按照改革试点工作方案部署，完成阶段性目标，完善政府、工会、企业共同参与的协商协调机制。三是进一步深化企业工资收入分配制度改革。继续完善最低工资标准调整、企业薪酬调查和工资指导价位制定发布制度，探索恢复发布工资指导线，积极推进国有企业工资决定机制改革，建立健全适应社会主义市场经济体制要求的工资收入分配制度。四是健全欠薪保障长效机制，扎实开展欠薪保障基金增值保值工作，研究和解决欠薪保障工作中存在的问题，不断提高全市欠薪保障工作的规范化水平。

（二）努力实现信访工作取得新进展

一是进一步推进信访分类处置工作。发挥信访部门统筹协调作用，对涉及多部门的信访问题牵头协调，确保复杂信访问题得到及时妥善处置。二是推广使用新一期信访信息系统，推动信访工作进一步规范化，统一流程、文书及分流口径，优化办事程序，为信访群众提供更优质便捷的信访服务。三是进一步落实信访工作责任制，促成信访问题的有效解决。

（三）努力实现劳动监察工作取得新成效

一是加强劳资纠纷预防化解处置。切实推进劳资纠纷风险预警信息系统的应用，对系统推送的预警信息，及时签收、即时分派，全力化解、按时反馈，做到件件有落实、单单有反馈。着力做好 30 人以上劳资纠纷处置。切实按照劳资纠纷分类处置办法和劳资纠纷处置预案，落实属地责任，加强与公安、维稳、住建等相关职能部门的沟通协作，着力做好 30 人以上劳资纠纷的分类处置，及时妥善处置劳资纠纷群体性事件。二是做好欠薪治理工作。抓紧建立健全工资支付保证金等欠薪治理工作相关配套制度。进一步完善联席会议制度，充分发挥联席会议统筹协调全市欠薪专项治理工作的作用。配合住房建设部门开展建设工程项目联合约谈等工作，进一步落实工程建设领域劳务工实名制和分账制管理工作，加强欠薪问题的源头治理。三是加强劳动监察队伍建设，积极和编制部门沟通协调，正确解决劳动监察工作力量不足的问题

（四）努力实现劳动争议调解仲裁效能取得新提升

一是抓紧出台《关于进一步加强专业性劳动争议调解工作的意见》配套文件，大力开展调解员培训工作，推动劳动争议调解平台实体化建设，不断提升调解员的专业素质，开发调解信息系统，探索可视化、智能化、移动办案等功能。二是深化仲裁办案规范化建设，完善终局裁决案件处理指引，健全仲裁文书体系，优化仲裁文书模板，加大业务研讨力度，促进相关法律适用标准的统一。三是推进仲裁深圳标准体系建设工作，开展深圳市劳动人事争议仲裁服务保障规范体系的研究起草，为全市仲裁标准化建设新发展奠定基础。四是推进"深圳市劳动人事争议 E 仲裁信息化体系"建设，实现业务网上办理、流程全面覆盖、数据互通共享、系统辅助办案的"智能仲裁"。五是进一步提升仲裁工作社会效能，以"以案说法"为主要方式，实现"以案治本"的普法宣传目的，适时公布仲裁典型案例，引导劳资双方合法维护自身权益，不断扩大劳动人事争议仲裁的社会辐射面。

（五）努力实现劳动者权益保障取得新进步

一是优化职业培训补贴政策，加大对职业技能培训的补贴力度，完善以产业用人需求为核心的普惠制培训补贴制度，对企业设立的技能人才培养载体予以资助，促进劳动者职业技能水平整体提升。二是持续完善社会医疗保

险制度，继续推进按疾病诊断相关分组付费改革工作，逐步在全市医院推广。探索建立深圳市长期护理保险制度。三是建立健全预防、补偿、康复"三位一体"的现代工伤保险体系，确保"工伤有偿"。四是持续推进社保新信息系统建设，分批有序开放新服务功能，尽快实现社保经办"同城通办"。探索开展智能化内部风险控制体系建设，保障基金运行安全稳健。

B.3
推进和谐劳动关系综合试验区
改革研究与思路

吴潇文　胡　磊　蒋　婷　陶韵竹　胡晓烨*

摘　要： 按照中共中央、国务院的部署，广东积极开展和谐劳动关系综合试验区建设，各地在推进省市共建和谐劳动关系综合试验区建设过程中紧扣区域产业布局，与产业转型升级相互促进、深度融合的效果日益显现，与粤港澳大湾区发展愿景相匹配的区位特征也初步彰显，各综合试验区内反映劳动关系和谐程度的核心指标全面向好，但也存在一些问题不容忽视。下一阶段必须调整完善构建和谐劳动关系的工作思路、工作方法、工作举措，始终做到"五个坚持"，全力推动广东省和谐劳动关系综合试验区建设工作再创新局面。

关键词： 劳动关系　综合试验区　党政领导　和谐

　　劳动关系是生产关系的重要组成部分，是最基本、最重要的社会关系之一。推进和谐劳动关系综合试验区改革，进一步构建和谐劳动关系，是贯彻落实习近平新时代中国特色社会主义思想和党的十九大报告中"完善政府、

* 吴潇文，广东省人力资源和社会保障厅，硕士，研究方向为劳动关系；胡磊，广东省人力资源和社会保障厅，硕士，研究方向为劳动关系；蒋婷，广东省人力资源和社会保障厅，硕士，研究方向为劳动关系；陶韵竹，广东省人力资源和社会保障厅，硕士，研究方向为劳动关系；胡晓烨，深圳市人力资源局，研究方向为劳动关系。

工会、企业共同参与的协商协调机制，构建和谐劳动关系"的具体化体现，是广东"四个走在全国前列"，尤其是在营造共建共治共享社会治理格局走在全国前列的重要支撑，是探索构建中国特色和谐劳动关系的创新性举措。为深入推进广东省构建和谐劳动关系综合试验区建设，总结前一阶段各综合试验区的工作进展情况，广东省人社厅相关处室组成调研组，赴广州市花都区、深圳市盐田区、深圳市坪山区、惠州市大亚湾区和中山市火炬开发区等五个省市共建和谐劳动关系综合试验区开展调研。调研的相关情况如下。

一 和谐劳动关系综合试验区建设的基本情况

2015 年，中共中央、国务院印发《关于构建和谐劳动关系的意见》，要求各地积极开展创建和谐劳动关系综合试验区（市）建设，为构建中国特色和谐劳动关系创造经验。广东省委、省政府迅速响应，在全省范围内推进创建和谐劳动关系综合试验区建设工作，加强和谐劳动关系理论实践创新。按照国家和广东省委、省政府的部署要求，广东省人社厅积极研究、认真谋划、多措并举，全力推进创建和谐劳动关系综合试验区建设。

此次调研选取已正式启动综合试验区建设工作的广州市花都区、深圳市盐田区、深圳市坪山区、惠州市大亚湾区和中山市火炬开发区五个省市共建和谐劳动关系综合试验区。在调研中发现，这五个综合试验区在推进和谐劳动关系试验区建设、探索构建中国特色社会主义劳动关系体制机制中已形成一套可实施、可复制、可推广的创新性经验做法。主要体现在"四个突出"。

（一）突出党政领航，高标准高规格构建和谐劳动关系

推进和谐劳动关系综合试验区建设是广东省委、省政府做出的一项重大决策部署，是广东省社会体制改革的重要改革事项，是营造共建共治共享社会治理格局的关键环节。一是将和谐劳动关系综合试验区建设作为"一把手工程"。综合试验区各级党委、政府高度重视和谐劳动关系综合试验区建设工作，专门成立领导小组，由各地"一把手"担任组长，靠前指挥，部

署谋划，研究推进，协调落实，促进和谐劳动关系建设措施落地实施。各综合试验区的区、街党委、政府切实担负起构建和谐劳动关系的主体责任，构建和谐劳动关系成为区、街道政府的"主业"。深圳市盐田区将创建和谐劳动关系综合试验区工作作为打造地方核心竞争力的重要举措，区委书记、区长负责推动各项工作落实。二是突显党的建设在和谐劳动关系综合试验区建设中示范引领。注重基层党组织建设，利用街道、社区工作者的优势，因地制宜整合资源，充分发挥社区党工委的凝聚力，引领劳动者更好地融入社区、企业，充分发扬党员的先锋模范作用，传播行业正气，弘扬和谐文化，共同构建和谐劳动关系。深圳市盐田区建立健全街道党工委领导机制和基层党组织领导机制，服务劳动者，排查隐患，协调纠纷，深化构建和谐劳动关系；深圳市坪山区、惠州市大亚湾区在社会组织中加强党建，引领劳动关系和谐发展；广州市花都区推动非公企业党组建设，以"党建促进和谐创建"，涌现出"国光电器"等广东省百强党组织。三是将和谐劳动关系综合试验区建设纳入各地政府目标责任考核体系和督查督办重要内容。各综合试验区以目标责任考核制助推和谐劳动关系建设。深圳市盐田区将构建和谐劳动关系纳入政府目标责任考核体系，分季度督查构建情况；惠州市大亚湾区将和谐劳动关系创建工作纳入政府督查督办系统。

（二）突出产业共建，因业制宜共享和谐成果

构建和谐劳动关系，不能脱离当地实际，否则很容易成为无源之水、无本之木。调研组在五个综合试验区调研时发现，各试验区在构建和谐劳动关系时紧紧围绕地方支柱产业，突出地域特色，不搞雷同，因地制宜地探索各具特色的发展模式，有针对性地解决不同类型产业劳动关系的突出问题，发挥企业主体价值，激发企业创新活力，精准发力推进和谐劳动关系建设。一是以龙头企业为牵引，支持引导鼓励行业协会等社会力量共同构建和谐劳动关系。中山市火炬开发区以龙头企业为引领，注重企业自主协调、自主管理、自主服务能力的养成；深圳市盐田区推动辖区内盐田国际、华大基因、周大福等43家龙头企业联合成立和谐劳动关系促进会，在集体协商、劳动

标准建立、劳资纠纷协调等方面深度参与构建和谐劳动关系。二是以支柱产业为重点，形成具有明显产业特色的"本土化"和谐劳动关系新举措。中山市火炬开发区以"八大集团、七大社区"为平台，全面推行网格化管理，区分培育行业、区域劳动关系协调专员，科学处置劳资纠纷。深圳市坪山区在生物医药、装备制造等五大主导产业分别组建行业调解组织。深圳市盐田区依托综合保税区，在拖车运输、港口物流等行业开展特殊工时管理改革，全面推广集装箱拖车运输行业集体协商模式。惠州市大亚湾区在石化行业率先试点建立行业劳动关系自主协调机制，打造沟通恳谈、民主管理、集体协商三大板块，以点带面提升石化产业链劳动关系管理水平。广州市花都区以"日薪市场"皮革皮具行业为试点，探索建立劳动密集型产业劳动标准体系；以东风日产乘用车公司为试点，探索先进制造业建立集体劳动关系争议自主调节模式，建立劳动关系协调协商体系。三是以产业企业为主体，精准提供个性化差异化的特色服务。中山市火炬开发区在电子制造、汽配制造、健康产业等重点产业 100 人以上的企业建立劳动争议调解委员会，配备持证劳动关系调解员，有效解决企业劳资纠纷。深圳市坪山区提供小微企业托管服务，为区域内众多小微企业制定服务清单、遴选服务机构、搭建对接平台，为初创型企业提供共享人力资源服务，为劳动密集型企业完善规章制度。惠州市大亚湾区定期开展和谐劳动关系检测调查，监测辖区内企业劳动关系状况，为企业提供"诊断式"服务，助推企业构建和谐劳动关系。

（三）突出基层创新，创造出一批可复制推广的经验做法

综合试验区建设没有经验可循，没有样板可搬，而是必须立足当前拿出举措、破解难题，同时要着眼长远改革探索、创造经验。在调研中发现，各综合试验区在实践中敢于大胆探索创新，不负重托与期望。一方面，始终坚持把问题导向作为构建和谐劳动关系的重要指引。在推动和谐劳动关系综合试验区建设工作中，各地坚持以问题为导向，针对广东劳动关系领域突出的"两欠一转"问题（拖欠工资、拖欠社保费、转型升级群体性事件），各综

合试验区积极探索体制机制创新破解难题。广州市花都区探索加大建筑企业工资支付保证金比例，进一步完善"劳资纠纷欠薪应急周转资金"制度。深圳市盐田区制定企业转型升级分类指引规范手册，引入专业机构为新入园企业、转型企业、搬迁解散企业提供专业的不同服务。惠州市大亚湾区着重构建区（街道）、行业、企业三级调解组织网络，注重充分发挥各级劳资纠纷应急处置中心的监控处理平台作用。中山市火炬开发区采取"借力"策略，将劳动争议信息监测的关键指标整合到综治维稳等社会治理的监测体系中，多部门联动，及时掌握信息、实时反馈、妥善解决问题。另一方面，注重理论总结提升及时提炼形成新机制新制度。各地在积极探索体制机制创新破解难题、预防化解劳资纠纷、促进本地区劳动关系和谐稳定的同时，也探索引入智力支持，按照"基层＋高校""实践探索＋理论创建"模式，与高校、科研机构等深度合作，推动实现将综合试验区的先进做法总结提炼成具有创新性的经验制度。深圳市盐田区、广州市花都区分别与中山大学合作成立和谐劳动关系博士后创新实践基地，深圳市坪山区与中国劳动保障科学研究所、惠州市大亚湾区与深圳大学、中山市火炬开发区与首都经济贸易大学深度合作，理论结合实际，致力于将综合试验区建设经验上升到理论高度，实现理论创新，以理论指导实践，为构建中国特色社会主义和谐劳动关系理论贡献智慧。

（四）突出两个主体积极性，实现共建共享和谐劳动关系

在调研中，调研组深刻体会到企业和职工两个主体尤其是企业积极主动参与的和谐劳动关系共建是成功的关键。只有两个主体共同参与构建的和谐才是富有内部动力、弥足珍贵的和谐；只有两个主体都珍惜的和谐才能转化为企业的核心竞争力，才能发展成先进生产力。在综合试验区建设过程中，各地积极探索，先后出台各项措施，大力调动两个主体的积极性。一是"最大限度"激发企业活力。广州市花都区开展正面清单制度建设，对劳动关系和谐企业在政府采购、技术研发、企业上市、招投标资质、银行信贷、税收、土地安排、职工培训等方面提供优惠。深圳市盐田区把企业和谐劳动

关系创建情况纳入对非公有制企业经济代表人士综合评价范围和社会信用体系建设，作为授予企业和企业经营者先进、荣誉称号的必要条件。惠州市大亚湾区将企业劳动关系和谐程度作为政府选择采购供应商、工程承包商以及企业经营者评先评优的考核指标。二是"最暖温度"增强职工创造力。广州市花都区推广"情暖花都"服务品牌，拓宽来穗务工人员积分制入户渠道，为来穗务工人员子女入学、医疗保障、公共交通等提供多层次、均等化的"融入式"公共服务。深圳市盐田区深入开展"助民微行动"，建立与劳动力主要输出地区对接机制，通过开展关爱留守老人、留守儿童等活动加强对异地务工人员的人文关怀。惠州市大亚湾区探索实施从学前到普通高中的 15 年免费教育，并逐步覆盖异地务工人员随迁子女，同时，推广"比亚迪村"的做法，为符合条件的异地务工人员提供保障性住房。三是"最强力度"提高社会参与度。深圳市坪山区建立"区－区域"社会化调解平台，率先推动成立区级和谐劳动关系促进会，培养社会化劳动争议专业调解队伍，引入社会力量参与调解，目前全区共培养出国家劳动关系协调员（师）364 人，其中一级劳动关系师 37 人，并建立一支 30 人特邀调解员队伍。广州市花都区利用海豚俱乐部平台实施"精英培训千人计划"，同时，鼓励并指导区皮革皮具行业协会编制"花都区皮革皮具行业劳动标准体系"。中山市火炬开发区通过区和谐劳动关系促进会，多次举办企业招聘风险预防管理培训、劳动争议调解培训等，培训人数逾千人，成效明显。

二 综合试验区建设中存在的问题

从总体上看，广东省五个省市共建和谐劳动关系综合试验区建设紧扣区域产业布局，与产业转型升级相互促进、深度融合的效果日益显现，与粤港澳大湾区发展愿景相匹配的区位特征也初步彰显，各综合试验区内反映劳动关系和谐程度的核心指标全面向好，但同时存在一些问题不容忽视。

（一）各综合试验区建设推进过程中"不平衡""不充分"问题依然存在

一是区域间"不平衡"现象日趋明显。广州、深圳的综合试验区经济体量较大，市场经济较为活跃，劳动关系更为复杂，劳资纠纷较其他地区更加早发多发，如广州花都区的"西铁城事件"、深圳坪山区的"昱科环球事件"等，因此广州、深圳的综合试验区在妥善处置劳资纠纷、引入社会力量共建共治方面积累了更多先进经验。二是工作推进中依然存在"不充分"现象。各地在推进综合试验区建设过程中，部分重点领域和关键环节依然存在工作力度不足、措施不实、效果不明显的现象，如大部分综合试验区仍存在重点区域、重点行业、重点企业的协商协调机制有待进一步健全完善的问题。

（二）多元构建合力有待进一步强化

一是多部门共建合力有待加强。目前，各综合试验区虽已建立党委、政府领导、部门协同共创的工作制度，但多部门共建联动机制约束性不强，大多数创建工作主要由人力资源和社会保障部门牵头完成，其他职能部门参与度远远不够。二是企业参与共建的积极性仍有待提高。部分企业特别是中小微企业参与构建和谐劳动关系的源动力不足，政府一头热、企业一头冷的现象仍普遍存在。三是引入社会力量参与共建有待强化。虽然目前各综合试验区在引入社会力量参与构建和谐劳动关系方面进行了大量有益的探索，但是各综合试验区的社会组织发展程度不一，专业化社会组织的数量仍远远不能满足当前构建和谐劳动关系的需求，社会力量应当发挥的作用仍需进一步加强。

（三）体制机制创新有待进一步加强

一是综合试验区建设思路有待转变。调研组在调研中发现，部分地区将综合试验区建设工作视为常规任务落实，将主要工作精力放在开展宣传培训活动、搭建信息化平台或日常业务工作上，缺乏体制机制方面的改革创新。二是缺少特色亮点的建设项目。总体而言，各综合试验区一般性试验措施居多，标志性、创新性试验项目偏少，缺少在体制机制创新方面立得住、叫得响、有影响力的国家级试验项目。三是理论与实践有机融合度有待提升。虽然广州市花都区、深圳市盐田区均与高校成立和谐劳动关系博士后创新实践基地，但是由于博士后大部分工作都在办公室完成，实践经验不足，将实践经验提炼为理论或将理论运用于实践方面仍然较为薄弱。

三　深化综合试验区建设的对策建议

党的十九大报告做出中国特色社会主义进入新时代、我国社会主要矛盾已经转化等重大政治论断，同时指出我国处于社会主义初级阶段的基本国情、这个"最大实际"没有变。新时代中国特色社会主义现代化的建设目标对构建和谐劳动关系提出了新的更高要求，人民对美好生活的需要日益增长，这就要求要与时俱进地调整完善构建和谐劳动关系的工作思路、工作方法、工作举措，始终做到"五个坚持"，全力推动和谐劳动关系综合试验区建设工作再创新局面。

（一）必须始终坚持党政领导

坚持党的领导，在和谐劳动关系构建中是不会变也是不能变的。我国劳动关系的性质决定了在构建中国特色和谐劳动关系过程中，必须始终坚持共产党的领导，充分发挥党委、政府在社会治理中的中坚力量。党中央、国务院和广东省委、省政府均明确指出，新时期构建中国特色和谐劳动关系的主要目标任务，就是"加快健全党委领导、政府负责、社会协同、企业和职工参与、法治保障的工作机制"。因此，深入推进和谐劳动关系综合试验区改革必须始终坚持党委和政府领导，将构建和谐劳动关系纳入本地区经济社会发展规划和政府目标责任考核体系，将综合试验区建设工作与经济社会工作"同规划、同部署、同落实、同考核、同保障"，确保改革取得更大成效。

（二）必须始终坚持勇于探索创新改革

和谐劳动关系综合试验区建设的重要任务，就是要探索改进构建和谐劳动关系的工作方式方法、改革创新体制机制，为构建中国特色和谐劳动关系创造经验。因此，深化和谐劳动关系综合试验区建设必须始终坚持改革创新，在谋划布局中要更加契合经济社会和产业发展布局，坚持问题导向，破解突出问题、难题，创造可复制、可实施、可推广的经验。要充分发挥和谐劳动关系博士后创新实践基地的作用，加强对综合试验区建设中创新性、前瞻性、战略性问题的研究，强化理论创新，用先进的理论来指导和谐劳动关系创建工作。

（三）必须始终坚持共建共治共享

企业和职工是劳动关系的两个法定主体，在构建和谐劳动关系过程中具有不可替代的地位和作用。因此，深化和谐劳动关系综合试验区建设，必须始终注重激发企业和职工的主观能动性，发挥企业和职工的创造力，使两个主体在创建活动中得到更多的成就感，推动广大企业家和职工成为构建和谐劳动关系的践行者和守护者，使构建和谐劳动关系真正成为企业和职工的思想共识和行动自觉。要继续引导、鼓励和支持社会各方更加积极、有效地参与社会治理，进一步完善政府、工会、企业共同参与的协商协调机制，健全社会治理体制机制，提高社会治理的社会化、法治化、智能化、专业化水平。

（四）必须始终坚持凝心聚力履职尽责

构建和谐劳动关系是一项系统工程，需要相关部门在党委政府领导下通力协作、履职作为。因此，在深化和谐劳动关系综合试验区建设过程中，各级人社部门要切实承担起牵头责任，发挥协调指挥作用，协同多部门共同发力。各综合试验区要进一步提高劳动关系公共服务能力和水平，厘清各部门职能，完善监督评价机制，丰富劳动关系公共服务内涵，提升劳动关系公共服务供给能力。要充分发挥深圳盐田区全国第一家劳动关系公共服务中心的优势，总结劳动关系公共服务的经验做法，推动劳动关系公共服务模式化、体系化建设。

（五）必须始终坚持注重舆论宣传营造氛围

劳动关系既是社会关系又是生产关系，劳动关系的和谐程度是衡量地区社会进步和社会生产力水平的晴雨表。在一定程度上，和谐稳定的劳动关系是经济社会健康发展的重要基础，越是在经济下行、结构调整加快的时候，其不可替代的作用就越凸显。因此，深化和谐劳动关系综合试验区建设，必须大力宣传构建和谐劳动关系的积极意义和作用，利用全国模范劳动关系和谐企业与工业园区评比表彰的契机，大力宣传构建和谐的先进典型，使构建和谐劳动关系成为习惯、成为风尚、成为文化，努力营造全社会关心和谐、共建和谐、维护和谐的良好氛围。

B.4
深圳市2018年人力资源和社会保障情况调查分析

孟凡友*

摘　要：　把握人力资源和社会保障的基本情况是政府科学决策和制定相关政策的关键。根据人力资源和社会保障部的统一部署，深圳市人社部门于 2018 年 11 月开展了抽样调查，计算分析就业促进、社会保险、劳动关系、技术技能、法规普及等方面基本指标，研究目前人力资源和社会保障方面存在的超低调查失业率引发的社会隐患、创业扶持政策较弱、劳动者社保费负担较重、实体公共就业服务机构职能弱化、人才政策体系不完善和政策法规普及率相对较低等问题，提出大力扶持创业、有序整合就业服务机构、降低社会保险费率、扩大社会保险覆盖面、全面推进留住人才政策等一系列对策建议。

关键词：　人力资源　社会保障　扶持创业　留住人才

人力资源和社会保障的基本情况是社会经济发展的基础，涉及就业、劳动关系、社会保障等最基本的民生状况，是政府科学决策和制定相关政策的基础。为此，人力资源和社会保障部于 2018 年 11 月对全国

---

* 孟凡友，深圳市人力资源和社会保障局，副处长，博士，研究方向为劳动力转移与分析。

80 个城市的居民开展人力资源和社会保障基本情况抽样调查，深圳市是样本城市之一。按照统一制定的抽样调查工作方案，结合深圳实际情况，调查组采用分层抽样、概率比例规模抽样、等距抽样等抽样方法，采取入户访问的调查方式，共抽取调查了 80 个社区、1941 户、7929 人的相关情况。本文依据本次调查的基础数据，对深圳市 2018 年就业促进、社会保险、劳动关系、技术技能、法规普及等方面的情况进行简要分析。

一　就业促进情况

（一）人口和劳动力

根据抽样调查数据推算，深圳市人口为 2120 万人，比上季度环比减少 111 万人。就业人口 1237 万人，环比减少 58 万人；失业人口 33.6 万人，环比减少 1.7 万人。2018 年深圳市经济活动人口约 1270.6 万人，非经济活动人口约 849.4 万人，劳动年龄内适龄人口约 1908 万人。同时，深圳依然是一个年轻的城市，35 周岁以下人口占 57%。

（二）调查失业率

根据调查，2018 年调查失业率为 2.65%，同比上升 0.17 个百分点（见图 1），保持在较低水平，失业者队伍规模缩减明显。无工作人员中，有 5.4% 的人有就业愿望，同比下降 4.3 个百分点。与世界上发达国家比较，深圳市调查失业率较低。2018 年 8 月，英国 16 岁及以上人口失业率为 4.0%，同期美国为 3.7%，日本为 4.1%。

（三）劳动参与率

调查数据显示，深圳市 2018 年劳动力参与率为 66.6%，从 2008 年的 65.74%，到 2018 年增加不到 1 个百分点，基本保持平稳。与世界上发达国

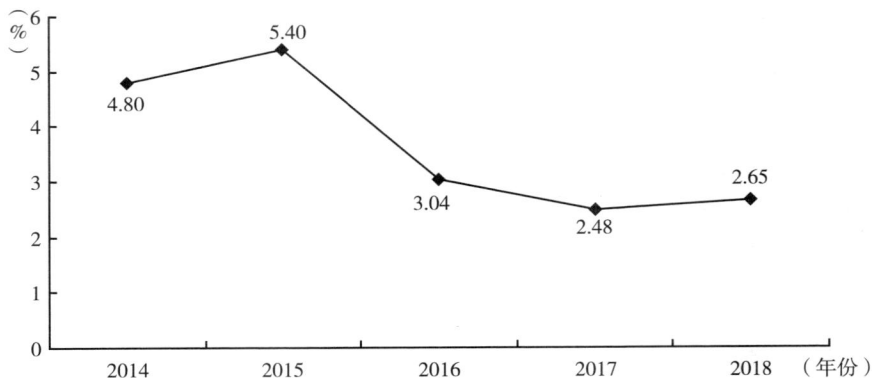

图1 2014～2018 年深圳调查失业率变化

家比较，深圳市劳动参与率维持较高水平。一般而言，一个地区的总体劳动参与率受当地经济社会影响，变化幅度不是很大，如 1960 年英国的劳动参与率为 62.4%，1980 年仍然保持在 62% 左右，2000 年也只略微增长到 63.1%，主要还是由于技术进步等因素影响了劳动参与能力的提高。2018 年 9 月美国的劳动参与率为 62.7%，日本同期为 61.7%，与此相比，深圳市的劳动参与率处于较高水平。

（四）创业带动就业情况

在城市居民就业人员中，私营企业主占 2.3%，个体户主占 4.2%，二者共占 6.5%，下降了 1.7 个百分点。私营企业主和个体户主创业带动就业的平均人数分别为 14.31 人和 3.28 人，与上年相比均有较大幅度上升。从创业时间看，私营企业主、个体户主创业不到半年的占 2.5%，已满半年但不到一年的占 2.1%，已满一年但不到两年的占 6.7%，两年及以上的占 88.7%。其中，创业时间不到一年的私营企业主、个体户主比例为 4.6%，与上年相比持平。

在大学生创业方面，2016～2018 年毕业的大专以上毕业生有 86% 受雇为全日制职工，3.2% 的人受雇为非全日制职工，0.5% 的人是劳务派遣用工形式，8.6% 的人无业或待业，参与创业的比例仅为 1.6%，比例较低。相比 2017 年，创业大学生比例有所降低，下降 1.4 个百分点。

（五）就业渠道情况

从找到目前该份工作的渠道看，通过自身社会关系找工作依然是主渠道。到就业服务机构和人力资源服务机构求职登记找到当前工作的占 1.9%，与 2017 年调查结果相比下降 4.5 个百分点；参加招聘会找到当前工作的占 11.5%，下降了 3.2 个百分点；直接与企业联系找到当前工作的占 12.1%，下降 2.3 个百分点；通过自身社会关系找到当前工作的占 37.6%，上升 10.6 个百分点。有 1.1% 的人通过国家分配获得当前工作。

二 社会保险参保情况

（一）养老保险

2018 年就业人员参加养老保险的比例为 98.7%，与 2017 年调查结果相比上升 4.6 个百分点。老年人（女性 55 周岁及以上、男性 60 周岁及以上，下同）参加养老保障的比例为 97.5%，比 2017 年上升 5.8 个百分点。总体分析，深圳市就业人员的养老保险总体参保状况良好，养老保险参保率逐年上升。

（二）医疗保险

深圳市 2018 年调查人口参加基本医疗保险的比例为 91.8%，同比下降 3.4 个百分点，其中就业人员参加职工基本医疗保险的比例为 99%，与 2017 年调查结果相比上升 1.1 个百分点。异地就医的比例较低，仅有 4.6%，其中省内异地就医约 2.1%，省外异地就医约 2.5%。在没有参加医疗保险的原因调查中，36.4% 的受访者不了解相关政策，19.5% 的受访者不知道如何办理，13% 的受访者表示个人无缴费能力，3.9% 的受访者表示单位不给参保，有 27.3% 的受访者自己不愿意参保。

（三）失业保险

2018 年各类企业和事业单位的职工参加失业保险的比例为 92.2%，与 2017 年调查结果相比上升了 4.7 个百分点。在对就业人员的调查中，发现近几年来深圳市失业保险的参保率提升较快，维持在一个较高的水平，说明深圳市外来务工人员对深圳的认同感逐步增强，失业保险的参保率自然也逐步上升。

（四）工伤保险

调查显示，2018 年就业人员参加工伤保险的比例为 92.2%，与 2017 年调查结果相比上升了 1.1 个百分点，参保率维持在较高水平（见图 2）。由于工伤保险是由单位为员工办理并且缴费，员工本身并不需要缴纳相关费用，部分调查就业人员并不知晓自己是否参加了工伤保险，需要进一步加大宣传力度，让员工通过各种方式来查询自身参保情况，进一步提高参保率。

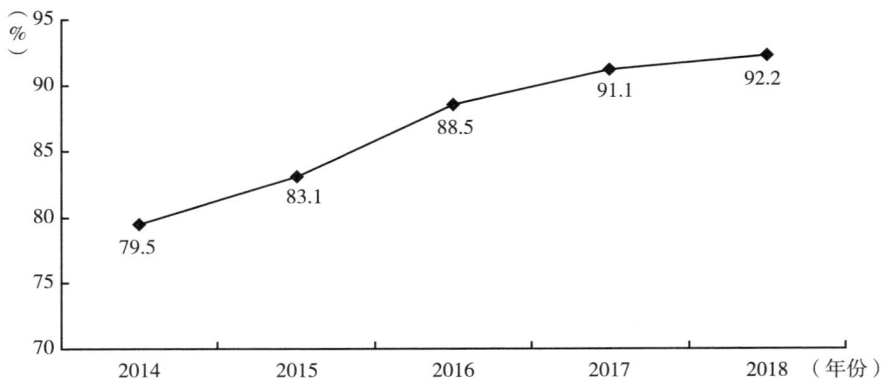

图 2　2014~2018 年深圳就业人员工伤保险参保比例变化

（五）生育保险

调查显示，2018 年深圳市就业人员参加生育保险的比例为 92.7%，与

2017 年调查结果相比上升了 4.9 个百分点。说明 2018 年深圳市生育保险扩面工作取得了良好成效，参保率也稳步上升，但与全国其他城市相比，深圳市就业人员的生育医疗保险参保率还有一定的上升空间。

三　劳动关系情况

（一）劳动合同签订率

2018 年职工签订书面劳动（聘用）合同的比例为 83.8%，同比下降了 0.6 个百分点。其中企业职工签订书面劳动（聘用）合同的比例为 88.4%，下降了 7.2 个百分点。2018 年合同平均期限为 25.48 个月，比 2017 年增加 0.75 个月。

（二）拖欠工资和劳动纠纷

2018 年被拖欠工资的人员比例为 2.8%，同比降低 2.5 个百分点。其中到调查时点仍有拖欠工资的占 0.4%，与上年相比上升 0.2 个百分点；虽有拖欠但是现已拿回拖欠工资的占 2.4%。与单位发生过劳动人事争议或者发生过劳动保障权益被侵害的情况的比例为 0.8%。在解决劳动人事争议或劳动保障权益被侵害的途径方面，63% 的受访者选择与用人单位协商，3.7% 的受访者选择有关调解组织调解，3.7% 的受访者选择劳动、人事争议仲裁委员会裁决，14.8% 的受访者选择人民法院判决处理，另有 14.8% 的受访者选择其他方式解决。

（三）劳动时间和加班情况

2018 年深圳市劳动者平均每周工作时间为 5.44 天，同比增加 0.18 天。职工加班比例为 36.9%，同比上升 14.5 个百分点。在加班职工中，全部拿到加班工资的比例为 63.9%，同比上升 12.3 个百分点。

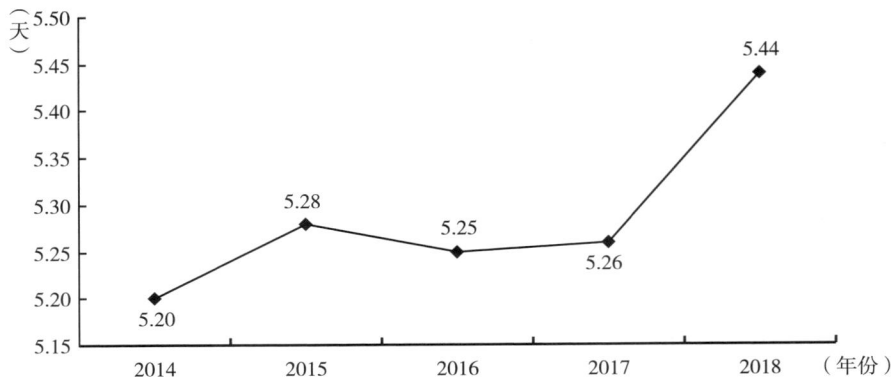

图3 2014～2018年深圳劳动者每周平均工作时间

（四）职工带薪年休假

在具备带薪年休假条件（工作满1年）的职工中，安排了并且已经休假的占55.6%，同比上升了0.8个百分点；有休假计划但调查时还没有休假的占31.6%，下降了5个百分点；因不符合条件而未休（请事假、病假过多等）的占1.8%；事情多未休，单位已补偿的占0.4%；事情多未休，且未补偿的占0.8%。职工平均休假6.46天，同比减少0.16天。

（五）劳动者收入

2018年深圳市劳动者月平均劳动报酬为7312元/月，环比增长5.2%，劳动报酬中位数为6000元/月，环比增长20%。调查显示南山区、罗湖区、福田区的薪酬水平排在全市前三位，光明区的薪酬水平较低。全市薪酬水平前三位的行业是金融业、房地产业、建筑业。居民服务业的薪酬比较低。

四 技术技能人才和政策法规普及情况

（一）技术技能人才数量

2018年深圳市具有专业技术人员资格或者职业资格证书的人占就业人

员的比例为17.2%，比上年度上升4.4个百分点。其中具有专业技术人员资格的占13.6%，具有职业资格证书的占11%。据此推断，深圳市专业技术人员总量约239万人，职业技能人才总量约195万人。

（二）技术技能人才结构

调查结果显示，2018年深圳市专业技术人才中具有初级职称、中级职称、高级职称资格的人员比为29.8∶49∶21.2。技能人才中具有初级工、中级工、高级工及以上国家职业资格证书的人员比为30.4∶36.9∶32.7。总体来看，深圳市高技术技能人才比重维持在较高水平。

（三）职业技能培训

2018年，劳动者参加职业培训的比例为15.5%，同比上升4.5个百分点。47.5%的培训时间不到一周，78.5%的培训不满一个月。因此，建议继续加大对企业培训的扶持力度。

（四）技术技能特长在就业中的运用

从总体上看，86.2%的人不在技术技能岗位上工作，5.6%的人在初级职称岗位工作，3.1%在中级职称岗位工作，1.2%在副高级以上职称岗位工作，0.8%在初级工岗位工作，1.6%在中级工岗位工作，1.5%在高级工及以上岗位工作。具有专业技术人员资格的人才中，有28.4%在专业技术岗位上工作，同比下降1.2个百分点。具有国家职业资格证书的人才中，有17.4%在技能岗位上工作，同比下降5.4个百分点。由此可见，技术技能人才的专业性并没有得到充分发挥。

（五）政策法规普及情况

2018年，在16周岁及以上人员中，学过人力资源和社会保障各项主要法规政策的人员占比分别为劳动法18.2%，劳动合同法18.3%，就业促进法13.9%，劳动争议调解仲裁法14.2%，社会保险法14.8%，职工带薪年休假条例 17.9%，劳动保障监察条例 13.6%。虽然法规普及率较低，但是相比 2017 年都有所提高。

五 问题分析和政策建议

（一）调查显现的问题

1. 超低调查失业率存有隐患

近年来深圳市调查失业率逐步降低，目前仅有 2.65%，远远低于全国平均水平。而且调查显示，无工作人员中只有 5.4% 的人有就业愿望，环比下降 0.4 个百分点，进一步加剧了超低失业率的持续。连续长周期的低失业率监测结果，表明整个社会经济发展已趋于低迷。而经济形势的持续低迷，又会造成大量劳动者不敢轻易换工作，直接抑制了非经济活动人口参与劳动的积极性。对深圳这种严重依赖外来劳动力输入的城市来说，人口流动活性的降低，也会使输入性劳动力红利将逐步消失。

2. 创业扶持政策需要加强

从调查创业效果来看，持续强化创业政策很有必要。2018 年创业人员占就业人员比重下降了，但是创业带动就业的效果增强了，私营企业主和个体户主创业带动就业的平均人数分别为 14.31 人和 3.28 人，与 2017 年相比均有较大幅度上升。从调查创业政策来看，现有政策还有很大改进空间。大学生创业的调查显示，2016～2018 年都有不到 2% 的大学生参与创业，表明当前大力推行的大学生创业政策措施可能存在一些缺陷，应当尽快改进。享受求职创业补贴的人员比例较低，约占无业人员的 4.3%，政策覆盖面较窄，有扩大的空间。

3. 亟须减轻劳动者社保费负担

没有参加养老保险的原因调查中，10.8% 的受访者表示个人无缴费能力，12.3% 的受访者表示单位不给参保，有 44.6% 的受访者表示自己不愿意参保。调查结果显示自己不参保的比例大幅上升，这一方面是深圳特殊的缴费政策造成的，居民个人参加养老保险除缴纳个人部分外，还需缴纳单位部分；另一方面，2019年社会保险费征收改由税务部门负责，原来按照最低工资标准缴纳社保的缴费人都有可能按照实际工资标准缴费，个人负担大增。社会保险本身是对员工未来利益的保障，若费率问题影响企业目前的经营，影响个人缴纳的积极性，就需要认真深入研究。因此，应认真研究保费比例，转变粗放式的管理模式。

4. 深圳开始面临老龄人口养老的问题

深圳市人口结构非常特殊，是一个年轻的城市，同时要面对出现的老龄人口养老的问题。经历了改革开放40年，第一代农民工已经开始在深圳退休，以后还会陆续增加。调查数据显示，2017年深圳市退休人员比例为10.7%，2018年为14.9%。在对无工作人员的供养情况调查中，依靠退休金生活的人为43.4%，同比上升3.8个百分点。如果按照1982年维也纳老龄问题世界大会确定的标准，一个地区老年人口占10%以上，意味着这一地区就要面对老龄人口养老的问题了。深圳市连续两年退休人口比例超过10%，接下来将面临老龄人口养老带来的经济社会问题。

5. 实体公共就业服务机构职能持续弱化

从就业者求职渠道的调查数据看，到就业服务机构和人力资源服务机构求职登记找到工作的占1.9%，参加招聘会找到工作的占11.5%，相比往年均有大幅降低，大量就业者是通过网络招聘或者社会关系找到工作的。实体就业服务机构作用不明显，说明其对调节和干预劳动力市场的能力大幅下降，未来需要寻找新的替代手段。

6. 人才政策体系不完善

调查数据显示，深圳市大专以上学历劳动者比例从2017年的39.9%下降到2018年的33.3%，劳动者总体素质呈下降趋势。主要是由于目前深圳人才政策关注的是两端，即高层次人才和刚毕业的大学生，忽视了那些拥有中专及以下学历、无暇考等级证书的企业技术骨干。政策上给高层次人才发放大额补贴，给大学本科以上毕业生发放住房补贴，而中间层的几乎没有。从针对性上分析，真正的高层次人才最需要的是社会整体服务管理水平，单靠"砸钱"是吸引不来的；优秀的本科毕业生需要房补的同时，更需要的是整个区域职业前景和规划；作为中间层，他们也是深圳的核心竞争力重要部分，需要的是户籍和归属感，这部分骨干约有200万人，依照现有户籍政策，需要10年以上才能解决。

7. 法律、法规和重要政策的普及率相对较低，需进一步加大宣传力度

加大社保政策的宣传力度，对不同的人群进行分类管理和精细化管理，增强宣传效果。调查显示，人力资源社会保障各项主要法律、法规和重要政策的普及率都比较低，不利于劳动关系双方，特别是劳动者维护自身权益。特别需要重点做好就业促进法、劳动争议调解仲裁法、劳动保障监察条例等政策的宣传。

（二）政策建议

1. 在促进就业方面，大力扶持创业

一是优化创业带动就业政策体系。围绕创新型城市建设，落实创业优惠政策，推进创业孵化基地建设，提高对示范性孵化基地的资助标准。二是加大对自主创业人员的扶持和服务力度，创新创业培训模式，完善创业培训体系，鼓励创业带动就业。三是扩大创业扶持范围，打破以往只扶持户籍居民的政策瓶颈，适当扩展到在深圳参保（纳税）一定年限的非深户籍人员。四是适当增加支持创业的手段，比如成立政府主导的天使投资资金、股权投资资金、小额贷款公司等，直接扶持创业项目。

2. 在就业服务方面，有序整合机构

一是建立标准化服务体系，完善设施设备、人员配备等指导性标准，统一公共就业服务业务流程和规范。二是合理配备公共就业服务机构专业服务和管理人员结构，加强职业指导、职业信息分析、创业指导、劳动保障协理、劳动关系协调等专业化队伍建设，有序缩减退出冗余管理人员。三是构建政府主导社会参与的多元化供给体系，完善公共就业服务机构设置，采用招标等方式，广泛吸引社会资本和优质资源参与政府公共就业服务设施建设和运营管理，支持经营性人力资源服务机构、社会组织提供专业化公共就业

创业服务。

3. 在社保降费方面，扩大居民养老保险覆盖面

根据测算，深圳市灵活就业人员超过百万人，解决这部分人的社保降费意义重大，具体可以通过三方面来落实。一是严格执行《社会保险法》和《广东省城镇居民社会养老保险试点办法》，将职工基本养老保险和居民养老保险参保人区分开，让符合参加居民社会养老保险的人参加相应社保。二是响应国家号召，划拨市属国企部分股权充实社保基金，在保证社保基金盈余的基础上同时适当提高居民养老保险缴费的政府补贴标准。三是严格保险费率标准的制定。职能部门认真研究，对各险种收、付比率要运用精算数学等方法进行计算，保费比例标准是一门成熟的学科，需要专业机构来做好测算工作。

4. 在老龄人口养老方面，多措并举正面应对

一是未雨绸缪支持养老产业发展，鼓励社会资本在该领域的投资发展，支持社会民办养老院的发展，加强社会福利机构建设，依靠社会为家庭提供完善的社区养老，加强养老服务的专业化。二是增加养老金支付的弹性，有计划有限度地按照国家规定适时调整养老金，做好退休人员规模测算，防止出现退休人员增长过快导致养老保险基金收支不平衡的现象。三是加大公共财政对社保基金的支持，将现有国企收益、政府税收收入定期按照一定比例划转入社保基金账户，实现社保基金规模稳步增长。

5. 在人才建设方面，全面推进留住人才政策

一是留住产业技能人才，助力实体经济产业升级。围绕国际科技、产业创新中心建设，完善技能培训补贴政策，加大补贴力度，进一步向重点产业领域和紧缺急需人才倾斜。大力弘扬工匠精神，组织实施"鹏城工匠""技能菁英"评选。组织开展"工匠之星"技能竞赛，提升深圳技能大赛品牌。二是提升在深人才地位，实现人才自我提升。构建多元人才评价机制，突出业绩、能力和市场认可导向。大力推进行业组织"业内评价"、其他市场要素"社会评价"，多元化、多维度评价人才。三是培养本土人才，繁育未来希望。注重技能人才培养，深化技工教育产教融合、校企合作和国际合作，

积极构建企业主导的"双元制"技工教育体系，推进拟选址深汕合作区的深圳高级技师学院建设。四是增强人才政策的实用性。当前全国各地都在制定人才政策、大力引进人才，深圳当前重点要突出人才政策的完备性和针对性，对高层次人才、新进入的大学生和企业技术骨干分类施策来吸引留住人才。特别是对"夹心层"的企业技术骨干，针对他们迫切需要的户籍、归属感，通过政策调整尽快解决。如深圳公安近两年已经实施的积分入户政策就非常好，但需要更开放一些；深圳人才引进政策也很好，但也需市场化取向更强一些。留住这些骨干，假以时日他们中的一些人会成长为真正的"高层次人才"。

B.5

深圳公共就业服务的主要问题及对策建议

冯 力　张俊杰*

摘　要： 公共就业服务对深圳市稳定就业、和谐劳动关系发挥了巨大的作用，但也存在机构人员设置差异大，存在边缘化的倾向；就业服务碎片化，不同层级之间缺乏联动；公共就业信息统筹还需要进一步提升；就业服务专业化、精细化、标准化有待进一步提高；公共就业创业服务成效有待进一步提升等方面的问题。本文针对存在的问题，从完善就业服务机构、提升大就业服务的信息化水平、提升公共就业服务水平、创新公共就业服务内容等角度提出对策建议。

关键词： 公共就业　就业服务　信息化

自 2012 年起，深圳市公共就业服务逐步建立起市、区、街道三级管理和市、区、街道、社区四级服务体系，着力适应劳动者多层次就业需求，不断完善服务体系，充分发挥"互联网＋"作用，提供"精确定位、精准施策、精细服务"的公共就业创业服务，形成具有深圳特色的公共就业服务体制机制。公共就业服务对促进深圳市劳动者高质量就业、建立和谐稳定的劳动关系发挥了巨大的作用，但是也存在不少问题需要改进。

---

*　冯力，深圳市人力资源和社会保障局副调研员，硕士，研究方向为人力资源管理；张俊杰，深圳市人力资源和社会保障局，研究方向为财务管理与分析。

一 当前公共就业服务存在的主要问题

（一）机构人员设置差异大，存在边缘化的倾向

1. 公共就业服务管理机制僵化

深圳市公共就业服务中心是由原深圳市劳动就业服务中心与深圳市职业介绍服务中心合并而成，工作人员也是由就业中心和职介中心人员转化而来，人员老化严重。而且两个机构合并后人员超编严重，"能出不能进"，需要较长时间慢慢消化，缺乏激励机制，同时因为机构是事业单位编制，与市直其他部门的流动不畅通，导致很多工作人员难以进行职位交流或升迁，导致机构越来越僵化。

2. 基层公共就业服务管理机构人员力量严重不足

一是基层公共就业服务机构呈萎缩趋势。近年来深圳市就业形势稳中向好，登记失业人员和就业困难人员呈逐年减少趋势，传统意义上的扶弱救困的公共就业服务对象在萎缩，各区公共就业压力普遍不大，因就业不畅引发的维稳压力较小。所以，基层对公共就业服务的重视程度在下降，机构和人员有萎缩趋势，个别区还取消了区级公共就业服务机构的牌子，或者以和谐劳动关系为主要服务内容，或者与残疾人服务、婚姻登记等业务整合成社会事务服务机构。街道层面也多取消专门的劳动就业服务机构，与其他社会事务整合为综合服务机构，社区层面把公共就业服务整合到综合业务办理中。人员稳定性、经费渠道等是区和街道反映最多的问题，甚至可以说基层是"要钱没钱、要人没人、要编制没编制"的现状。以龙岗区为例，街道一年劳动就业经费30多万元，而文化体育经费有700多万元，每个社区党群服务中心的民生微实事经费有200多万元。

二是基层公共就业服务机构人员数量减少。街道、社区劳动保障办理人员紧缺，流动性大。目前全市区及以下公共就业服务机构总共有工作人员1636人，编内508人，临聘1128人，临聘人员占总人数近七成（68.95%）。临聘人员工资普遍偏低，工作量大，人员流失严重。比如有的区，街道原人力资源服务中心在与文体部门合并后，从事公共就业服务工作的人员比从事文体工作的人员

数量要少很多。再加上文体工作趣味性强，公共就业服务相对枯燥，工作人员更倾向于做文体方面的工作，进一步使公共就业服务边缘化。

三是各区公共就业服务机构设置差异较大，缺乏明确的职能定位。公共就业服务机构的名称、职能范围不一，有的既有就业促进科，又有就业服务管理中心；有的仅有就业促进科，或只有就业服务管理中心；还有的机构专门做公共就业服务业务；有的将公共就业服务、职业介绍、职业培训等多种业务整合为一体。服务机构的责权利不明确，不仅提高了失业者寻求服务的门槛，也增加了机构管理过程中的难度，导致成本高、效率低等各种问题。

（二）就业服务碎片化，不同层级之间缺乏联动

1. 部门之间的资源整合不够，没有形成合力

职业介绍、职业培训、职介机构管理等职能分属不同部门管理，资源整合不足，在一定程度上导致职业介绍和职业培训的分离，部分培训项目不能随着市场需求及时更新，降低了培训的针对性和有效性，不利于劳动者就业，而且就业培训与促进再就业脱节，没能通过技能培训解决劳动力结构性失业问题，在一定程度上偏离了就业培训的目标和宗旨。

2. 市、区公共就业服务部门沟通对接不顺畅

一是统筹协调缺乏抓手。2012 年以前，深圳市的公共就业服务主要是市就业中心在做。2012 年改革后，市公共就业服务中心转型为统筹协调的机构，工作重心和资源下沉到区、街道进行属地管理。近年来，取消了市级对区级的就业考核，再加上缺少资金和项目上的统筹激励，导致沟通对接不顺畅。二是分设的市级部门与大部门的区级部门沟通对接不顺畅。不少区级部门的公共就业服务机构是大部门制管理，需要同时对接市多个部门，沟通协调不顺畅。以罗湖区为例，就业促进科职能移交给公共就业促进中心后，现公共就业促进中心既负责监督、指导、检查、督促街道就业创业工作开展，又负责具体的就业创业业务及各项活动开展，多项职能合为一体，需同时对接市局就业处、就业中心、信息中心等部门，沟通协调难度较大，不利于就业创业工作开展。

3. 区、街道、社区的工作衔接与协调还需要进一步加强

随着强区放权工作的推进，不少区在街道和社区推行大部门管理，街道和社区的公共就业服务普遍与其他业务进行整合，由于不同业务的协调部门不一致，导致不同层级间协调困难。以罗湖区为例，2016 年街道劳动保障事务所与统计中心合并成立街道公共事务中心，七个街道将社区就业服务业务收回，区、街道、社区三级管理服务平台名存实亡。从业务管理上看，区就业中心与街道公共事务中心是上下级业务指导关系，但从行政管理层级角度看，衔接和协调没有以前顺畅。另外，"一门式一网式"改革后，社区不再有专职从事就业服务人员，使得不少街道与社区就业工作衔接出现沟通不畅甚至脱节现象

（三）全市公共就业信息统筹工作还需要进一步加强

信息化是公共就业服务的重要抓手，目前信息化建设还处在起步阶段，需要进一步完善。

1. 职业介绍的信息化建设还需要进一步加强

目前虽然市局建有职业介绍方面的信息平台，但还不完善，不少区对市里的系统不太满意，如福田、罗湖等区建立了自己的职业介绍信息平台。而且在目前深圳市的职业介绍系统中，市、区可以将开发的岗位信息输送到辖区的街道、社区，但各区开发的岗位信息资源却无法在全市范围内实现共享，一定程度上制约了促进就业的成效。

2. 市公共就业服务系统稳定性还需要进一步加强

由于不少企业和个人集中在某些时间段集中办理公共就业服务业务，导致系统不稳定。另外，就业服务信息系统在与社保系统及区级政务系统对接过程中极不稳定，经常出现信息对接不及时或系统无法使用等问题，导致群众办事多次往返。

（四）就业服务专业化、精细化、标准化有待进一步提高

1. 就业服务的专业化程度有待进一步提升

一是缺少基层公共就业服务专门人员队伍。由于部分街道行政区划调整，街道的公共就业队伍重新组合，原各社区的专职就业工作人员被分配到

别的岗位，导致基层公共就业服务队伍力量薄弱，各项就业创业业务均由街道一级负责受理及审批，导致工作人员一人身兼多职，影响了公共就业服务质量。而"一门式一网式"改革后，原社区劳动协理员队伍被整合进入"一窗办"综合窗口后，劳动协理员所受理业务由原来单一的公共就业服务业务转变为当前的就业、民政、计生、出租屋登记等多项综合业务受理，业务量多，精力分散，且工作人员皆为临聘人员，工资薪酬较低，造成人员流动性大，整体业务素质受到影响。不仅直接导致公共就业服务的入户政策宣传、职业指导和职业介绍等工作在社区没了抓手，也直接影响劳动就业服务的专业性。

二是缺少专业化的服务机构支撑。目前公共就业服务以发放补贴为主，缺乏专业的职业指导和就业训练。随着就业形势的发展，职业指导、职业培训等迫切需要运用专业知识和新技术新方法，进一步创新服务模式，更好开展公共就业服务。然而目前公共就业服务从业人员具有专业技能的人较少，一般从事普通岗位的服务工作，专业性岗位如人才评价、职业供求信息分析、职业生涯规划、薪酬设计、创业指导师等专业人才奇缺，大部分就业服务机构不能为服务对象提供专业化、个性化服务。主要人才集中在市场上的就业中介服务机构，如何与这些专业职业中介服务机构进行合作还处在探索之中，尚未充分利用市场专业资源，导致就业指导、岗位推荐等工作不到位，难以满足高学历劳动力的就业需求。

2. 服务的标准化和精细化还有待进一步提升

服务方式简单粗放，缺少标准化流程。公共就业服务指引的操作性有待加强。例如，根据《深圳市失业登记管理办法》，登记失业人员可享受的公共就业服务有就业创业政策法规咨询、职业供求信息、市场工资指导价位信息和职业培训信息服务、免费职业介绍和就业指导服务等，但对如何提供这些服务，并没有具体标准供基层就业服务工作人员参考。失业人员情况各异，服务需求不一而足，在缺乏指导标准的情况下，就业服务工作还是要靠基层工作人员自行摸索和把握，容易造成服务手段单一、对"发补贴"过于依赖等情况，政策实施质量和效果难以保证。

（五）公共就业创业服务成效有待进一步提升

1. 公共就业服务手段比较落后，仍停留在传统的服务手段

基层公共就业服务涉及的工作政策性强，业务种类多，专业技能要求高。工作人员由于经验积累不够，在应对复杂的局面和形势时存在一定的困难。服务的针对性和有效性有待加强，主要表现在两方面。一是服务内容简单，仍然停留在传统的一般性的招聘会、就业推荐和技能培训等单一性服务层面，难以充分满足新时代劳动力供需双方的综合需求。二是服务方式粗放，满足于召开多少次招聘会、开展了多少场培训、发放了多少补贴等数据和指标工作，开展服务月（周）和春风行动等，为了完成任务而完成任务，导致工作需求和服务之间脱节，实际成效不明显。以招聘会为例，在目前信息化比较发达、线上招聘体系比较完善的情况下，普通的、缺乏针对性的线下招聘会不仅成本高，而且成功的概率较低。

2. 创业服务工作进展缓慢，效果不佳

现行的创业扶持政策主要面向毕业五年内的高校毕业生、留学回国人员，以及具有本市户籍的登记失业人员、复员转业退役军人、随军家属、残疾人。而这类群体的创业技能相对不足，如果没有专业的创业指导、合适的创业项目对接以及后续的跟踪服务，仅发放创业场租补贴、资金补贴、社保补贴等，失败的可能性就会增大。特别是目前基层公共就业服务人员多以临聘为主，学历和技能水平相对不高，用来指导就业创业工作心有余而力不足。

3. 劳动者的求职意愿、企业用工需求和居民就业期望之间矛盾长期存在

一方面不少失业人员和就业困难人员主观就业意识不强，就业观、择业观受传统思维模式限制，希望能够在政府机关工作，不愿意去企业工作，给就业安置工作带来困难。另一方面企业用工需求缺口长期存在，存在企业可支付薪资与居民期望值之间存在较大差距。另外因为需要缴纳更多社保支出，增加企业成本，不少企业不愿意雇佣户籍居民。

二 推进深圳市公共就业服务的对策建议

（一）组建大就业服务促进机构，完善就业服务机构

1. 完善市、区就业服务机构建设

整合深圳市人力资源管理局的就业促进机构、职业培训机构和公共就业服务中心等机构及部门，组建深圳市公共就业局，作为深圳市人力资源和社会保障局下属的二级局。按《就业促进法》要求和广东省机构改革精神，纳入行政类事业单位（或公益一类），为副局级参公事业单位性质，指导协调各区开展职业介绍、职业指导、劳动力资源管理、创业指导、职业培训、失业保险申领、专项就业补贴发放等各类公共就业服务工作，内设机构为副处级建制。各区参照成立区公共就业局，作为区人力资源管理部门的二级局。待条件成熟后可探索取消区级机构，由市级机构对街道公共就业服务机构和平台进行垂直管理，将业务受理、审批工作下放到街道，市局主要负责政策出台、业务指导、工作协调、监督考核，街道负责具体业务受理和就业创业指导。

2. 完善基层公共就业服务平台建设

基层公共就业服务平台是公共就业服务体系落实和工作落实的重要载体，直接为劳动力供求双方提供基础性、公益性就业服务。应保留各街道劳动保障机构，定人定岗定编，统一名称为"劳动保障所"。在各级服务大厅开设公共就业创业服务专区，在社区设立劳动就业协理员岗位，着力加强基层行政服务大厅的就业指导、职业介绍等人力资源专窗服务工作。加强街道公共就业服务平台的规范化建设，做到统一机构设置、统一编制人员、统一工作职能、统一建设标准、统一标牌标识，提升人力资源服务品质，建立基层服务平台的人力资源品牌。

3. 理顺市、区、街道、社区服务职能，建立健全公共就业服务工作考评机制

明确市局负责制定公共就业方面的政策、明确公共就业服务标准化和流

程，做好政策指引，并对各区公共就业服务机构进行业务指导和绩效评估工作。区级部门负责本辖区公共就业服务计划制定和实施，为劳动者和用人单位提供专业化公共就业服务，开展公共就业服务专业人员的培养和服务绩效评价等。街道和社区公共就业服务平台负责为本辖区的失业人员、就业困难人员和用人单位主动开展就业服务。

4. 加强就业训练中心或工匠园建设

探索在宝安区、龙华区、坪山区等劳动力较为集中的区建设就业训练中心或工匠园，形成深圳市东部、中部、西部三个重要的就业训练基地，打造成工匠型技能人才引进和培育基地。对建筑面积、培训规模、培训教师、专业实训室、教学场地、实训场地进行标准化建设，根据市场需求，聚集产业发展所急需的人力资源要素，助力深圳市创新引领型全球城市建设。

（二）提升大就业服务的信息化水平

1. 完善大就业信息网络

大力加强劳动力市场信息化建设。加强公共就业服务基本信息的收集、汇总和发布，强化公共就业条块和层级间的联动，使街道、社区搜集的职业信息可以在全市范围内共享，扩展就业信息覆盖范围，提供更多更广的人力资源市场信息。进一步统筹就业、社会保障、劳动关系等各领域信息化，实现系统内信息系统资源的整合共享和业务协调，实现与其他部门间信息的有效交换。

2. 建立深圳市人才数据库

针对企业缺工及市民找工作难问题，可以探索建立深圳市人才数据库/深圳市人力资源服务平台，将全市现有人才的信息分类整理，实现各类人才的精准匹配，为企业的长远发展提供智力保障。

3. 开展中长期就业需求预测

会同发改、统计、经信等有关部门探索建立职业需求预测制度和中长期就业需求预测制度，为政府部门、教育培训机构、用人单位和劳动者提供参考。预测内容包括劳动力供给情况、就业岗位分布和发展趋势、用人单位岗位空缺和用人需求情况、分产业就业需求情况、职业教育和职业培训情况、就业状况调查分析等。

（三）提升公共就业服务的专业化和质量

1. 打造一批专业的就业创业指导师队伍

把职业指导作为推进专业就业服务的重要抓手，努力培育专业化的服务团队。一是加强对现有职业指导师队伍的能力建设。街道劳动保障公共服务平台按每 6000 名左右服务对象配备 1 名专职工作人员，社区工作站配备 1 ~ 2 名专职人员。每年通过高频率的培训交流、职业指导大赛等形式，同时开发公共就业服务"业务微课程"，利用 QQ 群、微信群等现代网络平台进行交流，让大家足不出户就可轻松获得培训内容，通过多种方式不断提高素质和职业指导技能。探索建立公共就业服务人员职业生涯发展和晋升通道，提升基层专职工作人员待遇，健全激励机制，稳定人员队伍。二是探索通过直接引进、柔性引才等多种形式引进职业指导领域的高层次人才，根据需要，每个区选聘 1 ~ 2 个首席职业指导（创业指导）师，在工资水平和福利待遇上予以倾斜。三是建立创业就业指导专家库。在深圳市层面建立创业就业指导专家库，整合市内外，乃至全国的创业就业专家和培训导师，指导各区开展就业创业和职业指导工作。同时整合社会资源，组建一个来自各行各业的职业指导专家志愿团。

2. 完善职业指导服务机制

一是拓展职业指导服务功能。对失业劳动者的离职原因进行科学分析，判断其在求职就业创业时面临的困难和问题，是就业观念问题，还是就业能力结构问题，并对其有针对性地提出解决方案和建议。二是建立职业指导人员服务基层机制。深圳市创业就业指导专家库可以在各区统筹使用。每个区的职业指导（创业指导）师必须为各街道提供指导，并服务一定数量的特定服务对象。

3. 加强新就业岗位开发和新技能培训，以大就业大培训带动小就业

一是发挥重大项目带动就业的作用。出台重大项目建设与促进就业联动机制的意见，建立重大项目建设岗位需求评估制度，在土地征收、项目招商、项目建设各个环节建立与就业联动机制，充分发挥重大项目建设拉动就业作用。二是注重在新兴产业发展中开发新就业岗位。主动适应互联网、物联网、云计算及电子商务等新兴服务业的发展，结合新技术、新产业、新业态、新商业模式，创造更多适合高素质年轻群体的新形式就业岗位，实现在深圳经济转型中的就业转型。三是加强新技能培训的专业和工种开发。及时转变工作思路，进一步为企业提供服务，推动服务业、中小微企业、民营经济更快发展，通过企业吸纳人才实现就业。同时根据企业需求，开发一些新技能培训的工种，切实发挥公共就业服务为产业服务、为求职者服务、为困难就业群体服务的宗旨。

4. 探索公共就业服务信息网络的市场化运营

探索与前程无忧、智联招聘等知名度较高的专业职介机构合作，以购买服务的方式，将公共就业服务信息网络的求职板块整体委托给民营机构运营，使公共就业服务机构能够专注于其核心业务。

（四）创新公共就业创业的服务手段和服务内容

1. 拓展公共就业服务内容

逐步拓展基本就业公共服务范围，为广大求职者提供心理咨询、职业指导、岗位开发和就业培训等服务项目来满足求职者随着市场需求的发展而不断发展和提高的要求，努力为居民提供覆盖更为全面的公共就业服务项目。同时转变工作思路，从原本传统的岗位推荐、补贴发放等传统模式，转变为如何创造良好的就业创业环境，如何适应求职者的不同需求，加快提高劳动者素质，提升人力资源品质。

2. 创新公共就业创业服务手段

一是定期开展企业用工需求调查。通过对规模企业的生产经营状况、

当前用工基本情况、企业开工率、招工方式、缺工原因、整体工资水平等进行调查，全面把握企业用工需求（需求岗位、需求人数、学历要求、性别要求、工资水平），有针对性地进行资源对接、精准匹配。二是多途径开发大学生实习岗位，提前吸引全国各地人才。与企业合作，开发大学生实习岗位，政府给予一定的补贴，吸引全国各地尤其是重点大学和紧缺专业的大三、大四、研二、研三或其他即将毕业的大学生到深圳实习，提前吸引人才。

B.6
深圳企业工资支付情况分析及对策建议

杨保华　吴丽莎*

摘　要： 劳动报酬权是劳动者最重要的基本权益，是广大劳动者最关心、最直接、最现实的利益问题。切实保障劳动者劳动报酬权益，事关公平正义和社会和谐稳定。劳动报酬一直都是劳动者最关心的问题，从深圳市人力资源社会保障信访情况来看，涉及工资福利类的信访问题是信访量最高的问题。工资报酬类纠纷仍然是深圳市各级人力资源部门劳资纠纷处置工作的重点和难点。为此，本文对2015年以来深圳企业工资报酬情况及劳资纠纷进行分析，总结提炼经验做法，以问题为导向，对做好企业工资分配宏观调控和支付保障等方面工作，从加强法制宣传教育、完善企业工资分配宏观调控指导体系等角度提出对策建议。

关键词： 劳动报酬　工资权益　支付保障

一　深圳市规范企业工资支付情况

近年来深圳市扎实推进企业工资分配制度改革，规范企业工资支付行

---

* 杨保华，深圳市人力资源和社会保障局劳动关系处，处长；吴丽莎，深圳市人力资源和社会保障局，副处长，研究方向为劳动关系。

为，健全预防和解决拖欠工资问题的长效机制，有力保障了劳动者依法获得劳动报酬的权利，成效显著。

（一）企业职工工资收入稳步增长

2015～2018年，深圳市企业劳动者平均工资报酬分别为56532元/年、61364元/年、67332元/年和76956元/年，基本坚持与经济发展同步增长的原则，为实现"十三五"时期"到2020年实现城乡居民人均收入比2010年翻一番"的目标打下良好基础。从增幅看，2015～2018年的同比增幅不断提高，分别为8.05%、8.55%、9.73%和14.29%。在经济新常态、企业生产经营压力较大的情况下，企业劳动者平均工资报酬仍保持8%以上的增幅，明显高于人均GDP增幅。

（二）工资支付类劳动监察案件逐年下降

一是同比下降。2016年工资支付类案件403件，同比下降64%；2017年工资支付类案件292件，同比下降27.5%；2018年工资支付类案件276件，同比下降5.5%。二是占比下降。2015年工资支付类案件占案件总数的65.3%，2016年工资支付类案件占案件总数的36.8%，同比减少28.5个百分点；2017年工资支付类案件占案件总数的22.8%，同比减少14个百分点；2018年工资支付类案件占案件总数的18.7%，同比减少4个百分点。

（三）以劳动报酬为主诉类型的集体劳动争议案件总体呈下降趋势

一是案件数量及涉及人数双降。2015年以劳动报酬为主诉类型的集体争议案件855件涉及30317人；2016年835件涉及26827人，同比分别下降2.3%和11.5%；2017年585件涉及14322人，同比分别下降29.9%和46.6%；2018年由于受经济增速放缓、中美贸易摩擦及企业转型升级等客观因素影响，集体争议案件出现回升。二是比重较2015～

2017 年稳中略有回落。2017 年以劳动报酬为主诉类型的集体劳动争议案件占集体争议案件总量的 64.1%，2018 年的比重为 67.9%，较 2015 年分别下降了 6.8 个百分点和 3 个百分点，较 2016 年分别下降了 8.3 个百分点和 4.5 个百分点。

二 主要做法

（一）科学开展企业工资分配宏观指导

一是建立最低工资标准评估机制，稳慎把握最低工资标准调整的增幅与频率，2015 年以来深圳市三次提高全日制就业劳动者月最低工资标准，从 1808 元/月调整到 2200 元/月，有效提高低收入劳动者工资水平。二是健全企业薪酬调查和信息发布制度，为科学制定人力资源市场指导价位和合理调整最低工资标准工作打下坚实的数据基础。三是完善人力资源市场工资指导价位制定发布制度，涵盖八个大类行业 446 个细类岗位，增强可比性、指导性和实用性，为企业建立工资正常调整机制提供决策参考。2017 年在全国首次发布社会组织工资指导价位，将工资指导价位范围由经济领域延伸到社会领域；发布企业人工成本信息，为企业合理确定人力资源配置和员工工资水平提供参考；2018 年首次发布医药行业工资指导价位，行业工资指导价位增加到六家，包括机械、装饰、酒店、旅游、公路货运与物流、医药行业，积极发挥行业指导作用。

（二）加强工资纠纷预防处置

一是畅通信访渠道，依法分类处理工资福利类诉求，2018 年全市人力资源保障信访总量 60919 宗，涉及 95651 人次，同比分别增长 14.8% 和 17.7%；优化"12333"电话咨询平台，上线人社业务咨询机器人，构建以机器人、咨询电话、纸媒、网站、新媒体、服务窗口等"多位一体、全天候"信息咨询服务平台，打造人社百度，提供高效优质的人社咨询服务，改变以往单一法律文本讲解的咨询方式，全面提升咨询服务的品质及效率。二是大力排查化解欠薪隐患。深化劳动监察"两网化"管理，开展网格排查，建立欠薪风险隐患台账，坚持边排查、边整改、边化解。加快构建覆盖全市的劳资纠纷预警平台建设，提前研判风险隐患。2018 年全市劳动监察机构共检查用人单位 2.4 万余家，涉及 262 万多人，查处劳动保障监察案件 1476件。三是分类处置劳资纠纷。按照"依法依规、分类处置，明确职责、健全机制，属地解决、快速化解"的原则，建立全市劳资纠纷分类处置新机制。发生重大劳资纠纷群体性事件时，综治、维稳、人力资源保障、住房建设、公安等部门，各司其职，立即响应，稳控现场，确保社会稳定。2018年全市劳动监察部门妥善处理 71 宗群体性案件。四是重拳打击拒不支付劳动报酬犯罪。深圳市建立由市委政法委牵头召集的八部门组成的打击拒不支付劳动报酬犯罪行为联席会议制度，人力资源社会保障部门与公安机关联动，加强对涉及拒不支付劳动报酬案件查处和司法移送工作。2015～2018年，深圳市人力资源社会保障部门向公安机关移送涉嫌拒不支付劳动报酬犯罪案件 381 宗，公安机关共立案侦查 299 宗，刑拘 214 人。五是着力推动企业自觉诚信守法。每季度公布欠薪企业名单，将查处的企业拖欠工资等违法信息纳入中国人民银行征信系统及深圳市公共信用信息管理系统，实现对企业信用信息互认共享。2018 年对社会公布了 82 家被垫付欠薪用人单位名称、地址、欠薪和垫付金额等情况。六是加大专项执法检查力度。每年岁末年初联合各有关部门组织开展工资支付专项治理行动，集中力量打击欠薪违法行为。出台《深圳市工程建设领域工资保证金管理暂行办法》，保障深圳市工程建设领域工资支付，预防化解欠薪问题，维护劳动者合法权益。针对工程建设领域用工管理和工资支付行为不规范问题，配合住房建设部门大力推进工程建设领域人员实名制、工人工资分账管理等制度的建设和落实。

（三）提升劳动报酬争议调解仲裁效能

一是建立健全劳动争议调解体制机制。①建立区—街道—社区—企业四级网络，发挥调解在争议处理中的基础性作用。形成以人力资源部门为主导、多部门联动、企业行业自治并重的多元化、立体化劳动争议调解机制，调解已成为化解劳动争议的主要途径之一。2015～2018 年，全市调解组织共调解了劳动争议 114018 件，其中成功调解 96904 件，成功率达 85％。②加强顶层制度建设。经深圳市政府同意，联合市委政法委印发《关于进一步加强专业性劳动争议调解工作的意见》，明确新时期劳动争议调解的指导思想、目标任务、组织队伍建设和工作制度，具有里程碑意义。③开展专业化培训。全年培训 2000 余名调解员，扎实推进队伍建设。二是完善仲裁快速办案机制。①探索建立繁简分流办案机制，对事实清楚、权利义务明确、争议不大的简易案件，实行快调快裁机制。对集体争议案件快速处理，优化案件受理程序，实行"快立、快调、快审、快结"。②坚持欠薪案件优先处理原则，畅通联合处理机制，对涉及欠薪逃匿的案件，采取分诉求处理，对欠薪争议先行处理，确保劳动者可以及时申请欠薪垫付，保障其基本权益的实现。③加强调裁衔接。出台《调解协议仲裁审查确认工作办法》，通过建机制、理程序、促效果，进一步提升调解协议的法律效力，促进更多的案件通过调解方式得到解决。④规范劳动报酬类争议处理标准。联合法院等相关部门不定期召开疑难问题研讨会，对劳动争议处理中的疑难热点问题深入研讨，统一法律适用标准。截至 2018 年，共形成七个会议纪要，就劳动报酬等 76 个问题达成一致意见。

（四）依法开展欠薪保障工作

深圳在 1996 年通过地方立法出台《深圳经济特区欠薪保障条例》，建立欠薪保障制度。依法设立欠薪保障基金，采取社会共济和有限垫付的原则，在单位拖欠员工工资，且具备法院依法受理破产申请、法定代表人或者主要负责人隐匿或逃逸等情形之一时，依法使用欠薪保障基金向员工垫付一定数额工资，然后代员工继续向企业追偿已垫付的欠薪，有效解决用人单位因市场竞争失败引发的欠薪问题，在构建和谐劳动关系中发挥了重大作用。2015～2018 年，全市人力资源部门依法使用欠薪保障基金为 412 家欠薪单位的 17998 名员工垫付欠薪 12013.8 万元，有效保障了员工的合法权益，为维护深圳市社会稳定发挥了重要作用。

三 深圳市规范企业工资支付工作面临的形势挑战和问题

十九大报告明确指出，新时代我国社会主要矛盾是人民日益增长的美好生活需要和不平衡不充分的发展之间的矛盾。虽然深圳市在规范企业工资方面取得了一定成绩，但与人民群众日益增长的美好生活需要相比，不平衡、不充分的问题还比较突出，主要表现在以下方面。

（一）企业工资分配宏观调控仍需进一步完善

一是工资收入分配格局有待调整优化。因深圳市制造业发达，民营企业和外资企业集中，在劳动力市场中一线职工占比较高且工资收入水平较低，出现了劳动者工资报酬高位值与中位值、特别是低位值相差较大的情况。2015 年，深圳市劳动者工资报酬高位值、中位值和低位值分别 288288 元/年、45168 元/年、26436 元/年，2016 年分别为 316220 元/年、48608 元/年、28604 元/年，2017 年分别为 303288 元/年、52980 元/年、31980 元/年，2018 年分别为 310320 元/年、60828 元/年、34584 元/年。二是最低工资标准与深圳经济发展及城市地位不相称。最低工资标准及其调整是国民经济初次分配重要环节，是国民收入分配改革重要内容。深圳市最低工资标准实际上已低于北京和上海，增幅也落后于国内一些城市。虽然从表面数字上看，仅低于上海（2420 元/月），高于北京（2120 元/月），但由于北京、上海的最低工资标准不含劳动者个人依法缴纳的社会保险费和住房公积金，统一口径后计算得出，北京、上海最低工资标准实际分别为 2757 元/月和3010 元/月，分别高出深圳 557 元/月和 810 元/月。从调整幅度看，进入"十三五"以来，深圳在 2016 年没有调整最低工资标准，2017 年调整幅度为 4.93%，2018 年也仅为 3.3%。2011～2018 年，北京、上海最低工资标准每年平均增长幅度超过 9%，均高于深圳最低工资每年平均 7.57% 的增幅。加上北京、上海最低工资标准本身基数大，深圳最低工资标准与北京、上海的差距在拉大。

2017 年，北京、上海、广州、深圳人均地区生产总值分别为 129000元、124600 元、150678 元、183127 元，深圳人均地区生产总值居于内地城市首位。而深圳现在的最低工资标准实际低于上海、北京，这与深圳人均地区生产总值排名第一的经济地位不太匹配。上海最低工资标准无论是名义上还是实际上都居于内地城市第一位，北京实际居第二位，深圳实际居第三位，深圳最低工资标准相对于北京、上海还有较大提升空间。

表1　2018 年全国各省市区最低工资标准情况

单位：元

地区	实施日期	第一档	第二档	第三档	第四档
上海	2018 年 4 月 1 日	2420			
天津	2017 年 7 月 1 日	2050			
浙江	2017 年 12 月 1 日	2010	1800	1660	1500
北京	2018 年 9 月 1 日	2120			
广东	2018 年 7 月 1 日	2100	1720	1550	1410
深圳	2018 年 8 月 1 日	2200			
江苏	2018 年 8 月 1 日	2020	1830	1620	
山东	2018 年 6 月 1 日	1910	1730	1550	
吉林	2017 年 10 月 1 日	1780	1680	1580	1400
内蒙古	2017 年 8 月 1 日	1760	1660	1560	1460
湖北	2017 年 11 月 1 日	1750	1500	1380	1250
河南	2018 年 10 月 1 日	1900	1700	1500	
山西	2017 年 10 月 1 日	1700	1600	1500	1380
福建	2017 年 7 月 1 日	1700	1650	1500	1310
陕西	2017 年 5 月 1 日	1680	1580	1480	1380
贵州	2015 年 10 月 1 日	1680	1570	1470	
黑龙江	2017 年 10 月 1 日	1680	1450	1270	
新疆	2018 年 1 月 1 日	1820	1620	1540	1460
宁夏	2017 年 10 月 1 日	1660	1560	1480	1470
河北	2016 年 7 月 1 日	1650	1590	1480	
甘肃	2017 年 6 月 1 日	1620	1570	1520	

地区	实施日期	第一档	第二档	第三档	第四档
湖南	2017 年 7 月 1 日	1580	1430	1280	1100
云南	2018 年 5 月 1 日	1670	1500	1350	
辽宁	2018 年 1 月 1 日	1620	1420	1300	1120
江西	2018 年 1 月 1 日	1680	1580	1470	
安徽	2018 年 11 月 1 日	1550	1380	1280	1180
青海	2017 年 5 月 1 日	1500			
重庆	2016 年 1 月 1 日	1500	1400		
四川	2018 年 7 月 1 日	1780	1650	1550	
海南	2016 年 5 月 1 日	1430	1330	1280	1000
西藏	2018 年 1 月 1 日	1650			
广西	2018 年 2 月 1 日	1680	1450	1300	

注：北京、上海最低工资标准不含劳动者个人依法缴纳的社会保险费和住房公积金。

（二）劳动报酬权益是引发争议的焦点因素

从劳动争议案件情况看，2015～2018 年全市劳动争议仲裁机构受理以劳动报酬类为主诉类型的案件 55123 件，占同期立案总量的 41%。劳动报酬也是集体劳动争议的核心导火索，2015～2018 年全市集体争议案件中单纯主张劳动报酬的 1437 件，占集体争议案件总量的 42.4%。对 2018 年全市劳动争议案件诉求进行分析，60.8% 的劳动争议仲裁案件涉及正常工作时间工资诉求，18.8% 涉及加班工资诉求，超九成集体争议案件涉及工资诉求。2019 年受多重因素影响，经济下行的可能性增大，且深圳市劳动密集型与外向型企业众多，部分企业订单量下滑或订单价格及税费上涨，导致生产成本总体上升、利润下滑，一些企业可能采取欠薪或降薪、停产、裁员、注销、搬迁等方式应对，现实与劳动者要求保持收入不降甚至增加收入的愿望之间的矛盾将愈发突出，劳动报酬类争议隐患仍将大量存在。

（三）欠薪问题突出，且处理难度大

从劳动监察案件情况看，工资支付类案件仍然较多，2015～2018 年合

计 2091 件，占同期案件总量的 37.6%。一是夹杂经济补偿金问题的欠薪案件多发且处理难度大。深圳市设有欠薪保障基金，各区均设有应急专项资金，单一诉求欠薪的纠纷，通常能够较快得到化解。但近年来实践中大量以欠薪为由提起的劳资纠纷最终诉求都会归结到经济补偿金问题。员工对获得经济补偿金的期望值很高，比如企业同城搬迁、可能搬迁、变更名称、更换股东、股权转让等在劳动合同并未解除或终止时也会提出。现实中企业又往往无力支付或因于法无据而不愿支付。这类纠纷涉及金额大、人员多、影响面广，且容易形成示范效应，处置起来难度很大。二是"不逃不匿类"拒不支付劳动报酬案件增多且处置难。近年来，在深圳市对以直接逃匿方式逃避支付劳动者劳动报酬予以高压打击和刑法修正案将恶意欠薪入罪后，出现了欠薪者"不逃不匿"（欠薪者能联系得上，也能约见得到）或"逃而不匿"（欠薪者虽不现身，但通过电话等方式能联系得上），却以转移财产方法逃避支付或者有能力支付而不支付劳动报酬的新问题。由于行政执法措施有限，很难取得欠薪者"转移财产或者具备支付能力"的证据，且欠薪保障制度只能解决特定条件下的欠薪问题，劳动者的劳动报酬权益仍难以得到有力保障。

（四）新经济、新业态快速发展，带来新型劳动报酬纠纷隐患处置问题

随着"互联网+"、平台经济、分享经济等新经济、新业态快速发展，小微企业大量涌现，多元化用工形式发展较快，外包用工、小时工、临时用工等方式纷纷出现，除少量明确建立劳动关系外，普遍存在劳动关系与经济关系不明确、平台组织与小微用户关系难界定的问题，且小微企业风险承受能力弱，容易停摆甚至倒闭，劳资纠纷风险增加。相应的法规政策、监管办法、处理手段尚未能跟上，以现行的劳动法律法规处置难度较大，对基于传统劳动关系框架下的劳动报酬权益保障机制提出了新挑战。

四 新时代推进规范企业工资支付工作的对策建议

收入分配是民生之源。十九大报告指出，要坚持在发展中保障和改善民生，在幼有所育、学有所教、劳有所得、病有所医、老有所养、住有所居、弱有所扶上不断取得新进展，保证全体人民在共建共享发展中有更多获得感。

对标十九大对收入分配和构建和谐劳动关系提出的新的更高的要求和确定的目标，必须以习近平新时代中国特色社会主义思想为引领，坚持以人民为中心，把人民对美好生活的向往作为奋斗目标，抓住主要矛盾和矛盾的主要方面，找准目标定位，建机制、补短板，努力开拓深圳市规范工资支付工作新局面，破解欠薪治理难题，全力维护劳动者的核心利益，构建和谐劳动关系。

（一）加强宣传教育，使法律途径成为解决工资类劳资纠纷的主渠道

充分利用网站、微博、微信公众号、移动客户端等新媒体，发挥"12333"咨询服务电话等现有平台的咨询引导作用，深入推进法律法规宣传教育，进一步增强企业守法和员工依法维权意识。推进诉访分离相关工作，畅通信访渠道，将大量涉工资类劳资纠纷问题的来信来访及时引导至仲裁、法院等法定途径处理，化解缠访、闹访，推动劳资纠纷快速及时依法解决。加大对和谐劳动关系先进典型企业的宣传和对欠薪违法行为的曝光，密切关注舆情动态，及时发布权威消息，做好舆论引导，形成正确宣传导向。

（二）完善企业工资分配宏观调控指导体系

让广大劳动者有更加满意的工资收入，是改善民生、实现发展成果由人民共享最重要最直接的体现。一是促进建立与经济发展水平相适应的最低工

资标准调整机制，稳慎把握最低工资标准的调整频率和幅度，努力让发展成果更多更好地惠及广大赴深建设者。二是健全优化企业薪酬调查制度，了解不同收入群体的工资收入情况。三是完善人力资源市场工资指导价位制定发布机制，继续增加发布行业工资，探索恢复发布工资指导线，进一步增强工资指导价位的权威性和指导性。

（三）进一步完善全面治理欠薪的长效机制

一是切实加强劳资纠纷风险预警防范，深入开展欠薪隐患排查，对制造业、建筑业、住宿餐饮等行业企业及其他劳动密集型中小微企业进行重点排查，构建覆盖全市的劳资纠纷风险预警平台，整合隐患信息，提前研判风险隐患。二是进一步完善欠薪治理责任体系。坚持属地管理、分级负责、谁主管谁负责的原则，区政府和街道办对本辖区保障农民工工资支付工作负总责，切实把拖欠农民工工资问题解决在属地范围内。各部门各司其职，分别落实各自的日常监管、源头治理和纠纷处置责任，形成齐抓共管治理欠薪的工作格局。三是加大对拒不支付劳动报酬犯罪行为的打击力度。进一步推动各区（新区）建立打击拒不支付劳动报酬犯罪行为联席会议制度；确保移送案件全面录入检察院两法衔接电子政务平台，实现实时督办；重点加大对以"不逃不匿"方式拒不支付劳动报酬犯罪行为的打击力度，强化证据收集意识，探索创新调查取证方式，将线索证据及时提交维稳、公安部门，形成对"不逃不匿类"拒不支付劳动报酬犯罪的打击合力。四是推进企业工资支付诚信体系建设。将存在拒不支付劳动报酬犯罪行为或因欠薪违法行为引发群体性事件、极端事件造成严重不良社会影响的用人单位，列入拖欠工资"黑名单"，并向社会集中公布，加强全社会对欠薪单位的监督。同时，将拖欠工资"黑名单"纳入中国人民银行征信系统及深圳市公共信用信息管理系统，联合相关部门对进入"黑名单"的单位实施信用惩戒，使其"一处违法、处处受限"。五是进一步完善欠薪保障制度，探索扩大有限垫付范围，促进保障"不逃不匿类"拒不支付劳动报酬案件职工的劳动报酬权益。

（四）加强劳动争议调解专业化建设

坚持以预防为主、以基层为主、以调解为主的方针，建立党委、政府领导、综治协调、人力资源社会保障行政部门主导、有关部门和单位共同参与的专业性劳动争议调解工作机制，创新调解在营造共建共治共享社会治理格局中的工作体制机制。一是开展劳动争议调解立法调解，从法律层面推进全市劳动争议调解工作规范化建设。二是完善调解组织制度建设。研究编制基层调解组织及工作规范，力争以地方标准形式发布；建立健全调解员队伍选聘、业务培训、工作考评等管理制度，统一规范调解组织标识、名称、工作职责、工作程序和调解员行为，提高调解组织的能力建设和调解员队伍专业化水平。三是完善调解与行政执法、仲裁、司法的衔接机制，建立"以案定补"激励机制，推动部、省劳动争议调解综合示范单位建设。

（五）提升劳动争议仲裁服务水平

一是牢固创新理念，补齐工作短板，推进案件处理、裁决文书的繁简分流机制改革，实现"简案快审，繁案精审"；规范终局裁决案件处理办法，提高仲裁阶段的案件终结比例；健全要素式办案模式，建立争议要素说理文库，促进仲裁案件处理尺度的统一。二是夯实队伍建设，健全仲裁人员分类管理及专业化、等级制的发展机制，探索与省厅共建仲裁培训深圳基地，为构建和谐劳动关系提供高品质的队伍保障。三是延伸仲裁触角，树立公正权威。健全完善疑难问题多部门联合研讨机制，统一相关部门应对同类问题的处理尺度；发挥仲裁"以案说法、定分止争"的制度优势，将仲裁服务触角从争议兜底处理延伸至争议源头预防，通过公布典型案例、举行公开观摩庭、完善仲裁建议书制度等方式，提高劳资双方依法履行劳动权利义务的能力与水平，提升仲裁权威与社会效应。

（六）加强调查研究，推动构建和谐劳动关系法律政策创新实践

一是加强对"互联网＋"平台经济、共享经济等新经济、新业态劳动

用工新模式的研究，厘清劳动关系与民事劳务关系，依法规范劳动关系管理。二是加强企业工资收入分配制度研究，深入研究最低工资与企业成本、劳动者生活以及就业、人力资源流动、经济增长等方面的关系，研究企业人工成本的影响因素和对经济发展的影响，促进形成合理有序的工资分配收入格局，促进居民收入与经济同步增长、劳动报酬与劳动生产率同步提高。三是加强欠薪保障制度研究推广。深圳欠薪保障实践证明，欠薪保障制度在构建和谐劳动关系发挥了重大作用，下一步要开展总结评估，形成可复制、可推广的经验，适时向国家有关部门建言献策，推动从法律层面出台欠薪保障法，在全国推行欠薪保障制度。

B.7
深圳劳动监察执法工作现状及思考

吴洁红*

摘　要：　近年来，深圳市人力资源社会保障部门坚持依法行政，不断加大劳动监察执法工作力度，有力推动了劳动保障法律法规的贯彻实施，切实维护了劳动者合法权益。但是，受经济下行、产业结构调整升级以及中美贸易摩擦等多重因素的影响，作为外向型经济比重较大的改革开放前沿城市，深圳市企业经营发展承受的压力增大，劳动关系不稳定因素明显增加，劳动争议案件居高不下，拖欠农民工工资等违法案件时有发生，劳动监察执法工作面临不少问题和挑战。本文对近年来深圳劳动监察执法工作的相关情况进行了总结，分析了当前形势和存在的困难，并从强化部门联动、加大对重大违法行为的打击力度等角度提出进一步做好劳动监察执法工作的对策建议。

关键词：　劳动监察　劳动争议　劳动保障

一　深圳劳动监察执法工作概况

近年来，深圳市人力资源社会保障部门认真落实劳动监察"两网化"管理，采取加强日常巡视检查、及时受理举报投诉、定期组织开展专项执法检查、依法实施行政处理和行政处罚、严厉打击拒不支付劳动报酬犯罪、向

---

* 吴洁红，深圳市人力资源和社会保障局，副处长，研究方向为劳动监察与执法。

社会公布重大违法信息、认定拖欠农民工工资"黑名单"、对违法用人单位及其责任人实施联合惩戒等积极措施，进一步加大劳动监察执法工作力度，及时发现和查处劳动违法行为，有力维护了劳动者合法权益。

（一）加强日常巡视检查

做好日常巡视检查工作，是人力资源社会保障部门通过主动巡视用人单位生产经营场所，及时监控和掌握各类企业的劳动关系动态，促进用人单位依法用工的重要执法方式，有利于及时预防、发现和纠正用人单位违法用工行为。深圳市是全国首批实施劳动保障监察"两网化"管理的示范城市之一。近年深圳市人力资源社会保障部门按照劳动监察"网格化、网络化"的管理要求，将全市所有用人单位全面纳入网格监管范围，进一步加大日常巡视检查力度，并依托市、区、街道三级联网的劳动监察信息化管理系统，有针对性地对重点区域、重点行业、重点单位进行重点监控，提升劳动监察执法效能。2018年，全市共检查用人单位24200家次，涉及劳动者人数262.6879万人。

（二）及时受理举报投诉

举报投诉是劳动者依法维护自身合法权益的重要手段，也是劳动监察机构掌握劳动违法行为线索，及时纠正和查处用人单位劳动违法行为，保障劳动者合法权益的重要渠道。深圳市人力资源社会保障部门依法受理举报投诉案件，认真负责抓好每一宗举报投诉件的查处工作，对各种违反劳动保障法律法规行为进行有效和及时的处理，凡是符合劳动监察立案条件的，坚决予以立案查处，对群众举报投诉属实的违法行为绝不轻饶。2018年，深圳市人力资源社会保障部门共立案查处举报投诉案件975件。

（三）积极组织开展专项执法检查

近年，深圳市人力资源社会保障部门联合各有关部门，针对用人单位欠薪、违法开展职业介绍、非法使用童工等劳动法律法规贯彻实施中的突出问题，认真组织开展全市性专项执法检查，取得了较好的效果。2018 年，共组织开展了保障农民工工资支付、打击拒不支付劳动报酬犯罪、清理整顿人力资源市场、禁止使用童工、用人单位遵守劳动用工和社会保险法律法规五项全市性专项执法检查活动，大力打击劳动违法行为，切实维护劳动者的合法权益。

（四）依法实施行政处理和行政处罚

深圳市人力资源社会保障部门认真履行职责，严格规范执法，尤其针对情节恶劣的重大违法行为，依法从严查处，加大对违法用人单位的行政处理和行政处罚力度，起到了较好的震慑作用。2018 年，全市共办结劳动违法案件 1476 件，同比增长 15.31%。其中，责令改正 815 件，做出行政处理决定 11 件，做出行政处罚决定 305 件。在做出行政处罚的案件中，予以警告的 94 件，予以罚款的 230 件，罚款金额共 702.862 万元。

（五）严厉打击拒不支付劳动报酬犯罪

深圳市委维稳办、市委宣传部、市中级人民法院、市人民检察院、市公安局、市人力资源保障局、市规划国土委、市住房建设局、市水务局、市金融办十部门，建立了联合打击拒不支付劳动报酬犯罪行为联席会议。各部门切实加强分工协作，形成打击拒不支付劳动报酬犯罪行为的工作合力。近年来，重点加大了对转移财产、不逃不匿、逃而不匿、有能力支付而拒不支付等行为的打击力度。2018 年，全市人力资源社会保障部门向公安机关移送涉嫌拒不支付劳动报酬犯罪案件 92 宗，其中公安机关立案 68 宗，刑事拘留 42 人。

（六）向社会公布重大违法信息

2018 年，深圳市出台了《深圳市劳动保障违法信息公布办法》，将存在涉嫌拒不支付劳动报酬犯罪、拖欠工资数额较大、非法使用童工等重大违法行为的相关企业信息，通过政府官网、报刊、广播、电视等便于公众知晓的渠道及时向社会公布，并将相关企业信息纳入中国人民银行征信系统及市公共信用信息管理系统，实现对企业信用信息互认共享。2018 年全市各级劳动监察机构通过自有平台公布的用人单位劳动保障违法信息共335 家（次）。

（七）落实拖欠农民工工资"黑名单"管理暂行办法

根据人力资源和社会保障部《拖欠农民工工资"黑名单"管理暂行办法》，将存在拖欠、克扣农民工工资行为，且欠薪金额达到拒不支付劳动报酬犯罪定罪金额标准，或因欠薪违法行为引发群体性事件、极端事件造成严重不良社会影响的用人单位，列入拖欠工资"黑名单"。2018 年，深圳万众互联电子商务有限公司等 9 家企业被人力资源社会保障部门列入拖欠农民工工资"黑名单"。同时，所有被列入拖欠农民工工资"黑名单"企业，均被人力资源社会保障部门推送至深圳市政务资源共享平台和公共信用信息平台。

（八）对严重拖欠农民工工资用人单位及其有关人员开展联合惩戒

2018 年，深圳市人力资源和社会保障局、发展和改革委等 24 个部门联合印发了《深圳市关于对严重拖欠农民工工资用人单位及其有关人员开展联合惩戒的合作备忘录》。各部门按照备忘录约定的内容，对拖欠农民工工资"黑名单"等严重拖欠农民工工资违法失信行为的用人单位及其法定代表人、主要负责人和负有直接责任的有关人员实施联合惩戒，实现"一处违法、处处受限"，违法成本和失信成本。

二 当前劳动违法案件的趋势特点

为贯彻和实施国家劳动保障有关政策和法律法规，营造和维护深圳市公平竞争的良好营商环境，近年深圳市人力资源社会保障部门着力加大了对劳动违法行为的查处力度。2018 年，全市共办结各类劳动违法案件 1476 件，同比增长 15.31%。从 2018 年深圳市人力资源保障部门查处劳动违法案件的情况看，劳动违法案件呈现一些新的特点。

（一）制造业劳动违法案件多发

在近年办结的各类劳动违法案件中，从行业分布看，制造业、居民服务业、住宿餐饮业等劳动密集型行业相对集中，其中又以制造业最为突出。2018 年深圳市人力资源社会保障部门共办结劳动违法案件 1476 件，其中发生在制造业的劳动违法案件有 366 件，占比为 24.8%。由于制造业企业技术含量和利润率普遍较低，且行业竞争激烈，当前制造业企业超时加班且加班工资低于法定标准违法问题仍然较为突出。特别是一些员工数量众多的企业，超时加班现象仍然较普遍，且存在加班工资不能及时足额支付的现象。一些企业虽然向员工计发了加班工资，但计算不合理，仅以基础工资或者最低工资标准为基数计算。

（二）经济补偿金问题是劳动者举报投诉热点问题

根据《中华人民共和国劳动合同法》的规定，在很多情形下，在劳动合同解除或终止之后，用人单位都需要依法向劳动者一次性支付一定数额的经济补偿金。经济补偿金支付标准按照劳动者在用人单位的工作年限计算，劳动者工作年限每满一年，用人单位向劳动者支付一个月工资的经济补偿。由于经济补偿金标准高、数额大，一方面，劳动者对经济补偿金有极高的期望值；另一方面，当企业发生欠薪、老板逃匿、结业、倒闭等需要支付经济补偿金的情形时，通常已经经营困难，资不抵债，无力支付。近年经济补偿金问题已成为劳动者举报投诉的热点问题，且解决处置的难度非常大。

（三）工资支付和最低工资标准类劳动违法案件总体呈下降趋势

深圳是全国最早建立实施最低工资制度和欠薪保障制度的城市。2016年以来，深圳市根据《国务院办公厅关于全面治理拖欠农民工工资问题的意见》，制定出台了建设工程项目人员实名制、建设工程项目工人工资分账制、工资支付保证金管理办法、欠薪行为联合惩戒备忘录、保障工资支付工作督查办法及保障工资支付工作问责办法等长效制度，为预防和解决拖欠工资问题提供了制度保证。各区（新区）政府、各相关单位积极采取有力措施，加大对欠薪违法行为和拒不支付劳动报酬犯罪行为的打击力度，有力保障了劳动者依法获得劳动报酬的权利。近年，深圳市工资支付和最低工资标准类劳动违法案件总体呈下降趋势。但受经济下行、产业结构调整升级以及中美贸易摩擦等多重因素的影响，未来一段时间深圳市企业经营发展将承受更大压力，经营困难企业欠薪隐患可能增加，工资支付工作形势依然严峻，尤其须特别警惕的是互联网金融等新业态因资金链断裂引发的欠薪案件。

（四）工程项目纠纷导致欠薪时有发生

建筑行业违法转包分包现象比较普遍，工程项目容易产生工程款核算、支付等方面的纠纷，而工程款核算、支付不及时又常常会导致拖欠工资问题。这类事件主要涉及地产楼盘建设、商业地产项目等。为确保政府投资项目不发生拖欠工程款的情况，深圳市政府着力加强资金管理，及时拨付政府投资项目资金管理，2018年全年未发现政府投资项目存在因财政资金未及时拨付到位而拖欠农民工工资的情况。

（五）未发现女职工和未成年工特殊劳动保护类违法案件

《中华人民共和国劳动法》第五十八条规定："国家对女职工和未成年工实行特殊劳动保护。"深圳市人力资源保障部门高度重视女职工、未成年工劳动权益保护工作，为保证女职工和未成年工在劳动过程中的安全和健康，积极加大对企业贯彻落实女职工和未成年工特殊劳动保护情况的执法检查力度。2018年，全市未发现女职工和未成年工特殊劳动保护类违法案件。

三 劳动监察执法工作中存在的问题和困难

近年来，深圳市人力资源社会保障部门高度重视劳动者合法权益保障工作，并采取了一系列积极有力措施，切实加大劳动监察执法工作力度，在预防和查处劳动违法行为方面取得了一定成效。但是，当前国内外经济形势复杂多变，劳动关系领域也出现许多新的情况，劳动监察执法工作面临新的挑战。而且由于缺乏必要的行政强制手段、执法力量薄弱等方面原因，劳动监察执法工作仍然面临不少问题和困难。

（一）经济面临下行压力，部分企业生产经营困难局面持续，执法工作陷入困局

当前经济运行稳中有变、变中有忧，外部环境复杂严峻，经济面临下行压力，企业生产经营困难局面趋于严重，2019 年仍然可能难以有效缓解。深圳市外向型企业比重较高，受中美经贸摩擦等因素的影响，外向型加工制造业发展面临的不确定性因素日益增加，经济因素必然传导至劳动关系领域，未来一段时间劳动关系不稳定因素增加，劳资纠纷形势依然严峻。另外，随着当前国内外经济发展环境的变化，部分共享经济、平台经济等新兴服务业态经营状况起伏较大，存在较大欠薪隐患。个别生产经营困难企业甚至出现循环欠薪现象。对于无力支付员工工资的企业，人力资源社会保障部门依法立案查实后，只能先责令企业限期支付，如企业没有执行人力资源社会保障部门的责令支付决定，则再责令企业按照应付金额 50% 以上 1 倍以下的标准向员工加付赔偿金，并另外对用人单位处 2000 元以上 20000 元以下的罚款。如企业生产经营困难持续，欠薪持续，人力资源社会保障部门只好一次次立案查处。这是当前经济形势下劳动监察执法工作面临的最大困局。

（二）用工方式多样，劳动违法案件查处难度大

当前，以大数据、云计算等为代表的新一轮科技革命和产业变革，促进了技术、资源、产业和市场的跨时空、跨领域融合。近年来，深圳市共享经济、平台经济、互联网金融、线上办公、线上线下互动等新兴业态涌现，部分企业在传统的标准全日制用工方式之外，大量采用弹性化用工和非正规用工方式，多样、多重劳动关系普遍存在，如季节工、阶段性用工、远程用

工、线上平台（App 或微信）派单派工、兼职用工、劳务派遣和业务外包等。与传统用工方式相比，这些新型用工方式在劳动关系、工资支付、工作时间等方面趋向多元化、复杂化，现有行政管理和法律法规难以覆盖这部分劳动者，劳动违法案件的复杂性和监管难度急剧增加。

（三）劳动保障行政执法手段有限，缺乏必要的行政强制手段，影响执法效果

现行法律法规赋予劳动保障行政执法的手段过于"温柔"，劳动监察执法可以说是名副其实的柔性执法。现行法律法规框架下，人力资源社会保障部门对用人单位违法行为的行政处理和行政处罚措施主要有责令限期支付、责令限期改正、罚款等，其中适用最多的方式是"责令限期改正"，对违法行为处罚力度不够，违法成本过低，威慑作用不足。在查处损害劳动者合法权益的突出违法案件时，人力资源社会保障部门无权对用人单位的财产进行查封、扣押，更不能对责任人进行留置，而劳动者通常没有能力提供担保，无法向法院申请财产保全或先予执行，致使违法经营者转移财产、逃避法律责任的现象时有发生。

（四）打击拒不支付劳动报酬犯罪取证难

虽然深圳市人力资源社会保障部门与公安机关在打击拒不支付劳动报酬犯罪行为方面建立了长效协作机制，但对用人单位存在有能力支付而拒不支付劳动报酬情形的案件，仍然存在取证难、认定难，缺乏有力打击手段等问题，行政执法与刑事司法的衔接机制仍亟待进一步完善。

（五）劳动监察执法力量依然薄弱

近年，深圳市工伤参保缴费人数已突破 1100 万人，全市登记商事主体近 300 万家，劳动监察执法范围不断扩大，劳动监察执法工作任务之艰巨之繁重可谓毋庸置疑。而市、区、街道三级从事劳动监察的工作人员只有 250 名左右，执法力量非常有限。因此，深圳市劳动监察范围大、维权维稳任务

重与执法力量不足的矛盾仍然十分突出。由于执法力量严重不足，基层劳动监察人员仅受理举报投诉案件和处置劳资纠纷事件就已经严重超出工作负荷，对于日常巡视检查等预防性工作鞭长莫及，只能见缝插针，监察执法覆盖面难以进一步扩大，使劳动监察的事前监督作用难以有效发挥。另外，由于深圳市实施了公务员分类改革，劳动监察人员属于行政执法类公务员编制，一般情况下，无法正常轮岗交流到人力资源社会保障部门其他综合类公务员编制的岗位，劳动监察人员缺乏交流、上升的环境，工作积极性受到一定影响。

四　进一步做好劳动监察执法工作的对策建议

针对劳动监察执法工作中存在的问题和困难，下一步要从强化部门联动、加大对重大违法行为的打击力度、加强执法队伍建设、推进信息化建设、加强政策法规研究等多方面着力，进一步做好劳动监察执法工作。

（一）创新执法方式，强化部门联动，打破劳动监察执法局限性

利用互联网技术，通过大数据整合抽查抽检、通报异常、公布失信等方式，实现对用人单位用工信息、劳动关系状况、生产经营状况、社会保险、融资、税务及守法诚信信息的互通共享，推动劳动监察执法工作向跨部门、跨地区的协同监管与综合执法转变，形成统一指挥、互通信息、资源共享、对比考核、规范高效的工作新格局。其中，人力资源社会保障部门要建立劳动保障违法信息公布制度。经贸信息、银监、住房建设、海关等各有关部门要从进出口、金融服务、承接政府工程、个人征信、出入境高档消费等方面从严审核，加大企业违法失信成本，严厉惩戒欠薪企业和恶意欠薪老板。住房建设部门要对建设工程领域企业从事非法转包、分包、挂靠等导致欠薪问题开展专项治理。维稳、公安、人力资源社会保障、银行、税务等部门要建立联合打击非法劳动维权组织的工作机制，加强对非法劳动维权组织的资金

来源和纳税等情况的调查，防止境外敌对势力渗透、故意对劳资纠纷群体性事件推波助澜。

（二）突出重点，强化执法，保持对重大违法行为的高压态势

一是加强对劳动密集型企业的执法检查。制造业、居民服务业、住宿餐饮业等劳动密集型企业是劳资纠纷和劳动违法案件多发领域，应将这些企业列为劳动监察执法的重点对象，并重点加强对劳动合同签订情况、遵守工作时间和休息休假规定情况、支付工资情况、参加社会保险情况的执法检查，着力保障劳动者合法权益。二是加强对工程建设领域企业的执法检查。工程建设领域工程项目层层转包分包、企业用工不规范等现象，导致欠薪问题易发多发。人力资源社会保障、住房建设、交通运输和水务等相关部门要加强联动，加强对工程建设领域企业劳动用工及工资支付情况的执法检查，着力督促企业依法与工人签订劳动合同，按月足额发放工资。三是始终保持对重大违法行为的高压态势。禁止使用童工是国际劳工标准的核心标准之一，我国《劳动法》《未成年保护法》《义务教育法》《禁止使用童工规定》等法律法规明确规定禁止使用童工。使用童工行为严重侵害不满 16 周岁的未成年人的身心健康，是劳动用工任何时候都不能触碰的"高压线"。拒不支付劳动报酬是严重损害劳动者利益的行为。为强化刑法对民生的保护，《刑法修正案（八）》将拒不支付劳动报酬行为列入刑事罪名。人力资源社会保障部门要联合公安机关、法院、检察院等单位的联动协作，针对非法使用童工行为、拒不支付劳动报酬犯罪行为等劳动保障领域的重大违法行为，加大日常巡视检查和专项执法检查力度，坚持予以严厉打击，切实维护社会公平正义。

（三）切实加强劳动监察队伍素质建设，全面提升劳动监察执法水平

一是加强业务指导。及时分析研究劳动监察工作中的新情况、新问题，针对劳动监察执法和劳资纠纷处置的热点难点问题，适时出台劳动监察业务指导意见，确保依法行政。二是完善业务制度。着力完善行政处罚自由裁量

标准等业务制度，进一步提升监察业务规范化、专业化水平。三是加强业务培训。大力开展行政执法业务培训，采取集中学习、座谈交流、走出去、请进来等方式，加强对劳动法律法规、典型案例及热点难点问题的研究和学习，促进劳动监察人员不断提升业务素质，满足劳动监察执法工作需要和事业发展需要。

（四）狠抓劳动监察信息化建设，为劳动监察执法工作增效提速

一是全面推进信息系统应用。推进现有劳动保障监察信息系统在全市监察机构的全面应用，进一步建立完善用人单位用工信息和守法情况信息数据库，实现市、区、街道三级监察信息共享。二是规范信息化业务流程。依托现有劳动保障监察信息系统，进一步规范日常巡视检查、专项执法检查、举报投诉案件受理、违法案件查处办理、劳资纠纷群体性事件处置、"双随机"执法等信息化业务流程。三是推进全市劳动保障监察指挥（处置）中心建设。按高标准、高质量全面建设市、区两级劳动保障监察指挥（处置）中心，实现对全市劳动保障监察案件的统一指挥、协调和调度。四是推进用工信息网上申报工作。完善用人单位互联网信息申报平台，推进用人单位网上报送劳动用工信息工作，实现对用人单位劳动用工情况的全面动态监管。

（五）加强政策法规研究，推动法制建设，破解执法难题

结合劳动监察执法工作面临的新情况、新问题，加强对《劳动法》《行政处罚法》《劳动合同法》《劳动保障监察条例》等法律法规贯彻实施情况的分析研究，对法律法规中一些不能适应经济社会形势的规定进行科学评估，提出修改完善建议，呼吁尽快组织修订，为劳动监察执法工作提供强有力的执法依据，及时破解执法难题，改变劳动监察执法力度偏弱的现状。同时，通过电视、广播、报纸、杂志、微信、微博等新闻媒体，采取多渠道、多形式，积极加大劳动保障法律法规的普法宣传力度，提高用人单位依法用工的自觉性，提高劳动者依法维权意识，努力营造良好的劳动监察执法工作环境。

B.8
2018年深圳市劳动人事争议仲裁现状分析及2019年形势预判

敖宇星*

摘　要： 党的十九大报告指出，"我国社会主要矛盾已经转化为人民日益增长的美好生活需要和不平衡不充分的发展之间的矛盾"。劳动争议持续高发，当事人平等意识、权利意识和公平要求不断增强，是这一矛盾的具体体现，也是劳动人事争议仲裁工作在新时代面临的基本形势。2018年，深圳市劳动人事争议案件量及涉案人数均大幅增长。本文对深圳市各级劳动人事争议仲裁机构在维护和谐劳动关系做出的努力进行总结，分析当前存在的困难，对2019年劳动人事争议的形势进行预判，从全力推进改革、提升仲裁服务能力等角度提出对策建议。

关键词： 劳动人事争议　劳动仲裁　和谐劳动关系

2018年，是全面贯彻落实党的十九大精神的开局之年。在这一年里，深圳市劳动人事争议仲裁工作始终坚持提高政治站位，牢牢坚持以人民为中心，直面劳动争议持续高发的态势，以实现"专业仲裁、高效仲裁、智能仲裁、权威仲裁"为目标，不断提升仲裁服务能力，为构建和谐劳动关系提供坚强保障。

---

* 敖宇星，深圳市劳动人事争议仲裁院，硕士，研究方向为民商法。

一 2018年全市劳动人事争议仲裁案件基本情况

2018年全市各仲裁机构共立案受理劳动人事争议案件39964件，涉及72726人，同比均增长29%，案件总量为2009年以来新高，接近最高峰期2008年的83%。其中，10人以上集体争议案件1288件，涉及33626人，同比分别增长41%和31%。同期，全市各仲裁机构办结案件38575件，同比增长22%。期末未结案件3846件，同比增长57%，全市累计结案率90.93%。

二 2018年全市劳动争议仲裁案件主要特点

（一）劳动争议案件总量持续大幅上升

相较于2017年部分区域仲裁案件增长较快的特点，2018年市劳动争议案件出现全面回升。全市有7个仲裁机构劳动争议案件数量增幅超过20%，其中深圳市仲裁院全年立案量及涉及人数分别为9779件和15507人，增幅达51%和65%，居全市之首（见图1）。案件激增的主要原因在于外部经济形势不容乐观，

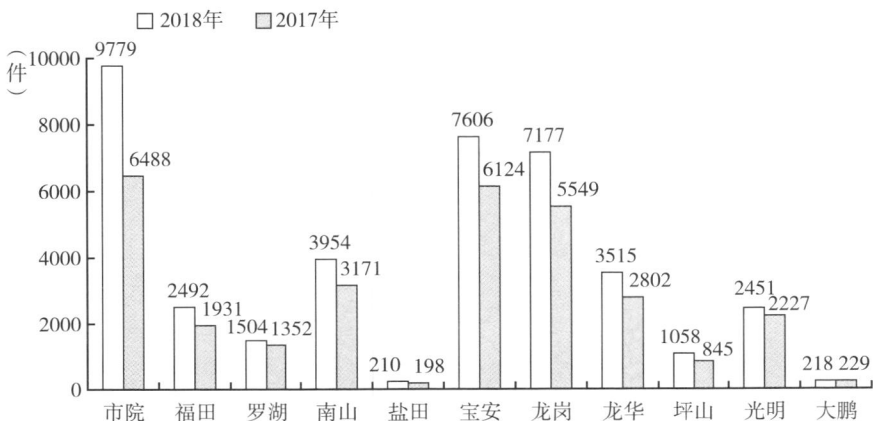

图1 2018年深圳市各劳动人事争议仲裁机构立案情况

如受对美国、欧盟、"一带一路"沿线国家的出口下滑，美国加征关税及企业运营成本增加等因素影响，企业经营压力持续增大，企业注销或搬迁现象频繁。深圳市市场和质量监督管理委员会公布数据显示，2018 年前 10 月，注销或吊销企业 32232 家（同比增长 66.1%），迁出企业 411 家。企业作为劳动关系中的重要一方，其经营环境的恶化和运营状态的不稳定直接加剧了劳动关系的波动。

（二）集体争议呈现频率高、规模小的特点

从总量上看，2017～2018 年深圳市集体争议仲裁案件同比增幅分别达 41% 和 31%，与前两年持续下降的趋势形成明显反差。这既有经济增速放缓、中美贸易摩擦及企业转型升级等客观原因，也与深圳市劳动密集型与外向型企业众多、P2P 等互联网金融、商务服务业发展迅速、异地务工人员比例偏高等因素有关。部分企业经营陷入低迷期甚至困境，以欠薪或降薪、停产、裁员、搬迁等方式应对，从而导致集体争议频发。从案件规模（案均涉及人数）看，2018 年平均每件集体争议涉及人数为 26 人，已连续三年呈下降趋势，较 2015 年下降了 28%；从规模分布看，小型集体争议（50 人以下）比重居高不下，2018 年为 90%（见图 2），较 2015 年上升了 7 个百分点。

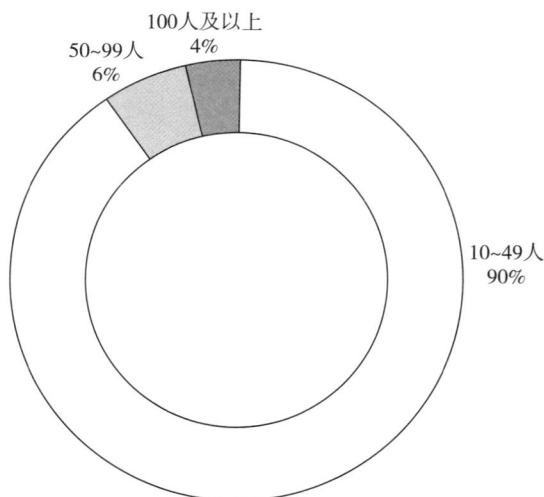

图 2　2018 年深圳市集体争议案件规模分布

（三）基本权益仍是争议焦点所在

从案件诉求看，欠薪是引发劳动争议的最主要诱因。2018年，深圳市有60.8%的仲裁案件涉及正常工作时间工资诉求，18.8%涉及加班工资诉求，超九成集体争议案件涉及工资诉求。第二大焦点是因企业转型、搬迁或以欠薪为由被迫解除等问题引发的经济补偿或赔偿争议。全年全市有52.3%的仲裁案件涉及解除或终止劳动合同经济补偿（赔偿）诉求。除此之外，未依法签订劳动合同二倍工资差额、年休假工资及工伤待遇也是争议的热点问题。值得注意的是，深圳市涉及确认劳动关系争议的仲裁案件已连续四年呈上升趋势，2018年共计3661件，同比增幅达60%。主要原因：一是劳动关系作为工伤认定、社会保险补缴等事项的前提条件，近年来相关机构引导当事人通过仲裁确认劳动关系的情况不断增多；二是随着"互联网＋"时代的来临，与其相伴而生的新型用工模式迅速发展，使得用工性质与法律关系更加复杂，通过仲裁要求确认劳动关系的案件逐渐增加。

（四）仲裁结案效率稳步提升

2018年，面对案件大幅增长的严峻形势，全市各仲裁机构坚持以"充实人员、强化调解、简化程序、努力挖潜"为中心，全力以赴处理高发案件。全年全市以调解（含撤诉）方式结案的案件19616件（比重为50.9%），裁决结案的18712件（比重为48.5%），移送管辖等其他方式结案的247件（比重为0.6%）。全市全年以终局裁决方式结案6737件，占裁决总量的36%，同比增加4个百分点，顺利完成部、省首次下达的指标任务。

（五）案件诉求支持比例降低

从当事人胜败诉情况来看，整体上用人单位与劳动者单方完全胜诉的比例仍偏低，全年已办结案件中用人单位完全胜诉的比重为7.9%、劳动者完全胜诉的比重为 11.8%。从案件诉求支持比例看，全市仲裁结案案件（未含不予受理和撤诉案件）的诉求支持比例为 28.5%，同比下降 20 个百分点，其中调解案件的支持比例为 42.4%，同比下降 11 个百分点，裁决案件为 23.4%，同比下降 24 个百分点。

三 2018年全市劳动人事争议仲裁主要工作举措

（一）深挖办案潜力，全力以赴化解积案

面对案件大幅增长的严峻形势，全市各级仲裁机构多措并举，不断提升办案效能。一是夯实专职仲裁员作为主要办案力量的基础作用。如深圳市仲裁院通过增加排庭密度，每名专职仲裁员每周排庭不得少于四次；明确结案时限，绝大部分案件实现了庭后 15 日内结案，人均办案量达 267 件；加大调解力度，全年共 3426 件案件以调解或撤诉方式结案，调撤率达 38.6%。宝安区将办案力量下沉，强化挂点办案，安排 8 名专职仲裁员长期驻点街道派出庭承办案件，共办理仲裁案件 1108 件，占受理案件量的 16.4%，较好缓解了个别派出庭案件激增的局面。龙岗区结合实际制定《仲裁案件督查管理办法》，不仅做到督查全覆盖，还建立督查问题沟通反馈机制、差错申诉机制、督查结果通报机制。在督查结果运用方面，除与专职仲裁员绩效挂钩外，还纳入对街道仲裁庭的考核，以此促进各庭不断提升办案质量，严控办案时效。坪山区参照星级仲裁庭标准，新增马峦、石井、碧岭街道仲裁庭，确保仲裁工作实体化运转，并不断充实办案力量，全年累计结案率位居全市前列。二是充分发挥兼职仲裁员作为补充办案力量的重要作用。如深圳市仲裁院共新增 30 名兼职仲裁员，不断充实兼职仲裁员队伍，全年兼职仲裁员共处理 1673 件案件，其中周末开庭 656 件，占比 39.2%。在专兼职仲裁员的共同努力下，市仲裁院全年共办结案件 8876 件，同比增长 35%。盐田区全年在聘兼职仲裁员 9 名，共承办 66 件案件，占案件总数的 31.4%。龙华区首次通过公开招聘 10 名现职为律师、人力

资源经理等专业人士作为兼职仲裁员，引入社会力量参与仲裁工作，切实缓解基层仲裁机构的办案压力。

（二）筑牢办案制度，提升仲裁办案规范化

在2018年案件激增的同时，深圳市仲裁院坚持将办案规范化建设作为常抓不懈的一项重点工作，引领全市仲裁办案改革。一是加强办案制度建设。出台《深圳市劳动人事争议仲裁委员会终局裁决案件处理指引（试行)》，进一步规范终局裁决认定标准，提高仲裁案件终结比例；制定《简易案件快速处理规则（试行)》，不断健全案件分类处理机制，促进办案效能的有效提升；印制《仲裁文书送达工作指引》，为依法、准确、高效开展仲裁文书送达工作提供依据。光明区也制定出台《劳动仲裁建议书制度》和《快速处理拖欠农民工工资劳动争议仲裁案件工作指引》，指导企业规范管理及指导各仲裁机构快速处理农民工欠薪案件，保障农民工合法权益。二是开展全市首届劳动争议仲裁优秀裁决书评选活动。经过推荐、初评、专家评审三个环节，共13篇具有代表性和典型性的裁决书获评为优秀裁决书，同时在仲裁员队伍中形成"对标优秀、互促互进"的氛围。三是启动仲裁服务保障地方性标准制定工作。"深圳市劳动人事争议仲裁服务保障规范"已获深圳市市场和质量监督管理委员会批准，作为地方性技术标准正式立项。目前，正联合深圳市标准技术研究院，运用标准化手段，结合深圳市仲裁工作规范和制度，探索建立深圳仲裁的服务与保障标准体系，树立劳动人事争议仲裁行业标准的深圳标杆。四是启动"庭审调查要素库"及"裁决书说理文库"建设工作。初步建立庭审调查要素库，根据不同仲裁诉求，对庭审调查要素进行梳理汇总，以切实提高仲裁庭审效率与质量；探索建立裁决书说理文库，结合案由与相应法律规定，对不同争议情形进行规范性说理，以更好地发挥裁决书释法明理、息诉止争的积极作用。五是积极探索简易案件速裁机制，加大调解力度，完善仲裁制度体系建设。如盐田区推行小额简易案件速裁制度，快速化解劳动争议，并建立"劳动争议处理法律法规条文索引、劳动人事争议仲裁制度体系、

劳动人事争议仲裁工作效能评价指标体系"三位一体的制度体系，涉及仲裁部门的内部管理、外部管理及办案流程、工作流程等 79 项制度，不断推进仲裁办案制度改革。大鹏新区坚持推行劳动争议案件仲裁案前调解、庭前调解、开庭调解及庭后调解的"一案四调"原则，将调解贯穿劳动争议案件处理的始终。2018 年，新区四级调解组织及仲裁委共受理劳动争议案件 708 件，其中，通过新区仲裁委指导达成和解的 467 件，新区仲裁委立案受理后调解结案 116 件，劳动争议调解率达 82.34%。

（三）强化"互联网＋仲裁"，提高便民服务水平

根据"智慧人社"建设规划要求，深圳市仲裁院以"互联网＋仲裁"为抓手，不断提高便民服务水平。一是建成深圳市劳动人事争议 E 仲裁服务平台。该平台在全国率先创新仲裁服务模式，提供"智能录入生成文书、扫码申请集体争议、足不出户完成立案、随时随地查询进度、轻点手机一键送达"五大服务，当事人进行仲裁可实现"从五到一（除开庭审理外，申请仲裁、受理立案、庭前送达和庭后送达均无须到现场）、从难到易、只跑一次"的转变。平台启用信息得到新华社、《人民日报》、光明网等近 20 家媒体的报道，同时获得部、省领导和当事人的高度肯定。目前该平台已覆盖全市劳动人事争议仲裁机构，共接收网上仲裁申请 1602 件（个人争议 1560件，集体争议 42 件）。二是启动调解仲裁信息系统重建工作。以优化调解仲裁工作方式与服务模式为中心，依托信息化手段，推进"三系统一平台"（调解仲裁办案系统、调解仲裁管理系统、调解仲裁培训系统、调解仲裁服务平台）建设。目前已完成需求汇总、主流程建设等工作，逐步进入测试阶段。

（四）加强沟通协作，完善多元化解机制

一是加强调裁衔接。出台《调解协议仲裁审查确认工作办法》，通过建机制、理程序、促效果，进一步提升调解协议的法律效力，促进更多的案件通过调解方式得到解决。二是加强裁审衔接。为贯彻落实人社部、最高人民

法院《关于加强劳动人事争议仲裁与诉讼衔接机制建设的意见》要求，深圳市仲裁院与市中院联合发布《深圳市劳动争议裁审工作白皮书（2013—2017年）》。这是深圳市首次以近五年的劳动争议案件仲裁与审判真实数据为基础，对深圳劳动争议裁审衔接工作进行的全面总结分析，时间跨度之大、案件数据之真、分析总结之细为全国首次，也为更好地发挥一裁两审制度在构建和谐劳动关系中的积极作用提供了有益思考。福田与区人民法院签署《关于建立劳动人事争议仲裁与诉讼衔接机制的合作备忘录》，共同建立劳动人事争议裁审衔接工作机制。南山通过与区人民法院劳动庭（蛇口法庭）联系，进一步加强裁审衔接，不定时组织双方业务骨干对案件裁审意见进行学习交流，促进裁审意见的统一，有效地提高了仲裁工作人员的办案质效。据了解，2018年以来，劳动仲裁案件的上诉率和改裁率均不到20%，而在仲裁阶段的调解率达到57%，超过80%的案件在仲裁阶段能做到案结事了，仲裁公信力得到有力提升，行政兜底作用进一步凸显。坪山通过与区人民法院联合印发《关于加强坪山区劳动人事争议仲裁与诉讼衔接机制建设的意见》，实现裁审衔接工作机制完善、运转顺畅，提高劳动人事争议处理效能。

四　当前存在的困难

（一）案件高发影响办案效率

2018年全市仲裁机构共立案39964件，涉及72726人，同比分别增长29%，增幅为2008年以来之最。其中市仲裁院立案9779件，涉及15507人，同比分别增长50.72%和64.51%，案件高发现象为历史之最。虽然经过采取多项有力措施，在办案力量基本保持不变的情况下，结案数同比增长35%，但截至2018年12月15日最新数据显示，仍有1784件未结案件（其中87.84%为待开庭案件），约为上年同期的2倍。2018年深圳市仲裁院承办案件占全市案件总量比例达24.47%，这在北上广等一线城市中极为少见。由于主要工作力量以办案为主，导致深圳市仲裁院难以发挥对全市仲裁工作统筹管理、综合协调和业务指导的职能。

（二）人手不足影响办案效能

招人难、留人难问题较为突出。2017 年以来，市仲裁院先后发出仲裁员招聘公告 4 次（同时在智联招聘发布招聘广告并进行职位置顶），仅新增编外专职仲裁员 7 人（其中 3 人为原书记员转聘），占拟聘计划的 50%，现已离职 1 人；同期招聘辅助人员 20 人，现已离职 6 人。其主要原因有两方面。一是仲裁员任职门槛高。市仲裁院共收到 78 份仲裁员岗位应聘申请，其中符合招聘条件的仅为 15%。由于编外专职仲裁员缺乏发展空间，薪酬水平较低，职业吸引力非常有限。二是仲裁人员工作任务繁重。市仲裁院2018 年编外专职仲裁员人均办案量达 260 件，相当于不到 1 个工作日即需要办结 1 件案件，工作强度可想而知；仲裁辅助人员承担了众多事务性工作，相当于司法辅助人员和部分法官助理职责，2018 年立案员人均立案1397 件，书记员人均辅助办案 455 件。工作压力与实际收入不相匹配已成为编外仲裁人员离职的其中一个原因。南山区仲裁队伍建设滞后更加明显，表现在两个方面。一是队伍断层现象突出。仲裁的核心骨干力量，不仅需要强烈的事业心和责任感，还须具备过硬的专业素养和丰富的办案经验，培养周期长和难度大。南山现有仲裁员 18 人，数量相对少且呈断层结构。一方面，由于受限于正科级建制，编制人员及科级职位较少，内部难以形成有效的权责管理和晋升激励机制。比如庭长岗位，责任重、要求高、压力大，却无相应职级，年轻干部成长为庭长的内在动力不足。目前，该区有三名庭长（2 名资深仲裁员、1 名立案庭庭长）临近退休，即将面临难以找到合适人员接替的问题。另一方面，仲裁员与法官、律师、公证员等法律职业从业人员相比，收入明显偏低，且风险高，造成法学专业人才难保留，法学专业人才难招聘的两难局面。二是仲裁员专业素养难以适应形势任务发展。近年来，劳动争议纠纷案件呈现内容复杂化、请求多元化的发展趋势，特别是涉及新型劳动关系、高额培训费用、竞业禁止等诉求的案件较多，该类案件标的额普遍较高，证据审核及事实认定难度大，审理此类案件对仲裁员的综合素质要求较高。目前，该区有18名仲裁员，其中具有全日制法学本科以上学历仅3名，占总数的16%；5年以上办案经验5名，仅占总数的27%；受客观条件限制，仲裁员接受专业系统的学习培训机会少，业务水平短期内难以得到实质性提高，远远不足以应对新时代下新型用工模式所带来的挑战。

五 2019年劳动人事争议仲裁形势预测及主要对策建议

考虑到当前经济环境背景下，2019年经济形势仍不明朗，许多企业订单下滑或订单价格及税费上涨，导致生产成本总体上升、利润下滑的现实与劳动者要求保持收入不降甚至增加收入的愿望之间的矛盾长期存在，劳动人事争议隐患仍然大量存在。同时，大部分仲裁机构已逼近办案极限，如深圳市仲裁院人均办案量达256件，其中最高的达到293件；立案员人均立案1397件，书记员人均辅助办案455件。2018年以来，在办案力量基本保持不变的情况下，全市结案数同比增长22%，但全年期末累计未结案件仍有3846件，同比增长57%，达到2011年以来的最高值。综上，预计2019年深圳市仲裁工作形势将更为严峻。2019年，是新中国成立70周年，是全面建成小康社会关键之年，也是深圳建市40周年。站在新的历史起点上，我们必须不断提升仲裁服务能力，为构建和谐劳动关系提供法治、高效的有力保障，努力为深圳加快建设中国特色社会主义先行示范区、创建社会主义现代化强国的城市范例做出积极贡献。为此，提出如下对策建议。

（一）调整仲裁案件管辖原则，推进仲裁工作体制改革

按照"合理分工、就近处理"的基本原则，强化各区仲裁机构对辖区劳动争议案件的属地管理，加强市仲裁机构对全市劳动争议仲裁工作的统筹管理、业务研究与综合指导职能，形成分工明确、运作高效、监督有序的劳动争议仲裁工作新体制。

（二）完成信息系统重建工程，提高仲裁工作效能

推进"深圳市劳动人事争议 E 仲裁信息化体系"建设，实现业务网上办理、流程全面覆盖、数据互通共享、系统辅助办案的"智能仲裁"。计划建成"调解仲裁办案系统"，提供高效、智能的信息化办案工具；建成"调解仲裁管理系统"，实现智能化的数据分析和趋势监测；建成"调解仲裁培训系统"，提供在线学习、培训、测评平台；建成"调解仲裁服务平台"，丰富便民服务内容，提升仲裁社会服务能力。

（三）推进仲裁办案机制改革，切实提高办案效率

一是推进简易案件快速处理机制，结合《简易案件快速处理规则（试行）》的推广，对符合条件的简易案件开辟快速通道，实行"专人专办、速调速裁"。二是不断加大调解力度，结合《关于进一步加强专业性劳动争议调解工作的意见》，探索以采购服务、委托调解等方式引入社会调解组织力量，筑牢案前、庭前调解过滤网络，从源头上减少仲裁案件。三是夯实终局裁决处理机制，在全市推广、落实《深圳市劳动人事争议仲裁委员会终局裁决案件处理指引（试行）》，确保实现"统一标准、该终必终"，不断提高仲裁案件终结比例。

（四）深化仲裁规范化建设，不断提升办案质量

一是继续推进仲裁深圳标准体系建设工作，制定深圳市劳动人事争议仲裁服务保障规范体系。二是梳理近十年仲裁疑难问题研讨会议纪要，加强与法院、社保等部门在法律适用方面的沟通与研讨，不断促进"同案同裁"。三是深化"两库"建设，充实、完善庭审调查要素库建设及裁决书说理文库，为高质高效完成仲裁庭审、裁决书制作等工作提供保障。四是继续开展优秀裁决书评比活动，营造"争优创先、质效双升"的良好学习氛围，更好地发挥仲裁裁决书在辨法析理、化解矛盾、维护当事人合法权益方面的积极作用。

（五）提升仲裁工作社会效能，确保法律效果和社会效果相统一

一是不断加强裁审衔接工作，完成 2018 年深圳市劳动争议裁审衔接分析报告，为深圳市劳动争议仲裁工作实效把脉；二是适时公布仲裁典型案例，以"以案说法"为主要方式，引导劳资双方合法维护自身权益；三是探索建立"观摩庭"机制，实现"以案治本"的普法宣传目的，不断扩大劳动人事争议仲裁的社会辐射面。

B.9
盐田区劳动关系公共服务创新与实践

刘定权*

摘　要： 经过多年劳动关系的治理实践，盐田区充分认识到在新时代发展背景下构建和谐劳动关系，更需要转变以往的工作方式和工作重点。本文从劳动关系公共服务的提出背景出发，介绍了劳动关系公共服务的实践探索，提出未来将要进一步从以应急和维稳为主的劳动关系管理中后端，向劳动关系管理的前端调整，从而做到和谐劳动关系管理的源头治理，而调整过程中的主要渠道和方式，便是劳动关系公共服务。

关键词： 劳动关系　公共服务　源头治理

一　劳动关系公共服务的提出背景

（一）"以人民为中心"的时代呼唤

党的十六届六中全会提出发展和谐劳动关系，党的十七大报告要求规范和协调劳动关系，党的十八大明确提出构建和谐劳动关系，党的十九大再次强调构建和谐劳动关系。习近平总书记在党的十九大报告中指出，要"完善政府、工会、企业共同参与的协商协调机制，构建和谐劳动关系"，这是

---

* 刘定权，深圳市盐田区人力资源局调研员，硕士，研究方向为中国特色劳动关系实践。

国家顶层设计再次在劳动关系治理领域做出的决策部署。十九大报告对劳动关系提出的新要求，尤其是"劳模精神和工匠精神"，乃新时代中国特色社会主义建设与发展的必然要求，是对新时期劳动关系伦理的精准概括，也是社会主义核心价值观在劳动关系领域的要求。

新时代征程中构建中国特色和谐劳动关系，是国家治理能力和治理体系现代化的重要体现之一。劳动关系和谐，事关人民就业生活、社会和谐稳定与经济持续发展。新时代征程对社会治理的各个方面都提出了新的要求，开启了新的奋斗目标和新的历史使命，也必然影响劳动关系的运行状态。但以"人民为中心"切实保障劳动者和企业切身利益的时代传承是不会动摇的。新时代规定的劳动关系发展的新走向是现阶段劳动关系发展走向的基本遵循。

（二）经济高质量发展的必由之路

新经济新业态的发展背景下，出现了新的就业方式与新的企业形态。这样的变化令传统职业和岗位发生巨大变化，导致工种间的边界空前模糊，代之以同新经济、新产业、新业态、新技术高度跨界、嫁接和融合的新型劳动关系治理方式要确保这些跨界、嫁接和融合的有序开展。政府需要提供更具适应性和符合社会发展的公共服务，并进一步完善新经济新业态的劳动关系法律保障问题，确定平台企业、新就业形态的法律定位和各方责权利关系。对不同领域、不同类型平台企业采取有针对性的监管模式，界定不同监管部门和平台的职责边界。制定新型灵活就业的界定标准和认定范围，在促进灵活就业的同时，要确保基本的社会保障配套和覆盖，促进新兴就业形态健康发展。

劳动关系综合治理的新形式、新方法是适应当前新经济、新业态发展的关键。产业转型升级是响应中央号召的重大紧急任务，是实现又好又快发展的必由之路。在推进产业转型升级中，要统揽工作全局，紧扣城市发展的基本趋势规律和市情特点与功能定位，以大力转变发展方式为战略主线，以创新发展为根本动力，以转型发展为主要路径，以跨越发展为目标指向。盐田区在节能、低碳及循环经济的发展中一直走在全市前列，致力于打造低碳经济示范区。在此过程中，要下大力气淘汰现有落后产能，择资选商、提高产业准入门槛，杜绝新上落后产能，从存量和增量两个方面推进产业转型。落后产能的淘汰，将会出现部分"关停并转"企业。如何妥善安置该部分劳动者，维系城区和谐劳动关系，加强厂务公开，促进社会稳定，是一个重大的考验，也是产业转型升级后必然要考虑的重要问题。

（三）共建共治共享的政府责任

党的十九大报告明确指出，中国特色社会主义已步入新时代，我国社会主要矛盾已经转化为人民日益增长的美好生活需要和不平衡不充分的发展之间的矛盾。十九大报告在明确新时代我国社会主要矛盾变化的基础上，指出主要矛盾变化的重要意义，即这是"关系全局的历史性变化，对党和国家工作提出了许多新要求"。同时，十九大报告特别强调我国社会主要矛盾的变化并不意味着我国历史阶段、基本国情、国际地位的改变，报告指出："必须认识到，我国社会主要矛盾的变化，没有改变我们对我国社会主义所处历史阶段的判断，我国仍处于并将长期处于社会主义初级阶段的基本国情没有变，我国是世界最大发展中国家的国际地位没有变。"

因此，在新时代的发展时期，我们认为在劳动关系领域的主要矛盾，就是劳动人民对美好和谐劳动关系的向往与不平衡不充分的劳动关系领域公共服务供给之间的矛盾。改革开放以来，我国经济发展突飞猛进，然而发展成果却没有很好地惠及每个家庭每个人，城乡之间、地域之间、群体之间存在一定差距，这种不平衡不充分的发展不是人民需要的健康发展。习近平总书记强调，我们追求的发展是造福人民的发展。因此，在劳动关系领域的发展新阶段，政府应该肩负起新时代的发展使命，让劳动者和企业家都能共享改革开放的发展成果，通过提升促进双方和谐劳动关系运行的服务，实现多方共赢。

（四）构建和谐劳动关系的试验成果

盐田区历来高度重视和谐劳动关系建设工作，将构建和谐劳动关系作为提升辖区综合竞争力的重要举措。2011 年率先提出"创建广东省和谐劳动关系示范城区"，对和谐劳动关系创建进行系统部署。2015 年启动省市共建和谐劳动关系综合试验区，并连续四年纳入盐田区委重点改革项目。在盐田区开展综合试验区建设，总结提炼和谐劳动关系示范城区创建和省市共建的成果，在探索创新构建和谐劳动关系的新思路、新方法过程中，发现只有构造全过程、全链条式的高质量劳动关系才能实现城区劳动关系的稳定和谐，才能进一步全方位地保证区内产业的平稳发展。因此，在劳动关系治理的探索进程中，全过程、全链条式的劳动关系公共服务是打造高质量劳动关系的良方。

在多年的劳动关系治理实践基础上，盐田区认识到在新时代的发展背景下，和谐劳动关系的构建更需要转变以往的工作方式和工作重点。未来将要进一步从以应急和维稳为主的劳动关系管理中后端，向劳动关系管理的前端调整，从而做到和谐劳动关系管理的源头治理。而调整过程中的主要渠道和方式，便是劳动关系公共服务。同样的情况类似于，以前我们强调的是急救、抢救治疗疾病，而未来我们强调的是细化于日常的健康管理和日常养生。提前预防不和谐的因素，提前化解可能产生的劳动纠纷和矛盾的可能因素。这是我们在劳动关系治理实践的多年经验上的总结。立足盐田区的区位优势、良好的经济社会发展环境，以及和谐劳动关系示范城区创建和省市共建和谐劳动关系综合试验区打下的坚实基础，总结推广先进经验，优化创新工作机制，统筹整合各方资源，积极探索具有中国特色的构建和谐劳动关系新路径、新模式。在这一形势判断下，盐田区和谐劳动关系的构建只有迈向新领域，走向高质量的发展阶段。才能真正把盐田区建设成为"法治程度高、治理能力强、创业环境好、劳资互利共赢"的和谐劳动关系城区，形成新时代构建和谐劳动关系的"盐田标准""盐田模式""盐田品牌"。

二 劳动关系公共服务的实践探索

（一）深入调研，编制劳动关系公共服务事项清单

要开展完善的劳动关系公共服务，我们采取分层分类的推进方式。首先选取盐田港口产业为试点，围绕港运产业工人的实际工作状况和生存环境开展调研，从而有效掌握基层工人在劳动关系领域的公共服务需求。调研的重点是服务对象的有效需求，为化解劳动关系问题的痛点和难点提供有针对性的解决方案，从而进一步解答为什么企业不愿意建立规范劳动管理制度和规则。调研采用定性与定量研究相结合的方法，通过问卷调研的方式搜集充足的数据，并辅助以座谈会及访谈，对产业工人的工作与生活需求进行梳理和分析。调研以企业走访实地派发、培训会现场派发、网络问卷的方式，通过港运工联会微信公众号、行业 QQ 群等线上宣传渠道推广产业工人现状调查问卷，共计收集有效问卷 1165份。其中，港区外有效问卷 930 份，港区内有效问卷 235 份。在对拖车运输行业已有工人生存现状分析的前置调研基础上，在第二阶段围绕劳动关系公共服务开展了更深入的调研。选择 9 家 500 人以下的企业作为典型，对他们的劳动关系公共服务需求进行深入了解。我们将依据企业规模，分为 50 人以下、50～149 人、150～500 人三个档，每个档次分选 2 家进行访谈，共 6 家。另外从调解中心提供的有劳资纠纷的物流运输企业中选取 3 家，共访谈 9 家重点企业。

通过两个阶段的调研，进一步梳理了辖区劳动关系公共服务的需求。为精准对接需求，开发劳动关系公共服务新产品，盐田区建立了政府、工会、企业和社会组织共同参与的产品研发机制，研究制定《盐田区劳动关系公共服务事项清单》，开发公共资讯类、培训指导类、激励表彰类、矛盾调处类、兜底保障类、文化服务类六类"产品"，以"客户需求—产品研发—产

品供给—售后服务—客户新需求"劳动关系公共服务循环供给路径为逻辑，持续升级和优化劳动关系公共服务产品，不断满足群众的新需求。打造了"劳动关系精细化培训""人力资源大讲堂""和谐劳动关系文化宣讲""劳动争议委托调解""企业劳动关系风险诊断和跟踪服务""盐田街道海鲜街餐饮业""盐田港区集体劳动关系指导手册""和谐劳动关系道德大讲堂"等多个"拳头产品"。

（二）整合资源，打造劳动关系公共服务产品体系

针对初步探索出来的二元主体对劳动关系公共服务的需求，形成劳动关系公共服务事项清单（试行）。依据清单，盐田区进一步整合多方资源，一方面优化之前一直提供辖区劳动关系领域的准公共物品，另一方面不断开发和拓展新的公共服务方式方法，从而初步探索形成盐田区劳动关系公共服务的产品体系，具体包括如下内容。

（1）传统劳动关系公共服务产品：2018 年以来劳动关系精细化培训开展 3 场，和谐劳动文化活动开展 9 场，开展移动仲裁庭 5 场，向涉案单位发放仲裁建议书 83 份。

（2）企业用工风险诊断劳动关系公共服务：已对 49 家企业进行诊断，并对 15 家企业出具报告。

（3）集体劳动关系指导手册公共产品：委托协会就盐田街道海鲜街餐饮业集体劳动关系指导手册工作，街道劳保办、8 家企业代表和工会代表多次协商，目前已出草案；码头港区积极找 21 家承包商收集资料，草拟主体框架。

（4）劳动关系公共就业服务：与智联招聘合作，使其覆盖更多的企业和员工，让其获得更为充分就业信息。结合北山工业区门口宣传栏的改造工程进行试点，形成盐田区人社局与物业公司共建模式，通过电子屏的方式滚动、24 小时播放就业信息，打造园区就业信息服务的新模式；与盐田港运工联会合作，开展港区劳动关系公共服务中心建设，重点解决司机招聘难，提供司机关爱服务项目。

（三）多方参与，形成劳动关系公共服务供给机制

围绕产业转型新方向，明确服务内容、对象和条件，分行业分区域分层次开展需求调查，把握用人单位和劳动者在劳动关系领域的公共服务需求。建立人力、企业、劳动者和工会共同参与的产品研发机制。按照不同区域和行业选取代表性企业和劳动者试点开发劳动关系公共服务新产品。根据劳动关系公共服务需求调查结果，不断检验和改进公共服务产品。满足服务对象对产品的类别性、层次性和阶段性要求。以劳动关系的全过程为着眼点，建立劳动关系公共服务的多方参与合作机制是承前启后的关键环节。让公共利益的相关者参与劳动关系的公共服务，在参与中保证基本资源和平衡多方利益，以适应新时代劳动关系形成、运行和终止的全过程，在原来的基础上，加快建立包括政府、企业、劳动者、社会组织和工会组成的劳动关系公共服务多元主体互动的协同合作新机制，形成多元治理、上下互通、横向扩展的"大劳动关系"服务网络。通过政府监督、组织自律和社会监督等方式，逐步形成有序竞争和多元参与的社会化供给机制，为广大企业和劳动者提供更多更便捷的劳动关系公共服务。

在推进劳动关系公共服务的进程中，需要加强与外部社会资源的有机融合。抓住和谐共赢、共创未来的共同意志，建立劳动关系公共服务共建共治共享的"最大社会资源公约数"。建立多元参与劳动关系的心理培育服务体系建设，引导规范劳动关系主体、相关利益主体建立公共理性、良性的社会心理价值观。劳动关系公共服务的开展，最终是回归到劳动关系的"公共性"问题。新时代劳动关系的治理，更需要强调政府、社会组织、企业、劳动者等社会主体共同营造和谐社会的重要使命。整合内部和外部的资源，有序推进劳动关系公共服务创新工作，让社会主体在劳动关系领域达成公共利益均衡、公共价值精神的分享。

三　劳动关系公共服务的理论思考

（一）劳动关系公共服务体系

结合劳动关系公共服务的提出背景及探索实践，我们对劳动关系公共服务的体系有了一个更为全面和宏观的认识。结合已经初步订立的劳动关系公共服务事项清单和已经开展的劳动关系公共服务具体举措，梳理形成盐田区劳动关系公共服务的建设体系（见图1）。

首先，我们将依托大数据平台建设，建立健全劳动关系公共服务信息化平台应用系统、服务终端和管理台账，加强信息化平台服务申请、平台受理、产品评价、反馈监督等运行管理机制。同时以"智慧盐田"建设为契机，依托电子政务平台发展建设，不断推陈出新，打造针对性强、品种齐全的劳动关系公共服务产品"超市"。强化盐田区人力资源局关于劳动关系公共服务的顶层设计、统筹推动、产品开发和监督考核职能；设立区劳动关系公共服务中心，整合就业促进、人力资源服务、人才引进、职业培训、劳动关系协调等公共服务资源，丰富供给内容，创新供给方式，更好地服务新经济、新业态，更好地满足企业和职工日益增长的公共服务新需求；依托街道劳动保障办，设立街道劳动关系公共服务中心，整合多方资源，重点服务企业、劳动者基础性需求；打造社会劳动关系公共服务平台，促进劳动者快乐工作、健康生活，推动外来务工人员更好地融入社区、融入盐田。

其次，在盐田区已经加速推进完善的区、街道、社区三级劳动关系公共服务平台的基础上，要进一步整体融合成一张劳动关系公共服务网。另外，可以将传统文化与现代和谐劳动文化进行有机融合，潜移默化地促进城区和谐劳动关系文化价值观在人们心中的成长。三级服务平台以劳动关系公共服务的推进为契机，同时发挥传播影响力，加大劳动关系文化推广力度，从整体上优化劳动关系公共服务质量，形成"1＋1＋1＞3"的整体优势。同时应该以整体优势健全劳动关系的文化引导服务。探索建立劳动关系诚信体

图1 盐田区劳动关系公共服务的建设体系

系，对先进企业和职工进行表彰和正向激励；对表现不佳的企业和职工列入"黑名单"，给予负向激励。奖励的形式可以是多种多样，包括物质激励、精神激励，提倡以精神激励为主。而负向激烈则会影响该企业在本区劳动关系诚信的整体评价。激励的最终目的是引导企业和员工进一步配合劳动关系公共服务的开展，并在此过程中扩散劳动关系公共服务的社会影响力。

最后，要进一步建成全方位的监督网络贯穿劳动关系公共服务供给主体多元发展全过程，避免监督过程中的"交叉重复"和"遗漏空白"。统一整合内部和外部的监督力量，遵循有序、协同、效能原则，形成新时代立体式监督网络。包括建立劳动关系公共服务多元监督制度，定期发布劳动关系公共服务效能评估报告，建立效能审计制度，加强行政监督；建立人大代表和政协委员定点联系制度，加强权力监督和政协监督；邀请新闻媒体跟踪报道最新动态，经常听取企业和职工心声，反映实际问题，加强社会监督。劳动者和企业要作为独立的监督主体，成为民主法治建设的重要组成部分，进一步提升公共服务效能，增强多元供给效率。

（二）劳动关系公共服务价值

劳动关系公共服务的价值追求是促进劳资和谐。作为对劳动关系理解的延伸，劳动关系公共服务首先是促进劳动者和企业二元主体时间的和谐程度。和谐是劳动者热爱本职工作，具有较强的凝聚力和组织忠诚度，企业关爱员工、尊重员工，劳动者和企业互利共赢、一同奋斗。和谐的标准首先应该是二元主体都在法律规定的框架下开展生产活动，其次是能够进一步巩固二元主体之间的合作关系，延伸至双方合作共赢共同分享社会发展成果的状态。以服务促成劳动关系二元主体的诚信友爱、生产安定有序、双方和谐共处的生产环境。

劳动关系公共服务实现政府职能转变。过去的劳动关系治理集中在劳资矛盾发生时和发生后的应急处理，即劳动关系管理中后端的维稳工作。当前我们劳动关系管理的中端处理阶段，正是将监督管理和服务两种政府行为方式并行的状态。未来，我们要将劳动关系管理的重点前移，着力于更高比例的服务成分。即使从当前来看，可能政府职能的完全转变，探索以服务方式开展工作会产生一定的阻力，但是从长远的社会管理发展阶段来看都是值得的。因为新时代人们对美好生活的向往，对劳动关系领域的美好和谐追求，让我们必须将开展劳动关系管理的重点前移，将劳动关系公共服务的全过程服务落实于劳动关系化解的前端（见图2）。

以往的劳动关系治理侧重：

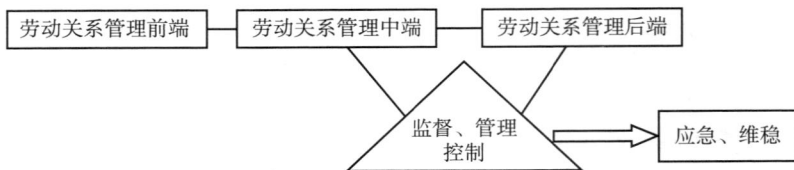

```
┌─────────────┐   ┌─────────────┐   ┌─────────────┐
│ 劳动关系管理前端 │─→│ 劳动关系管理中端 │─→│ 劳动关系管理后端 │
└─────────────┘   └─────────────┘   └─────────────┘
                    ╱      △      ╲
                  监督、管理     ┌─────────┐
                   控制    ──────→│ 应急、维稳 │
                                └─────────┘
```

未来的劳动关系治理侧重调整：

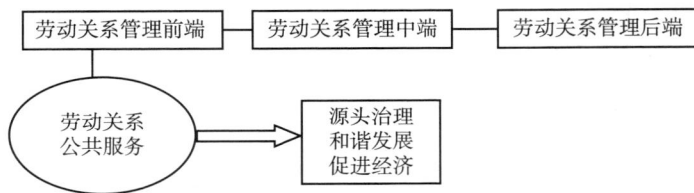

```
┌─────────────┐   ┌─────────────┐   ┌─────────────┐
│ 劳动关系管理前端 │───│ 劳动关系管理中端 │   │ 劳动关系管理后端 │
└─────────────┘   └─────────────┘   └─────────────┘
      │
   ╱─────╲        ┌─────────┐
  │ 劳动关系 │──────→│ 源头治理 │
  │ 公共服务 │       │ 和谐发展 │
   ╲─────╱        │ 促进经济 │
                  └─────────┘
```

图2　以往劳动关系的治理侧重和未来劳动关系的治理侧重调整

劳动关系公共服务拓宽服务的范围，实现全链条全过程的劳资和谐维护。劳动关系公共服务不是原有的劳动关系监管的狭义范畴，它需要从涵盖全就业流程的"大劳动关系"层面来思考公共服务产品体系的构建，要整合多方资源，提供更丰富、更有效的产品来满足劳动者和企业对促进劳动关系和谐的需要。劳动关系公共服务的大劳动关系逻辑起点应具有公益性、普惠性和公平性，保证辖区内的企业和劳动者都能得到劳动关系领域的服务权利和服务机会。在劳动关系公共服务的开展的实施过程中，会逐步完善层次供给、领域供给，让普通产业和优势产业互补互惠，构筑良好的营商环境以及和谐劳动关系文化，形成完善的劳动关系公共服务体系。

劳动关系公共服务促进劳动关系的高质量发展。我国目前主要矛盾已经发生了变化，人民对于劳动关系公共服务的需求也不仅仅停留在传统的就业公共服务问题上。大劳动关系无疑是在原来劳动关系思考起点上的一次飞跃和提升。人民群众对于新时代的劳动关系公共服务需求提出了更高质量的期盼，希望在劳动关系领域得到更充分更平衡的公共服务供给。推进劳动关系公共服务的改革，是为了更进一步地实现以质量为核心的劳动关系优质均衡。在辖区新经济新业态的现状下，迫切需要更和谐的产业发展环境。

（三）劳动关系公共服务的意义

首先，体现在劳动关系治理过程中政府自身的合理定位上。盐田区人力资源局自成立之初，即定位于服务港口、服务产业、服务地区经济发展。可以说，盐田区人力资源局成立伊始就与推进地区产业和谐发展保持血脉联系。伴随新时代发展，劳动关系在新经济新业态的发展过程中，对应的公共服务以及产品也出现了新情况。它的供给形式与手段更加多样化，而且并不一定需要由政府作为唯一的供给渠道。劳动关系公共服务政府的定位前提是公共服务意识的树立，形成以劳动关系和谐的经济效益为中心提供公共产品和公共服务的理念，逐步从行政事务以及管理控制中脱离，将工作重点放在辖区内高质量的劳动关系质量上，真正推动形成地区生产力。

其次，体现在劳动关系治理过程中政府与社会组织的关系定位上。盐田区经过长期的探索和实践，形成社会组织中介整合机制这种劳动关系社会协调方式，由盐田区和谐劳动关系促进协会、拖车运输行业协会和盐田区港口运输行业企业工会联合会组成，并取得了重要的成效。社会组织作为重要的社会力量，在和谐劳动关系建设中扮演中介角色，发挥了客观、中立和规范的优势。在社会组织内部形成科学的分工，分别对应劳方、资方和专业方，三者在各自领域与服务对象上形成紧密联系；在分工的基础上，劳、资、专业三方积极沟通合作，实现了功能互补、目标优化。拖车协会和港运工联会之间的集体协商为社会组织合作共赢起到重要推动作用。不仅有效地整合了社会力量，推动和谐劳动关系的建设，也更好地实现了政府的服务型智能转变过程。未来在劳动关系公共服务的推进过程中，政府将更加紧密地和社会组织沟通协调积极配合，深化劳动关系公共服务的合作机制，在劳动关系公共服务工作推进中，进一步形成枢纽型社会组织工作体系，推进和谐劳动关系的构建和维护。

最后，体现在劳动关系治理过程中政府与劳动者、企业之间关系的定位上。盐田区作为全国首家劳动关系公共服务中心，从这个意义上讲，既是劳动关系公共服务的探索者，也是"可复制可推广"劳动关系公共服务标准的制定者。新时代新形势下，政府在二元主体的关系定位中，关键是解决服务对象的需求偏差问题，尤其是二元主体之间的利益如何平衡协调的问题。依托目前劳动关系公共服务中心，对劳动关系公共产品和公共服务的范围、方式、程序与保障等重大问题做出总体设计，为盐田区提供决策参考咨询，提供充分和有效的考察与论证分析。作为未来劳动关系公共服务的神经中枢，协助劳动关系公共服务的整体安排和规划全局有序推进。在对劳动关系公共服务进行全局设计过程中，逐步探索和在工作反馈中挖掘区内职工和企业对劳动关系的"有效公共需求"。推行劳动关系公共服务的标准化体系建设，承接部分原来局里相关科室的部分事务性工作和审批工作。从更长远的定位角度来看，盐田区是劳动关系公共服务的辐射者。从当前省内综合试验区分布区域来看，未来应结合粤港澳大湾区国家战略，突出盐田区劳动关系公共服务引领标杆作用，推进粤港澳大湾区适应产业发展的劳动关系公共服务网建设。

四 劳动关系公共服务的未来展望

（一）劳动关系公共服务的"公共价值"议题的延伸

推进劳动关系公共服务的开展，正是在中国政治经济文化特色背景下构建和谐劳资关系的新起点。适应变幻莫测的世界经济走向，坚守中国特色的劳资双方互利共赢机制，是中国特色社会主义的时代标签，也是和谐社会构建的创新尝试。劳动关系公共服务是在党委的正确指导下，以人民为核心，为劳动者和企业发展所提供优质的、配套的服务和产品。

劳动关系公共服务的开展，进一步加强了党和群众的血肉联系、行政管理和经济推进的重要联系，在新时代的语境下满足劳动者和企业的公共需求，实现公共利益的最大化，践行全心全意为人民服务。而劳动关系公共服务与公共就业服务、公共人力资源服务的联系和区别，以及界限的厘定需要在未来的研究和实践探索中进一步明晰，突出劳动关系公共服务的核心公共价值所在。

（二）劳动关系公共服务的体系建构完善议题的延伸

盐田区以公共服务清单为基础，初步建立了劳动关系公共服务的基本框架。在未来深化综合试验区建设过程中，劳动关系公共服务的体系需要进一步完善和优化。作为首次提出劳动关系公共服务的工作理念以及成立全国首家劳动关系公共服务中心实体机构的盐田，更承担着未来劳动关系公共服务体系拓展和发展的时代使命。劳动关系公共服务的体系建构仍然有较大的探讨空间。首先是劳动关系公共服务的供给主体问题，即未来劳动关系公共服务的供给主体应该如何协调政府负责与市场自由度界限的问题；其次是劳动关系公共服务的内容应该高效对接劳动者和企业对劳动关系公共服务的有效需要；再次是劳动关系公共服务方式应如何适应体制机制的改革；最后是在劳动关系公共服务的全过程中，如何实现和提升工会在其中的话语权和影响力等。

（三）劳动关系公共服务的环境因素与认同议题的延伸

不忘初心，方得始终。盐田区处在改革开放的前沿，基于多年和谐劳动关系治理成效结下的丰硕成果，盐田区应该始终谨记成立之初被赋予行政体制改革和社会管理创新的责任，在各级领导关心指导下，进一步探索经济发展新常态下中国特色和谐劳动关系的新路径、新模式。盐田区充分开展了劳动关系领域公共服务的有益新尝试，率先突破了改革的目标，拉开了新时代劳动关系治理新局面的序幕，成为劳动关系公共服务领域的先行者。如何将区域的劳动关系公共服务探索经验为其他地区提供"盐田方案"需要进一步对劳动关系公共服务的行政生态、经济发展模式和社会治理格局进行综合考量。

同时，在深化推进劳动关系公共服务的新阶段，如何扩大公共服务的影响力、逐步提高劳动者和企业的认同度，需要在推进过程中继续摸索。只有如此，才能更加完善和清晰地勾勒出劳动关系公共服务的全貌。接下来，希望盐田的经验能成为全国的经验。盐田区劳动关系公共服务在探索和实践上将会取得更多的突破。这将是继 2015 年快速启动盐田区和谐劳动关系综合实验区试点后，又一次真正实现"马上就办、真抓落实"。未来，盐田要在劳动关系治理领域中秉承中国智慧的新时代脉搏，扛起广东供给侧改革走在最前列的旗帜，奋力开辟盐田区劳动关系公共服务的新天地。

B.10
2013~2017年深圳市劳动争议
裁审衔接情况分析报告

林莉　刘莉　罗映清*

摘　要： 深圳是最早开展裁审衔接探索的城市，近年来，其裁审衔接机制经历了从无到有、不断深化的过程，为高效、高质处理深圳市日益增长的劳动争议奠定了坚实基础。2016年，深圳市劳动人事争议仲裁院和深圳市中级人民法院建成了全国首个劳动争议裁审信息对接共享平台，裁审衔接的触角从传统的年度数据总量对比向个案跟踪及类项分析延伸，也为本文开展裁审衔接机制研究创造了新的条件。本文借助这一平台，突破"总量比对"这一传统方式，对个案的仲裁与审判结果进行更深入的对比，进一步分析裁、审的共性与差异性，剖析当前裁审衔接工作的成效及不足，探索进一步促进与完善劳动争议处理机制的发展方向。

关键词： 劳动争议　共享平台　裁审衔接

　　劳动争议处理机制是社会矛盾化解机制的重要组成部分，是实现劳动者合法权益及时救济、企业健康有序发展的重要保障。1986年我国恢复了中断30年的劳动争议仲裁制度以来，一裁两审的劳动争议处理模式为推进我

---

* 林莉，深圳市劳动人事争议仲裁院，硕士，研究方向为民商法；刘莉，深圳市劳动人事争议仲裁院；罗映清，深圳市中级人民法院。

国劳动法制建设、保护劳资双方合法权益发挥了重要作用。随着经济社会的高速发展和劳动关系的不断变化，促进和实现劳动争议处理过程中裁审程序的有机衔接、协调配合和顺畅运行，已成为新时代构建和谐劳动关系的核心要件之一。

深圳是我国改革开放的窗口和试验田，1980年建市以来，在社会经济建设方面取得了巨大成就。作为一个经济发展速度与就业人口密度双高的外向型城市，深圳市劳动争议总量一直居于全国前列。为应对日渐严峻的劳动争议处理形势，深圳坚持勇于创新、先行先试的开拓者精神，在劳动争议处理机制改革方面实现多个"全国率先"，如2001年率先实现劳动争议仲裁院的实体化，2004年率先在中级人民法院设置劳动争议专业庭，2008年率先建立仲裁机构与人民法院的裁审衔接机制等。2016年，深圳市劳动人事争议仲裁院与深圳市中级人民法院联合建成全国首个劳动争议裁审信息对接共享平台，裁审衔接的触角也从传统的年度数据总量对比向个案跟踪及类项分析延伸。本文通过总结五年来全市劳动争议裁审衔接工作和裁审案件情况，剖析裁审衔接工作的成效及不足，探索进一步促进与完善劳动争议处理机制的发展方向。

一　深圳市劳动争议仲裁与审判工作总体概况

（一）劳动争议仲裁机构队伍发展情况

深圳市劳动争议仲裁工作起步于1986年。20世纪90年代末，深圳经济发展进入从低端制造业向高科技产业转型的阶段，社会矛盾凸显、利益冲突频发，全市劳动争议仲裁案件量从1986年的54件飙升到2001年的16416件。为应对不断增长的仲裁办案任务，2001年，深圳市委、市政府决定成立全国首个劳动仲裁实体化办案机构——深圳市劳动争议仲裁院（副局级行政事务单位）。历经2004年和2009年政府机构改革，深圳市劳动争议仲裁机构（以下简称"仲裁机构"）建设力度不断加强。2013年，全市（含9个行政区、1

个新区）已实现劳动人事争议仲裁委员会及其办事机构（仲裁院）的全覆盖，基本实现机构内部立案、调解与审理的专业化分工。2017年，深圳市人力资源和社会保障局联合市编办、市财委出台《关于加强劳动争议专职仲裁人员队伍建设的通知》，结合仲裁工作准司法性特点，参照司法改革做法，探索推进仲裁人员分类管理改革，明确专职仲裁员负责案件的审理工作，仲裁辅助人员负责立案、调解、记录、送达等办案辅助工作，仲裁行政人员负责统筹管理、业务培训、案件督办等行政工作，并建立"以案配人、专业发展、以事定费"的仲裁人员长效管理机制，为维护深圳市劳动关系和谐稳定提供坚实的队伍保障。截至2017年底，全市在岗仲裁工作人员共计576人，其中专职仲裁员241人、仲裁辅助人员277人、仲裁行政人员58人。

（二）劳动争议审判机构队伍发展情况

2004年起，深圳市中级人民法院启动劳动争议审判改革，于2005年4月成立了全国法院系统内第一个专业化的劳动争议审判庭，主要负责审理不服基层法院裁判而上诉的二审劳动争议案件及申请撤销仲裁终局裁决的案件，并指导全市两级人民法院劳动争议案件的审判工作。2008年，罗湖区、福田区人民法院也相应成立了专门的劳动争议审判庭，劳动争议专业审判力量配置不断加强。其他未专门设立审判庭的基层人民法院劳动争议案件也由民事审判庭专门合议庭及各派出法庭审理。2012年5月，为快捷高效审理简易民商事案件，全市基层人民法院设立速裁庭，集中审理事实清楚、权利义务明确、争议不大的简单民商事案件，大量劳动争议案件纳入速裁机制得到了快速处理。2016年6月，市中院在基层人民法院推行速裁审理机制的基础上，设立了全国首家中级人民法院速裁庭，60%以上劳动争议二审案件得以快速审结。至此，绝大多数的劳动争议案件实现了一审、二审程序全程高效便捷审理。

（三）劳动争议案件的基本概况及特点

由于深圳地处改革开放前沿，经济发达，外来务工人员多，劳动关系相对复杂，争议案件频发，常年居高不下。表 1 是 2013～2017 年全市仲裁机构与两级人民法院新收的劳动争议案件数量的情况。①

表 1　2013～2017 年深圳市仲裁机构与法院新收劳动争议案件情况

单位：件，人

年份 类别	仲裁案件			一审案件	二审案件	
	立案数	涉及人数	终局裁决		普通二审案件	撤裁案件
2013	26276	54621	5150	12190	5970	822
2014	28099	60237	4437	12732	5740	673
2015	31845	74987	5063	13487	6188	823
2016	32267	73862	5208	11119	6918	780
2017	30916	56227	5167	12702	4981	845

1. 仲裁案件总量持续处于高位，诉讼案件稳中有降

2013～2017 年，全市仲裁机构立案数及涉及人数整体呈上升态势（见图1），年均增长率分别为 4.1% 和 0.7%。立案数和涉及人数虽在 2017 年有所回落，但从总量上看仍高于 2013 年。案件总量居高不下的主要原因有以下四个方面。一是 2013 年新商事登记制度实施后，全市商事主体呈现爆发式增长，增量主要集中在批发与零售业、租赁及商务服务、制造业与信息传输计算机软件业等劳动争议发生频率较高的行业。二是随着产业结构调整政策的深入实施，企业转型升级步伐加快，加之劳动力等生产要素呈趋势性上涨，部分企业逐渐被淘汰或陷入经营困境，加剧劳动关系动荡。三是新经济新业态迅速发展，以微商、网店、互联网金融为代表的新兴产业和新型用工主体大量涌现，既对传统产业带来巨大冲击，也引发了许多新型劳动争议。四是随着劳动者受教育程度的提高和劳动法律法规宣传的深入，劳动者依法维权意识和能力不断增强，仲裁成为劳动者，特别是新生代劳动者依法维权的主要途径。

---

① 根据人社部相关文件，劳动仲裁统计口径为：劳动者人数于 10 人以下劳动争议案件，属于个案，每 1 件案件等于 1 人；劳动者人数于 10 人以上的案件，属于集体争议，无论人数，均为 1 件，劳动仲裁涉及人数大于仲裁案件数，故分别列出仲裁机构每年的收案数量和所涉及的人数；而法院基本上是一人一案，但部分也是将同时起诉的众多劳动者列为一件案件审理。

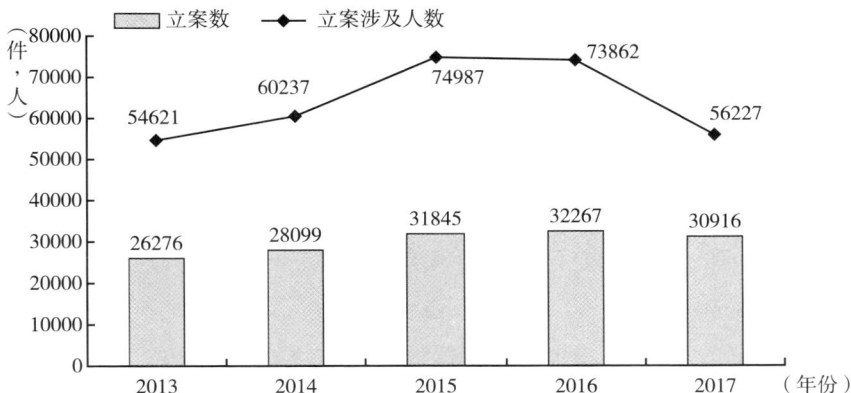

图1 2013～2017年深圳市劳动争议仲裁案件情况

2013～2017年，全市两级人民法院劳动争议收案数整体呈稳中有降的态势（见图2）。从收案总量上看，全市两级人民法院劳动争议案件收案呈平稳态势，基本保持在2万件左右，2016年总数略有下降。收案总量与2008年劳动合同法颁布实施之初劳动争议案件井喷式增长时的42815件相比，降幅达50%之多。①

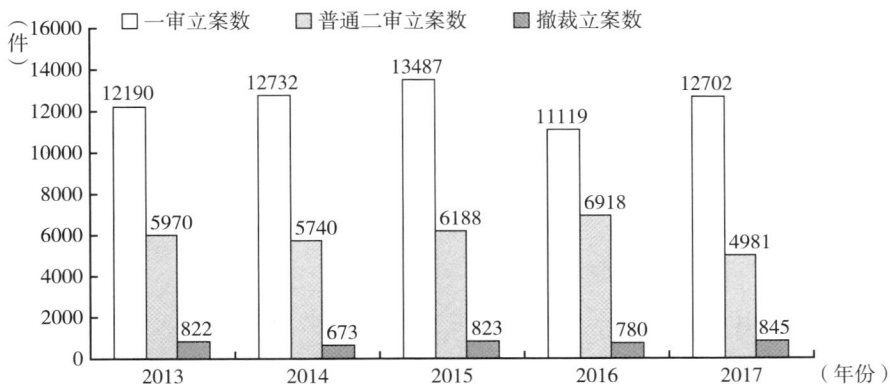

图2 2013～2017年深圳市劳动争议诉讼案件收案情况

---

① 从历史受理案件情况看，2005～2007年，全市两级人民法院理的劳动争议案件基本上变化不大，年受理案件数在1.3万～1.5万件。2008年受国际金融危机和劳动合同法施行影响，全市两级法院受理的案件数呈井喷式增长，达到42815件。市中院2009年受理案件达14869件。

123

2. 集体争议在仲裁阶段发生频率较高，群体性诉讼案件大幅减少

2013～2017年，全市仲裁机构共立案10人以上集体争议4797件，虽然案件数占同期立案总量的比重仅为3.21%，但其涉及人数的比重超过50%。而且，超百人的特大型案件时有发生。同期，100～500人的集体争议案件共259件，涉及44867人；500人以上的集体争议案件共17件，涉及15504人。同时，从年度变化看，2014年和2015年增幅尤为突出，同比增幅分别为27%和43%。

同期，全市两级法院受理的群体性案件大幅减少。2013年，一审群体性诉讼案件10人以上的有109起，100人以上的有2起；二审群体性诉讼案件10人以上的有57起，100人以上的有1起。2014年，一审群体性诉讼案件10人以上的有89起，100人以上的有1起；二审群体性诉讼案件10人以上的有58起，100人以上的有0起。2015年，一审群体性诉讼案件10人以上的有127起，100人以上的有3起；二审群体性诉讼案件10人以上的有54起，100人以上的有1起。2016年，一审群体性诉讼案件10人以上的有101起，100人以上的有1起；二审群体性诉讼案件10人以上的有89起，100人以上的有3起。2017年，一审群体性诉讼案件10人以上的有96起，100人以上的有0起；二审群体性诉讼案件10人以上的有50起，100人以上的有2起。

从仲裁和一审诉讼群体性案件收案情况来看，说明由于党委、政府重视，全市劳动集体争议纠纷多方联动化解机制逐步完善，基本上在仲裁阶段均得到较好化解。

3. 当事人诉求虚高现象明显

从仲裁和诉讼案件来看，均存在当事人诉求虚高现象。以仲裁为例，2013～2017年，全市仲裁机构立案劳动争议案件人均诉求金额为6.01万元。一方面，人均诉求金额不断增高。其中，2017年为7.71万元，为2013年的1.6倍（见图3）。究其原因，主要有两方面。一是劳动者工资水平逐步提高。作为影响工资水平的两项重要指标，2017年深圳市最低工资标准和城镇职工平均工资分别为2030元/月和7480元/月，分别为2013年的1.3倍和1.4倍。工资收入的提高，必然导致相关劳动权益或社会保险待遇（工伤待遇补偿、

竞业限制补偿、经济补偿等）的计发标准随之提高。二是用人单位诉劳动者的案件有所增加。据统计，五年来，用人单位诉劳动者劳动争议仲裁案件6399件，① 此类争议主要涉及损失赔偿、竞业限制违约金、培训费等，案均诉求金额为37.57万元，为劳动者诉用人单位案件平均诉求金额的六倍之多。另一方面，仲裁案件结案支持比例持续处于较低水平。2013～2017年，全市仲裁机构办结案件的诉求金额为269.39亿元，结案涉及金额为59.41亿元，诉求支持比例为22.1%。主要原因：一是取消了仲裁收费制度后，许多劳动者或代理人抱着"多要多得"的想法，导致仲裁诉求虚高现象较为普遍；二是现行劳动法律规定相对原则且松散，大部分劳动者甚至部分律师对法律存在误读或理解不到位的情况，高于法律基准的诉求较为常见。

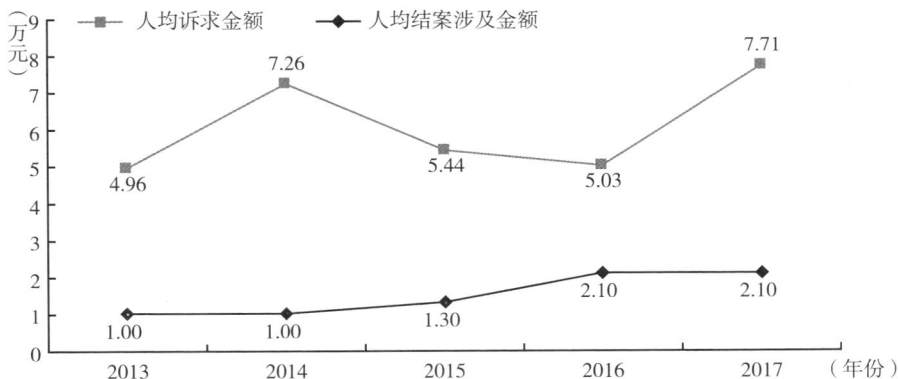

图3 2013～2017年全市劳动仲裁案件涉及金额情况

4. 调解结案比例较高，这在仲裁阶段体现尤其明显

党的十八大提出，"坚持预防为主、基层为主、调解为主的方针，建立党委、政府领导、综治协调、人力资源行政部门主导、有关部门和单位共同参与的专业性劳动争议调解工作机制"。随着相关工作的深入落实，调解已成为仲裁机构的重要工作方式，并渗透仲裁办案的全过程。2013～2017年，

---

① 此处根据用人单位所诉的劳动者人数计算，故"件"数等于"涉及人数"。

全市仲裁机构共调解结案（含撤诉）71001 件，年均调撤率为 47.18%（见图 4）。从处理实效上看，调解不仅有效弥补了劳动仲裁既判力不足的缺陷，更有利于促使劳资双方真正实现定分止争。

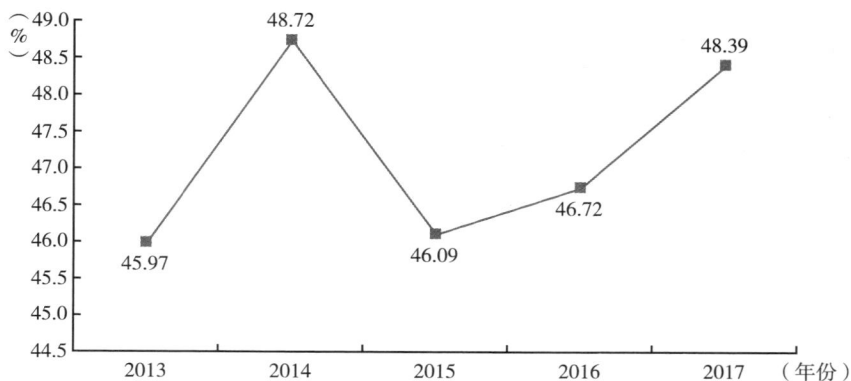

图4　2013~2017 年全市劳动仲裁案件调解结案情况

　　但是在诉讼阶段，由于诉讼案件多数属于仲裁过滤后的骨头案，双方当事人矛盾尖锐、对立严重、互不相让，很难通过调解化解纠纷。2013~2017年，全市两级人民法院共调解结案（含撤诉）24245 件，年均调撤率为25.26%（见图5）。

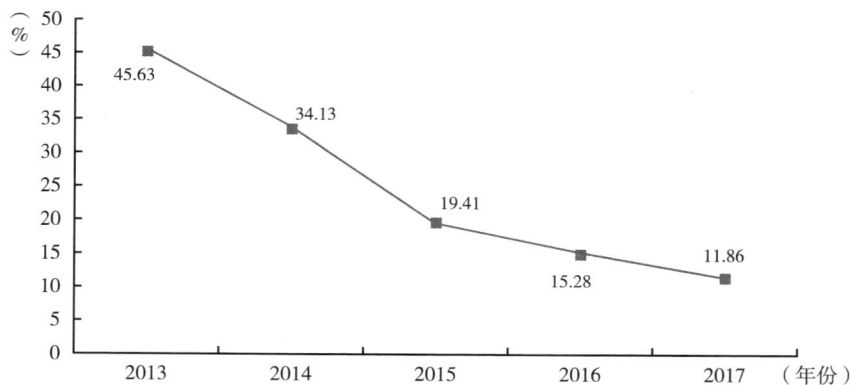

图5　2013~2017 年全市法院劳动争议诉讼案件调解结案情况

二　深圳市劳动争议裁审衔接工作情况

（一）裁审衔接机制建设情况

2008年，受全球金融海啸的影响，深圳市外向型经济遇到阶段性发展困难。同年，《中华人民共和国劳动合同法》《中华人民共和国劳动争议调解仲裁法》相继实施，不仅增加了企业违法用工的成本，同时为劳动者提供了更有力的法律保障（延长劳动仲裁申请时效、扩大仲裁案件受理范围、取消仲裁收费等）。在经济、政策、法律等多重因素叠加影响下，当年全市劳动争议案件出现井喷式增长，仲裁机构立案总数及涉案人数同比增幅分别达259%和230%，[①] 法院收案数同比增幅达171%。[②] 伴随争议案件的激增，仲裁机构和人民法院在受理范围、法律适用等方面的差异性更加凸显。为此，全市仲裁机构与人民法院开始加强沟通、深化合作，共同推进裁审衔接机制的建立与健全。经过多年的探索与完善，"三联一平台"裁审衔接机制日益成熟，相互尊重、相互支持、共同发展的裁审协作关系得到不断巩固。

1. 建立裁审联席会议制度

2009年以来，全市仲裁机构与人民法院通过定期召开疑难问题研讨会的方式，建立了法律适用及疑难问题联席研讨机制，共同对劳动争议仲裁和审判实务中遇到的新情况、新问题进行讨论，研究对策，并在意见成熟时形成会议纪要印发全市法院和仲裁机构，统一裁审标准与尺度。截至2017年，已就劳动争议受理范围、仲裁时效、劳动合同解除、竞业限制等76个问题达成一致意见，并以裁判指引或会议纪要的形式予以明确。

---

① 2007年劳动争议仲裁立案案件13388件，涉及57512人；2008年仲裁立案案件48066件，涉及189628人。

② 2007年劳动争议一审新收案件10552件，二审新收案件5238件；2008年劳动争议一审新收案件35811，撤销仲裁裁决案件257，二审新收案件6747件。

2. 建立办案联动机制

一是协同推行劳动争议要素式庭审方式和裁判文书改革探索。从 2012 年起，深圳市中级人民法院劳动争议审判庭和深圳市劳动人事争议仲裁院着手推行劳动争议案件要素式庭审方式和要素式裁判文书改革。具体举措是针对各类劳动争议案件，总结和归纳共同的必查要素，庭前要求当事人填写要素表，指导双方当事人集中焦点问题举证，庭审时按照各要素进行审理和查明，改革传统庭审方式，并制作要素式裁判（决）文书，同时建立劳动争议常见争议焦点标准化说理和标准化条文引用文库，有效提高劳动争议庭审和裁判（决）文书制作质效，提升劳动争议案件处理效能。二是建立健全日常办案协作机制。经过多年探索与实践，仲裁机构与人民法院在案卷查阅调取、证据保全、财产保全、先予执行等方面均建立了良好的协作机制。三是建立案后反思机制。共同对撤销仲裁终局裁决案件的原因进行分析交流，定期收集编印撤销终局裁决民事裁定书合集，供仲裁员和法官办案参考。

3. 建立联合培训制度

通过共享培训资源，互相提供优质的业务培训机会，互邀资深业务骨干进行经验分享，让仲裁员不断学习和借鉴法院的办案理念和技巧，让法官深入理解劳动争议案件及仲裁工作的特性，强化裁审共性，减少两者分歧，深化裁审合作外延。

4. 建立实时信息共享平台

2015 年 9 月，深圳市劳动人事争议仲裁院与深圳市中级人民法院顺应信息时代发展趋势，启动全国首个劳动争议裁审信息对接共享平台建设。2016 年 3 月，共享平台正式投入运行，实现全市劳动争议一裁两审全过程案件数据的实时对接。借助该平台，仲裁机构可有效跟踪个案的起诉、上诉、申请撤销终局裁决等情况及相应的裁判文书；法院可实时共享案件在仲裁阶段的相关信息，如查询仲裁办案进度时间、调取仲裁庭审笔录、结案文书等，为深化裁审衔接工作奠定坚实的基础。

（二）裁审衔接机制运作成效

1. 仲裁前置分流效果明显

一是劳动争议仲裁滤网效应突出。从受理量看，仲裁机构对劳动争议处理发挥着举足轻重的作用。2013～2017年，全市基层人民法院受理的劳动争议案件量约为同期仲裁机构立案量的1/5（见图6）。[①] 同时，当事人因不服仲裁处理结果起诉的比例一直处于低位。2013～2017年，全市仲裁结案案件150497件、不予受理案件9080件，分别涉及322773人和11524人；同期，基层人民法院受理的一审劳动争议案件65427件，即近五年，当事人因不服仲裁处理结果向人民法院起诉的比例[②]为19.6%，约八成的劳动争议在仲裁阶段实现案结事了。特别是集体性劳动争议案件，基本上都能在仲裁阶段得到妥善解决。

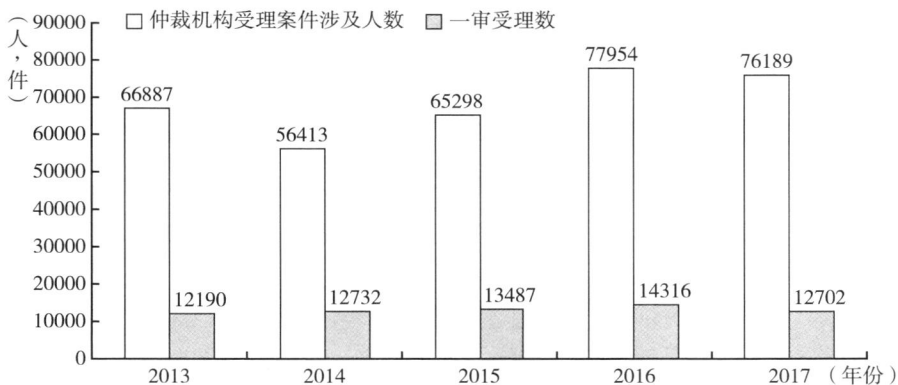

图6　2013～2017年全市劳动争议案件裁审情况

[①] 鉴于法院统计口径为一人一案，因此法院案件数等于其涉及人数，本文使用仲裁案件涉及人数与法院件数进行对比。

[②] 不服仲裁结果向人民法院起诉的比例 =［一审受理数÷（仲裁立案后结案人数＋不予受理人数）×100%］。

二是劳动争议仲裁稳定器作用明显。集体争议往往具有涉及人数多、社会影响大、舆论关注度高等特点，一旦处理不当，将对整个企业甚至一个行业的劳动关系产生不稳定因素。同时，由于大多数集体争议事实相对清晰、法律适用明确，仲裁机构均采取绿色通道加速处理。在依法及时化解集体争议的过程中，仲裁"快捷高效、定分止争"的制度优势更加彰显，其作为劳动关系稳定器的作用也更加突出。以2017年为例，全市仲裁机构办结的集体争议仲裁案件（涉及25763人）中，仅2085件（人）进入诉讼程序，比重约为8.1%，即92%的集体争议当事人经仲裁程序解决了争端。

2. 裁审结果一致性水平较高

一是终局裁决质量逐渐提高。2013～2017年，全市仲裁机构以终局裁决方式办结案件25025件。一方面，用人单位向人民法院申请撤销3888件，占仲裁终局裁决案件总量的15.5%；被人民法院裁定撤销的114件，占申请撤裁案件总量的比重（法院撤裁率）为2.9%，占仲裁终局裁决案件总量的比重（仲裁撤裁率）为0.46%。2013～2017年全市终局裁决被撤销比例见图7。另一方面，劳动者对仲裁终局裁决的服裁率较高。以2017年为例，全市仲裁终局裁决案件共5167件，涉及7819人，仅940名劳动者向法院起诉，即88%的劳动者接受了终局裁决结果。

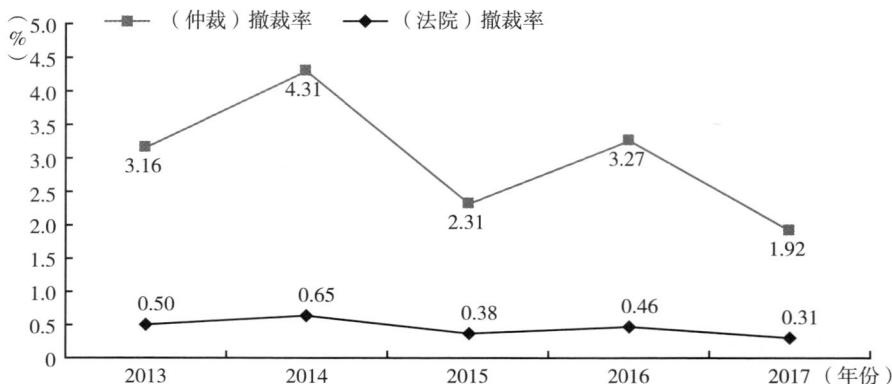

图7 2013～2017年全市终局裁决被撤销比例

二是同裁同判比例较高。本文随机抽取了2016～2017年进入审判程序且已出具生效裁判文书的1830件案件为样本，进行个案对比分析。其中，生效判决结果与裁决结果完全一致的1123件，占比61.36%；判决支持诉求与裁决结果一致但金额不一致的322件，占比17.6%；判决支持诉求与裁决结果部分不一致的290件，占比15.85%；判决结果与裁决结果完全不同的95件，占比5.19%。从整体上看，裁审结果一致率处于较高水平。

3. 裁审差异根本性分歧有限

经对裁审结果不一致样本案件的分析，导致裁审结果存在差异的原因主要表现在以下四个方面。

一是法律适用或理解不统一导致裁审结果不同，此类案件占比为38.93%。如深福劳人仲案〔2015〕2918号案件，劳动者主张2014年9月1日至2015年4月11日期间的未签订劳动合同二倍工资差额。仲裁与法院均认定用人单位未自用工之日起一个月内与劳动者签订劳动合同行为违法，应当支付未签订劳动合同二倍工资差额。但仲裁认为，2014年10月1日劳动者因工伤入院治疗，医疗期至2015年4月11日止。该期间属于无法与劳动者订立劳动合同的客观情形，故用人单位可以免除该期间的二倍工资差额的支付义务。一审法院认为，该情形不足以免除用人单位的法定义务，故应当承担二倍工资差额的支付义务。

二是证据规则适用标准不一导致事实认定不同，占比为32.89%。如深华劳人仲（大浪）案〔2016〕40号案件，劳动者主张的月工资标准高于其劳动合同约定工资，其提供的银行交流明细所载明的金额则略低于劳动者主张的应发工资；用人单位否认劳动者所主张的工资标准，但未提供证据证明。鉴于工资支付情况的举证责任在于用人单位，故仲裁与法院均认定用人单位应承担举证不能的不利后果。但仲裁采信了劳动者主张的工资标准，一审法院则根据银行交易明细的实际金额确定月工资标准。

三是当事人在裁审环节的陈述或举证情况不同导致裁审结果不同，占比为22.82%。如深龙劳人仲（坂田）案〔2015〕1807号案件，仲裁和法院均查明用人单位存在一个月工资未支付的事实，但用人单位在仲裁阶段主张的是双方不存在劳动关系，因此未提出当月劳动者存在请假的情况。但在一审阶段用人单位提出该主张，劳动者亦予以确认。故一审判决在支持当月工资的基础上扣减了请假期间（仅 1 天）的工资。又如（2016）粤 0303 民初 12104 号案件，双方当事人于一审时重新确认拖欠工资金额，与仲裁裁决金额差异为 50 元。

四是自由裁量时办案尺度或计算方法差异导致裁审结果不同，占比为 5.36%。如深南劳人仲案〔2016〕2541 号案件，仲裁与法院均确认用人单位拖欠 1 个月工资的事实，但在确定该月工资数额时，仲裁以劳动者提供的银行流水中被拖欠工资月份前一个月工资情况为依据；法院则以劳动者离职前 12 个月的平均工资为依据。

可见，裁审不一致的问题及原因多是基于仲裁员与审判人员在法律法规理解、证据采信规则或案件处理方式等方面存在不同，这类问题并非不可调和。随着裁审理念和标准的不断规范，裁审差异将逐步缩小，裁审结果的一致性可以得到进一步提升。

四 深圳劳动争议裁审衔接机制存在的不足

（一）仲裁权威与公信力有待提升

当事人对裁审权威的认可与尊重，是确保一裁两审制度高效处理劳动争议的基础。但仲裁权威与公信力明显与其发挥的积极作用不对等，主要原因包括以下两个方面。一是劳动仲裁的社会认知度和认可度相对较弱。部分当事人对仲裁不甚了解，甚至认为仲裁就是人力资源行政部门的行政行为，部分用人单位存在轻视仲裁、"走过场"的现象。二是仲裁员专业水平与法官存在明显差距。《中华人民共和国劳动争议调解仲裁法》第二十条规定，仲裁员应公道正派并满足以下条件之一：①曾任审判员；②律师执业满三年；③从事法律研究教学并具有中级以上职称；④具有法律知识，从事人力资源或工会等专业工作满五年。但由于全市专职仲裁员队伍中编外人员比例严重倒挂（常年高于70％），且薪酬水平与其专业工作要求不符，职业发展通道不完善，难以吸引人才和留住人才。目前，大多数仲裁员仅符合"具有法律知识，从事人力资源或工会等专业工作满五年"这一条件，相较于高要求、严选拔的法官而言，专业水平相对不足，导致裁审质量存在差距，给当事人留下了"仲裁不如法院"的印象。

（二）法律适用标准难以完全统一

现行劳动争议处理依据除法律、法规、部门规章外，还有大量庞杂的规范性文件、部门政策甚至答复解释等。仲裁机构与人民法院分属行政与司法两个体制，前者虽有准司法性，但行政色彩较浓；后者作为独立司法机构，以公正为核心价值取向。这就导致两者在法律适用上必然存在差异。以受案范围为例，《中华人民共和国劳动争议调解仲裁法》对劳动争议类型采取概括式的列举，因此，裁审实践对劳动争议范围存在不同理解，如劳动者因股权激励收益引发的争议是否属于劳动争议，网约车司机、网络主播等新兴产业的用工关系是否属于劳动关系等。又如行政部门规范性文件的效力问题。作为行政机关的一部分，仲裁机构在办案时往往以人力资源行政部门规范性文件、政策或答复作为依据。而人民法院在审理案件时，可以就规范性文件做合法性审查，对部门政策或答复也只作为参考。这一分歧在处理社会保险争议时尤为突出。

（三）裁审深度衔接机制亟待完善

目前，裁审衔接主要停留在数据信息与个案处理层面，在劳动争议处理体制层面深层的衔接机制尚不足，主要表现在以下四个方面。

1. 裁审行为的高度重复性

当前，劳动争议审判不以仲裁行为和结果为基础。当事人对仲裁裁决不服，向法院起诉后，无论裁决事实认定是否准确、程序是否合法、法律适用是否正确，法院都按照民事诉讼程序和标准重新审查、重新送达、重新开庭、重新核实证据、重新认定事实、重新选择适用的法律。这种高度重复操作既造成政府和司法资源的严重浪费，也可能导致当事人在审判阶段有策略地变更陈述或证据材料，变相滋生不诚信行为。同时，还会打击仲裁员的办案信心和责任心，滋生其办案的随意性和敷衍性，让法官成为"兜底"责任人。

2. 案件管辖规则的弱关联性

仲裁机构和法院的管辖规则均以劳动合同履行地或用人单位所在地为标准进行确定，但两者之间是相互独立的，可能导致管辖仲裁机构与受理法院所在地不在一个地区。鉴于目前各地对劳动法律法规的理解和适用尺度不一，当事人可能会为了争取自身利益的最大化，选择在有利于自己的地点申请仲裁或起诉。如某注册地在深圳的用人单位员工，向劳动合同履行地南京市仲裁机构申请仲裁。裁决后，用人单位不服，遂向深圳市基层人民法院起诉。法院受理后，员工必须千里迢迢地来到深圳参加诉讼，若需完成两审程序，相关交通住宿费用及误工损失可能远远超出双方争议涉及金额，无疑加重了当事人的诉累。

3. 统计口径缺乏统一标准

劳动争议统计分析制度是及时掌握和分析劳动争议变化形势的基础，是劳动立法和政府决策的重要依据。目前，仲裁案件统计标准源于人力资源社会保障部规定，十人以下案件按"一人一件"统计，十人以上案件无论涉及人数多少均统计为一件；法院则根据最高人民法院相关规定，实行"一人一件"的统计口径。两个部门在"件数"统计方面存在较大偏差，既不利于裁审数据的衔接分析，更容易引起误解与误读。

4. 裁审信息精准对接难度较大

信息化是当前时代发展的大趋势。但由于仲裁机构与法院信息化建设基础不同，导致两者在实现信息精准对接过程中存在阻力。表现一是信息标准不同。目前，法院信息化建设以最高人民法院发布《人民法院信息化标准体系表》（以下简称《法标》）为基础，兼容所有民商事、行政和刑事案件。而劳动争议仲裁暂无国家和省级的标准化体系。深圳市曾于2011年在全国率先编印《深圳市劳动争议仲裁办案指导手册》，并以此为基础，结合多年实践与积累的经验，逐步形成具有深圳特色的劳动争议信息化标准。要实现小而精的深圳仲裁标准和大而全的《法标》进行精准对接，需要仲裁机构与人民法院进行持续沟通与深入磨合。表现二是信息系统操作规范不同。信息化建设基础的不同导致仲裁与诉讼信息系统的操作规范存在差异，部分信息项目的录入时限、必录项目等难以统一。因此，要实现深圳市劳动争议裁审衔接信息共享平台后续的规范使用并发挥更大作用，有赖于仲裁机构和人民法院的密切配合和共同努力。

五　下一步完善裁审衔接机制的工作方向

加强和完善仲裁与诉讼衔接机制建设，是健全劳动争议处理制度、完善矛盾纠纷多元化解机制的核心内容，也是切实落实党中央、国务院关于深化依法治国实践、提高保障和改善民生水平、加强和创新社会治理决策部署的重要举措。人社部与最高法联合下发的《关于加强劳动人事争议仲裁与诉讼衔接机制建设的意见》明确提出，要按照《中共中央　国务院关于构建和谐劳动关系的意见》《中共中央办公厅　国务院办公厅关于完善矛盾纠纷多元化解机制的意见》有关要求，积极探究和把握裁审衔接工作规律，逐步建立健全裁审受理范围一致、裁审标准统一、裁审程序有效衔接的新规则、新制度，实现裁审衔接工作机制完善、运转顺畅，充分发挥劳动人事争议处理中仲裁的独特优势和司法的引领、推动、保障作用，合力化解矛盾纠纷，切实维护当事人合法权益，促进劳动人事关系和谐与社会稳定。深圳市将围绕以下重点，不断推进裁审衔接机制的科学、长效发展。

（一）不断优化裁审衔接工作机制

一是优化裁审衔接联席会议制度。以联席会议制度为基础，不断扩大裁审衔接范围。在纵向上，完善三级裁审联席沟通机制，实现市仲裁院与市中级人民法院、区仲裁院与区人民法院、街道派出庭与街道法庭的紧密衔接。在横向上，将联席会议内容从以法律适用问题研讨为主，扩展至立案、审理、执行全过程，推进裁审工作的高效衔接。对新型劳动争议的法律适用问题，可适时引入学界力量，以开放、创新、合作的意识，共同推动理论与实践的结合，减少裁审分歧，增强劳动法律体系的发展完善。

二是优化裁审衔接信息化服务手段。以信息化建设为引擎，不断增强裁审衔接服务手段。进一步完善深圳市劳动争议裁审衔接信息共享平台功能，促进共享信息项目的规范录入，实现精准对接。探索建立仲裁案卷电子化管理制度，实现仲裁与法院电子卷宗共享，切实提高卷宗使用效率。梳理建立裁审衔接评价指标体系，利用大数据分析手段，定期对不服仲裁处理结果进入诉讼程序的相关案件进行研究分析，为裁审衔接工作实效进行把脉。

（二）切实增强劳动争议处理裁审合力

一是联合发布劳动争议典型案例，以仲裁与诉讼结果一致且已生效案件为基础，共同研究并发布具有普适性、典型性的劳动争议案例，增强劳动争议处理的规范性，增强劳动争议裁审衔接的社会效应。

二是建立疑难复杂案件联动处理机制。对涉及人数众多，或有重大影响的疑难复杂案件，实行"案前信息预警通报、案中研讨统一尺度、案后总结类案推广"机制，为依法妥善处理疑难复杂案件提供裁审合力保障。

三是探索构建劳动争议从仲裁到诉讼全程速裁机制。深圳市劳动争议纠纷高发、多发是不争的事实，传统的劳动争议裁审机制无法满足现实社会的需求，非常有必要从宏观角度或协同推进的角度，针对简易劳动争议案件构建一套更为科学、高效、便捷、低成本的速裁机制，促进简易劳动争议案件纳入从仲裁到诉讼的全程"快车道"，以应对或破解案件数量常年高位运行、案多人少矛盾凸显的劳动争议裁审困局。

（三）探索推进劳动争议裁审深度衔接

一是促进劳动争议处理核心价值导向的统一。与民事关系相比，劳动关系具有更紧密的人身隶属性；与民事纠纷相比，劳动争议的社会影响也更为明显。在依法处理劳动争议的过程中，无论是行政色彩浓厚的仲裁机构，还是司法独立、公正为先的法院，都应正确理解立法本意和法理情的内涵，全面分析引发争议的深层次原因和争议处理可能带来的行业问题甚至社会问题，兼顾法律视角和社会视角，努力实现法律效果与社会效果的最佳结合。

二是统一劳动争议证据规则。鉴于劳动争议当事人在举证能力和责任方面均有别于普通民事案件，为切实保护双方合法权益，建立裁审统一的劳动争议举证责任分配和证据认定规则势在必行。具体可以《关于民事诉讼证据的若干规定》《中华人民共和国劳动法》《中华人民共和国劳动争议调解仲裁法》及最高人民法院司法解释中关于劳动争议举证责任规定为基础，综合考量劳动关系主体举证能力、证据产生的来源等因素，统一劳动争议裁审证据规则。

三是探索实行劳动争议诉讼有限审查。针对劳动争议一裁两审制度中，仲裁与诉讼对同一案件进行重复审理的问题，探索推行劳动争议诉讼案件有限审查制。一方面，对仲裁阶段已查明的基本事实、当事人确认陈述和证据，除有新证据反驳的，人民法院予以固定，以保证案件事实认定的前后一致性与完整性，限制当事人不诚信行为。另一方面，对于因不服仲裁裁决而起诉的案件，法院主要审查证据采信、仲裁程序及法律适用是否存在错误，不进行合理性审查，尊重仲裁机构的自由裁量权。

四是创新探讨裁审衔接模式深层次改革。现行"一裁两审、仲裁前置"的劳动争议处理模式培育于计划或公有制经济土壤，劳动关系调控具有浓厚的行政和公法色彩，随着市场经济的发展和现代企业制度的建立，其不适应性日益凸显。深圳作为改革开放先行先试窗口，劳动争议特点和形势及纠纷解决工作从全国来看具有先发性和前瞻性。裁审两家除在现行模式下探索改革和协调裁审衔接机制，充分利用仲裁缓冲机制快速便捷解决劳资矛盾和利用诉讼终局程序权威有效解决劳资争端，高效能发挥仲裁和诉讼制度优势外，还应以理性、务实、开放、创新的态度积极探索裁审衔接深层次制度改革，为构建契合我国传统和实际以及发展需要的裁审新模式，完善我国劳动争议处理机制乃至劳动法律制度积累有益经验。

B.11
社会力量多元参与劳动争议调解

——深圳市坪山区探索劳动争议预防调解新模式

杨洲杰　张翠红*

摘　要： 调解是劳动争议处理重要方式，在劳动争议处理中发挥着越来越重要的基础性作用。通过调解来化解矛盾纠纷，有利于把纷争解决在萌芽状态，有利于修复双方的对抗关系，最大限度地降低双方当事人的对抗性，维护劳动关系和谐稳定。在劳动争议调解方面，坪山区勇于探索，在全市率先引入社会组织参与劳动争议调解，搭建"区—区域"劳动争议社会化调解平台，培养专业化劳动争议调解员，推进劳动争议源头治理，形成劳动争议多元化解机制，构建了劳动争议预防调解工作新模式。

关键词： 劳动争议　社会力量　全流程调解

　　近年来，由于经济社会受到发展放缓、产业调整、中美贸易摩擦等因素影响，企业用工成本日益增大，因"关、停、并、转、迁"等引发的劳资纠纷问题也愈发增多，加之随着我国劳动法律体制的不断完善，员工主体维护权益的意识不断提升，劳动争议的调处成为近年来中央及各地方政府最为关注的问题之一。其中，劳动争议调解作为劳动争议处理制度的重要内容和

---

* 杨洲杰，深圳市坪山区社会建设局局长，研究方向为劳动关系；张翠红，深圳市坪山区社会建设局副局长，研究方向为劳动关系。

解决争议的重要方式，在劳资纠纷调处中发挥着基础性作用。在劳动关系领域，政府部门主要承担劳动标准制定执行、劳动监察、仲裁等职责。基于劳动关系内在的对抗性，政府部门更多地担当"裁判员""执法者"角色，客观存在劳动争议调解精细度、精准度不够等情况。社会组织作为民间非营利性、非政治性组织，能为劳资冲突双方提供更充分的缓冲空间，拓宽利益表达、利益协调和利益均衡等重要渠道，在深入了解劳资双方诉求、引导双方主动化解矛盾方面具有更高的灵活性、更强的有效性、更优的服务性等优势。

2015年4月，中共中央、国务院发布的《关于构建和谐劳动关系的意见》提出要把"党政力量、群团力量、企业力量、社会力量统一起来"的工作思路，党的十九大报告强调"打造共建共享共治的社会治理格局"。2017年1月，广东省人力资源和社会保障厅批复同意坪山区为省市共建和谐劳动关系综合试验区，坪山区党委、政府高度重视，坚持和谐劳动关系构建工作与经济社会工作"同规划、同部署、同落实、同考核、同保障"，将劳动争议调解作为构建和谐劳动关系长期性核心工作之一。近几年，坪山区一直尝试在劳资纠纷调处体制机制上摸索创新，特别是从劳动争议调解社会化机制入手，不断完善由外及内的社会力量参与的劳动争议调解机制，发挥好社会力量在调解劳动纠纷与提供企业与员工"柔性服务"方面的独特优势，努力打造劳动关系治理共建共享共治格局。

一　坪山区社会力量参与劳动争议调解的基础

（一）政策基础

党的十八大、十九大报告明确提出构建和谐劳动关系，尤其是十九大会议上习近平总书记在报告中明确提出"完善政府、工会、企业共同参与的协商协调机制，构建和谐劳动关系"，"加强社会治理制度建设，完善党委领导、政府负责、社会协同、公众参与、法治保障的社会治理体制，提高社会治理社会化、法治化、智能化、专业化水平"。

根据中央构建和谐劳动关系和加强社会治理相关精神要求，人社部、广东省、深圳市都出台了相应文件。人力资源和社会保障部等八部门联合印发《关于进一步加强劳动人事争议调解仲裁完善多元处理机制的意见》明确提出"鼓励支持社会组织开展劳动人事争议调解工作"。广东省人民政府出台《广东省劳动人事争议处理办法》，规定"依法登记设立且业务范围包含劳动争议调解服务的社会组织，可以开展劳动争议预防调解工作"。中共深圳市委办公厅、深圳市人民政府办公厅印发《关于构建和谐劳动关系的实施方案》的通知明确提出"引导社会力量参与和谐劳动关系建设"。

为贯彻落实国家、广东省、深圳市上述文件精神，坪山区进一步加强和创新社会治理模式，2014年8月引入社会力量参与劳动争议调解，取得良好成效。2017年1月20日广东省人力资源和社会保障厅批复同意坪山区作为省市共建和谐劳动关系综合试验区，将劳动争议社会化调解工程写进综合试验区创建工作方案，这也是坪山区重点探索的领域。

（二）社会组织基础

坪山区把社会建设工作摆在与经济建设同等重要的位置来强力推动。在社会建设领域，出台了全国首个社会工作综合性扶持办法《坪山新区社会工作人才扶持办法》《社会组织扶持办法》等系列文件，培育了一支增进社会和谐的生力军——社工和社会组织。截至2018年12月31日，坪山区有社工457人，社会组织以每年45%的增长速度迅猛发展，初步形成"岗位为基础、项目为支撑、社区服务中心为平台"的社会力量工作格局，社会工作服务领域向教育医疗、信访慰问、党团服务等十多个领域拓展。2014年，新区被国家民政部授予"全国社区管理和服务创新实验区""全国首批社会工作服务示范区"，是目前广东省唯一拥有两块国家级创新试点招牌的地区。社会力量的蓬勃发展及与政府之间建立的良好合作关系，为引入社会力量参与纠纷调解改革创新提供了丰厚土壤。

（三）业务探索基础扎实

坪山区地处珠三角区域，产业以第二产业为主。劳动者法律意识逐步增强，在经济新常态和建设深圳东部中心过程中，劳动争议也将多发易发，引入社会组织参与劳动争议调解是满足现实情况的需要。

1. 早期探索有成效

2013年，坪山区率先引入社会力量参与劳动争议调解，着力搭建"区—区域"劳动争议社会化调解平台。2013年10月，在全市成立首家劳动保障领域社会组织——坪山区和谐劳动关系促进会，主要承担指导组建行业、区域等调解组织，培育社会调解队伍，协助开展调解工作。2014年8月，开展劳动争议委托调解工作，截至2018年12月，社会组织完成委托调解954件，涉案金额2500余万元，调解成功率90%以上，社会组织调解已成为劳动仲裁办案力量的有益补充。

2. 人员队伍有基础

从2014年起，坪山区组织参加国家劳动关系协调员培训考试九期，截至2018年，共有420人考取劳动关系协调员（协调师）证书，并且产生广东省状元2名，社会化调解员后备力量充足。坪山区从420人队伍中优中选优，建立一支30人社会化兼职调解员队伍，主要开展劳动仲裁立案阶段委托调解，并且每年专业脱产培训时间不少于40学时，有效提升调解员素质。

3. 理论支撑有优势

坪山区社会组织参与劳动争议调解实践探索，得到人社部劳动科学研究所王文珍主任，中国社会科学院石秀印教授，北京大学叶静漪教授，清华大学郑尚元教授，中国人民大学唐鑛教授，上海财经大学王全兴教授，深圳大学翟玉娟教授、侯玲玲教授等知名专家教授关心支持和指导，其中，石秀印教授、翟玉娟教授是坪山区劳动关系研究专家顾问，他们为坪山区社会组织参与劳动争议调解探索提供理论支撑。

二　社会力量工作定位和原则——坪山区和谐劳动关系促进会实例分析

社会组织作为政府加强劳动关系协调能力、转变劳动关系协调方式的合作者，在劳动关系具体协调中发挥沟通协调和公共服务供给的作用。

（一）党建引领，确保方向一致

社会组织党组织可以确保党在社会组织中发挥政治核心作用。坪山区促进会党支部成立于2015年8月，现有党员5名。自成立以来就高度重视社会组织党建工作，注重发挥党组织战斗堡垒作用和党员先锋模范作用，注重发挥党建对构建和谐劳动关系方向和路径的正确引导，以及对具体业务工作的支撑和强化作用，形成党建强业务强的良好局面。一是积极宣传党和国家关于构建和谐劳动关系的精神和要求，累计开展各类普法宣传及和谐宣讲活动近百场，传播和谐正能量，紧密党和人民群众的联系。二是在劳动争议调解工作中开展党员先锋示范岗活动，充分发挥党员调解员的示范和带领作用，推动调解工作公平公正开展，化解矛盾，强化服务，提升满意度，近年来调解成功率均达到90%以上，并保持零投诉率，全力树立和维护党的光辉形象。三是加强党对构建和谐劳动关系工作的统领，占领主阵地，弘扬主旋律，团结群众，自觉抵制受境外不明资金资助和动机不纯的非法NGO，压缩"黑律师""职业劳动碰瓷者"等制造不稳定不和谐因素的组织和个人，凝聚人心，维护劳动关系和谐稳定。

（二）调解优先，确保案结事了

充分发挥调解对于化解纠纷案结事了、快捷高效、双方满意度高的优势，积极引导当事人采用调解方式定分止争。2014年以来，共分三批从辖区企业人力资源管理人员、社会组织工作人员、工会干部、专家教授、公益律师、热心公益人士等中选拔 30 名和谐劳动关系特邀调解员协助辖区劳动部门开展劳动争议委托调解工作，成为仲裁办案有益补充。积极与坪山区法院联系，成为法院劳动争议特邀调解组织，协助法院开展劳动争议诉前联调工作，发挥多元化解矛盾纠纷优势。谨慎接受辖区企业邀请，安排调解员深入企业，参与企业内部纠纷调解工作，在争议仲裁立案前及时化解，前移处置端口，强化服务意识，提升服务品质，减轻政府司法行政压力并降低成本，将纠纷化解在基层，化解在萌芽状态。

（三）和谐为本，确保共建共治

一是发挥"连心桥"作用，架起政府、社会、企业、员工等多方参与的沟通交流桥梁，增进互信，预防和减少纠纷发生。二是加强宣传工作，利用各种普法宣传和讲座培训活动积极宣传党和国家关于构建和谐劳动关系的精神和要求，宣传和谐正能量，营造良好社会氛围，维护社会稳定。三是密切与政府相关职能部门的联系，加强业务指导，做政府看得更远的"眼"、听得更远的"耳"、伸得更远的"手"，将在工作中收集了解到的疑难纠纷隐患、群体性纠纷隐患等及时向政府相关职能部门反馈，协助政府及时有效发现和应对危机事件。四是密切与企业和员工的联系，引导员工依法有序维权，倡导企业守法诚信经营，营造企业关爱员工、员工感恩企业的和谐良好氛围，携手共创和谐劳动关系。

三　社会力量参与劳动争议调解的坪山实践做法

（一）加强顶层设计，建立健全服务制度

一是政府主导，科学界定政府购买服务的范围和项目。制定《坪山区政府购买服务实施办法》《坪山区政府购买服务目录》，将劳动争议调解服务明确为法律服务类购买事项。制定《坪山区政府购买服务负面清单》，将劳动争议裁决定义为行政裁决列入负面清单，排除在购买服务之列，较好地

厘清了社会组织与政府职能边界，为社会组织承接劳动争议调解服务提供明确政策指引。二是建章立制，规范开展社会组织劳动争议调解服务。全省首创《坪山区社会组织参与劳资纠纷调解指导办法》，相关部门可将调解事务以购买服务方式向社会组织转移，指导社会组织规范有序参与劳资纠纷调解；制定《坪山区劳动争议案件委托调解工作办法》，规范社会组织承接仲裁部门委托调解业务；制定《坪山区劳动争议和解协议置换仲裁调解书工作办法》，社会组织调解成果可置换为仲裁调解文书，提高社会组织调解公信力。

（二）搭建调解平台，分类推进调解组织建设

构建立体劳动争议社会化调解网络，搭建起社会组织参与劳动争议调解的工作体系。区级层面，在全市率先成立区级和谐劳动关系坪山区促进会，培育社会调解队伍，协助开展调解工作。区域层面，推动辖区新能源（汽车）产业、生物医药产业、新一代信息技术及智能制造产业四大重点发展产业组建行业调解组织，指导行业企业做好劳动争议的预防和调处工作。指导马峦家德工业园开展"幸福园区"社工项目，在劳动法律咨询、劳动争议调解、职业规划等方面为园区企业开展服务。目前，坪山区规模以上企业已组建劳动争议调解委员会300家，每家调解委员会有至少1名劳动关系协调员持证上岗。

（三）培养专业队伍，强化劳动争议调解组织

一是储备调解新生组织。政府财政全额保障开展了十期劳动关系协调员（师）国家资格证书考试培训，目前培养出国家劳动关系协调员（师）420人，其中一级劳动关系协调师37人。二是建立兼职调解员队伍。30名兼职调解员队伍主要在劳动关系协调员队伍中选取，其中企业人事比例超过70%，通过以案定补方式，鼓励参加仲裁案件立案后委托调解工作。三是组建法院特邀调解队伍。从兼职调解队伍中选取十名调解员组成法院特邀调解队伍，开展劳动争议案件诉前调解工作。

（四）注重专业引领，提供劳动争议全流程调解服务

在案外调解方面，社会组织指导协助企业调委会开展企业内部纠纷调解，接受企业邀请提供劳动争议专业调解 700 余次。马峦家德"幸福园区"项目参与劳资纠纷调解 278 件，其中成功调解 217 件，调解成功率 78%。六联社区"阳光调解室"调解成功的矛盾纠纷有 400 余宗，成功率达 98%。在仲裁调解方面，2014 年 8 月以来，率先在全市引入社会组织提供劳动仲裁案件委托调解，截至 2018 年，和谐劳动关系坪山区促进会共调解成功案件 824 宗，涉及金额 1970 万余元。在司法调解方面，2018 年 5 月，坪山区仲裁委与区人民法院联合印发《加强仲裁与诉讼衔接机制建设的意见》，明确人民法院吸纳符合条件社会组织为特邀调解组织；2018 年 5 月，坪山区人民法院与区和谐劳动关系坪山区促进会签订合作备忘录，确认坪山区和谐劳动关系促进会为人民法院特邀调解组织，负责开展劳动争议案件诉前调解，目前已有 85 宗案件在正常流转，调解成功 15 宗诉讼阶段劳动争议案件。

（五）实行全面覆盖，填补小微企业调解空白

针对目前小微企业用工不规范问题较为严重，劳资双方地位与利益不均衡，劳动关系不和谐因素较多的现状，坪山区不断加强小微企业劳动关系自治机制建设，包括注重小微型企业内部劳动争议调解制度建设。一方面，在全国创新出台《小微企业劳动关系事务托管服务管理办法》，进一步规范社会组织在小微企业中开展劳动争议调解，提升在小微企业中的调解效能。2018 年共为 286 家小微企业提供托管服务。另一方面，坪山区多级调解网络、多层次的调解队伍覆盖率以及依托和谐劳动关系园区（大部分为以小微企业为主的传统制造业、初创型高新技术企业）建设，保证调解机制在小微企业中继续发挥作用。经坪山区促进会提前介入，及时了解劳资双方诉求，开展调解服务，托管小微企业中共有 11 家小微企业较为平稳地搬迁至惠州、东莞等地，未出现员工集体上访等情况。

（六）实施多元监管，保障社会组织良性发展

一是以党建引领方向，强化党内监督机制。在劳动关系社会组织建立党组织，开展劳动关系服务的社会力量均要求建立党组织，不符合建立党组织条件的，其负责人向基层"两新"组织递交入党申请书。同时赋予社会组织负责人高度的政治地位，坪山区和谐劳动关系促进会会长系坪山区人大常委会委员之一，"幸福园区"项目负责人是区党代表。二是实行市场化质量监管。社会组织提供调解服务，接受主体为用人单位和劳动者，服务质量应以市场化标准去衡量评价。鼓励在社会组织提供服务过程中建立市场化考核评价机制，服务质量监督流程化。2016 年，坪山区和谐劳动关系促进会通过 ISO9001：2008 国际质量管理体系认证，将劳动争议调解、劳动关系咨询、培训组织等核心业务服务纳入质量管理体系，劳动争议调解流程化，从开始调解到结束调解共分为八个程序，实现调解业务规范化。三是建立第三方监管机制。每季度形成服务质量报告，每半年开展一次绩效评估，三年合约期满开展一次综合评估，邀请政府职能部门、企业、员工代表等多方参与，科学评估服务成效。

四 工作成效

坪山区充分发挥社会组织"缓冲层、润滑剂、减压阀、连心桥"作用，在劳动争议社会化调解模式上取得一定社会成效。

（一）劳动争议源头治理有益探索

2014 年以来，坪山区共组织开展十期劳动关系协调员职业资格证培训班，培养了一支 420 名劳动关系协调队伍，其中 345 名来自企业，该队伍是企业劳动关系管理中坚力量，提升队伍素质，可有效预防争议发生。30 名特邀调解队伍，更是社会化劳动争议调解队伍核心力量，其中 24 名兼职调解员来自 24 家企业，据统计，2013～2018 年该 24 家企业劳动争议案件数

量为 0 件。上述数据充分表明，社会组织参与劳动争议调解，积极吸纳企业人事进入劳动争议调解程序，借助业务培训、规范管理、程序制约、案件调解等个案中的法律参与，提升企业人事劳动关系管理水平，从而有效预防企业劳动争议。同时，广泛吸纳社会力量参与争议调解，有助于促进劳动法律法规知识普及和传播，形成劳动者合理表达法律诉求、依法实现法律权利的良好风尚。

（二）劳动仲裁效能提升有益补充

2014 年以来，坪山区开展劳动争议案件仲裁立案后委托调解工作。截至 2018 年，社会组织共成功调解劳动争议案件 954 件，涉案金额 2500 余万元，调解成功率 90% 以上。引入社会组织参与劳动争议案件调解，能有效解决当前劳动争议处理过程中面临的案多人少、调解人员专业知识欠缺、调解队伍不稳定等问题，提升了仲裁办案效能，切实提升劳动议调处的社会化、法治化和专业化水平。

（三）社会治理共建共治共享鲜活基层案例

坪山区社会化调解探索符合社会治理"社会化、法制化、智能化、专业化"建设方向，一是调解队伍逐步呈现"社会化"特征。30 名兼职调解队伍来源广泛，其中有 24 名调解员来自辖区 24 家企业人事经理或人事主管，2 名律师事务所公益律师，2 名大学教授，2 名基层职业化工会副主席，较好地激发出较强的企业参与力量和自主能动力量。二是调解业务突现"法治化"的要求。在广东省率先以区级政府形式颁布《深圳市坪山区社会组织参与劳动争议调解工作指导办法》，从社会组织、调解员、调解程序、调解协议等方面规范调解业务开展，明确规定社会组织参与劳动争议调解工作流程，将调解工作全过程均置于规范管理中，实现社会组织合法有序参与纠纷调解，提高劳动争议调解工作的严肃性和规范化水平。同时，出台《坪山区劳动争议案件委托调解工作办法》等系列管理办法。社会化调解探索坚持以法律为依据，通过制度界定权利义务、明确责任界限，规范劳动争议调解行为。三是调解业务借力"互联网＋"，顺应"智能化"趋势。会同区委政法委、区人民法院建立远程调解、司法确认平台，进一步满足当事人快速固化调解成果、置换司法文书的显示需求。四是调解队伍持证率高，契合"专业化"方向。30名兼职调解员持证率达100%，其中4名调解员法律职业资格证、15名调解员持有劳动关系协调员证、11名调解员持有人力资源管理师证书，提供专业劳动争议调解服务。

2017年4月，坪山区劳动争议社会化调解项目入选"粤治—治理现代化"（2016～2017）优秀案例。该项目为2018年深圳市在营造共建共治共享社会治理格局方面走在全国前列实践创新示范项目

五　当前存在的不足与改进建议

社会力量作为社会治理的重要主体，在和谐劳动关系共建共享共治中扮演着越来越重要的角色。目前社会力量在协调劳动关系方面虽取得一定的成效，但也面临一些问题。一是对社会力量的监管力度不够，全链条监管制度供给不足；二是政府对参与劳动关系协调领域社会组织的重点孵化和培育力度不够，专业化调解社会组织缺乏；三是社会组织面临主体赋能不足，人才流动性较大、培养周期长等问题。因此，在劳动争议社会化调解探索方面更应加强以下工作。

（一）强化党的建设，发挥党对社会组织政治引领

一是加强组织建设，提升社会组织党组织覆盖率。在社会组织申请登记时，将党组织筹建情况作为填报内容，指导社会组织把党建工作要求写进章程，督促推动符合条件的社会组织同步建立党组织。在社会组织年检时，同步检查党建工作。对未按要求成立党组织的社会组督促其及时组建，积极引导社会组织负责人主动支持党建工作，推动社会组织党组织发挥作用。二是落实机构改革，助力社会组织党组织高质量发展。深入贯彻落实上级深化机构改革的工作部署，以党建作为改革有力抓手，在社会组织评估时，同步将

党建工作纳入重要指标。实现党建工作和社会组织业务发展"两不误两促进",促进社会组织党组织组建工作和业务工作有机结合常态化、规范化。三是强化宣传教育,在社会组织内部营造红色氛围。坚持"造血"与"输血"相结合,采取有效措施发展壮大社会组织党员队伍,着力把社会组织优秀人才培养为党员,注重培养发展社会组织负责人和中高层管理者入党;定期开展"三会一课""两学一做"等红色教育,确保专业社会组织开展劳动争议调解时以党员的修养"端平一碗水",以党员的觉悟"紧绷一根弦",在调解争议过程保持依法依规、公平公正。

(二)提升培育力度,构建完善立体层级

一是加大劳动关系协调领域专业化社会组织的培育力度,制定鼓励和支持这种专业化社会组织发展的税收优惠、财政扶持、人才保障等政策。通过设立政府向社会组织购买劳动争议调解等劳动关系公共服务专项资金,分类制定社会组织财政补贴政策,对社会组织进行扶持、引导,实现政府与社会组织的良性互动。二是在专业化社会组织间建立健全专业带动相互促进机制。探索"师徒制",搭建交流学习平台,由劳动关系协调领域枢纽型社会组织(坪山区促进会)发挥好标杆带动作用,传授可复制可推广的劳动关系协调经验,带动重点产业、行业、园区建立专业化调解组织,健全劳资纠纷企业内部调处机制。三是加强专业化社会组织与企业调委会、工会等组织之间的联系。由枢纽型社会组织指导企业标准化建立调解委员会,协助制定系列制度、引进相应人才、规划使用场地等,强化企业调委会实体运转;依靠企业工会,及时准确地掌握劳资双方的利益诉求,快速发现劳动争议的潜在爆发点,及时为工人提供解决劳动争议所必需的各种支援。

(三)加强主体赋能,注重人才梯队建设

一是加快政府职能转移,提高政府的行政效能。引导更多的专业化社会组织承接政府转移的劳动关系领域职能,服务和谐劳动关系改革发展大局,

释放市场活力，提升社会创造力，提高政府管理水平，促进社会治理创新。二是适当提高劳动关系领域枢纽型社会组织负责人的政治待遇。优先考虑吸纳其为党代表、人大代表、政协委员等参政议政力量，让其更好地为广大劳动者发声，并有效提高其公信力，更好地为劳资双方从对立走向对话搭桥铺路。三是建立健全社会化调解工作人员培训机制，定期开展以案代训、调解观摩等活动，保证每名调解员享有足够的脱产培训时间，全面提高调解队伍能力和素质，提高调解的公平公正性和规范化水平。

工会组织篇

Union Organizations

B.12
打造一支高素质专业化工会干部队伍

—— 对新时期工会干部队伍建设有关问题的观察和思考

冯　力*

摘　要：　工会事业能否迈出新步伐开创新局面，关键在人、关键在干部。认真贯彻落实习近平总书记的重要讲话精神以及中国工会十七大精神，是当前和今后一个时期工会干部队伍建设的重要政治任务。本文结合深圳的实际，对新时期工会干部队伍建设有关问题做出阐述，从加强政治思想教育和素质培养、坚持正确的选人用人导向、坚持从严管理工会干部、强化干事创业的正向激励等方面提出健全完善管理和使用工会干部体制机制的对策建议。

* 冯力，深圳市总工会，副部长，硕士，研究方向为深圳工运事业及工会工作。

关键词： 工会干部　劳资纠纷　职业发展

2018 年 11 月 26 日，习近平总书记在中央政治局第十次集体学习上发表重要讲话，站在实现中国梦的战略高度，以史鉴今，深刻阐明了新时代加强和改进干部管理工作的内在规律，强调必须全面贯彻新时代党的组织路线，严把德才标准，坚持公正用人，拓宽用人视野，激励干部积极性，努力造就一支忠诚干净担当的高素质干部队伍。习近平总书记的重要讲话，为新时代推进干部队伍建设指明了正确方向、提供了根本遵循。

工会组织是党领导下的政治组织，工会工作是党治国理政的一项经常性、基础性工作。在新时代，工会事业能否迈出新步伐开创新局面，关键在人、关键在干部。中国工会十七大报告明确提出，要深化工会干部队伍建设，完善工会干部培养、交流和使用制度，建立健全工会干部思想教育、激励保障和考核评价机制，强化工会干部系统化培训机制，增强群众工作本领，培养一大批劳动经济、劳动法律、劳动关系、信息技术等方面专门人才，打造一支高素质专业化的工会干部队伍。认真贯彻落实习近平总书记的重要讲话精神以及中国工会十七大精神，是当前和今后一个时期工会干部队伍建设的重要政治任务。

一　"忠诚干净担当"是对新时期工会干部的本质要求

忠诚干净担当，是对新时代好干部标准的高度概括，是对党员干部的普遍要求，也是加强新时期工会干部队伍建设的本质要求。要深刻认识"忠诚干净担当"的科学内涵和工作要求，并以此作为行动指南。

（一）所谓"忠诚"，就是要旗帜鲜明讲政治，永葆对党忠诚的政治本色

对党忠诚是工会干部首要的政治原则和政治品质。对党忠诚，既要忠诚

于党的信仰，也要忠诚于党的宗旨，更要忠诚于党的组织。习近平总书记多次强调，工会要忠诚党的事业，通过扎实有效的工作把坚持党的领导和我国社会主义制度落实到广大职工群众中去。工会干部必须强化理论武装，带头践行党中央做出的重大决策部署，牢固树立"四个意识"，坚定"四个自信"，践行"两个维护"，以实际行动将新使命新担当扛在肩上。

当前，工会干部旗帜鲜明讲政治一个重要内容就是要提高把握政治大局和政治方向的能力水平。在工会干部所有能力中，政治能力是第一位的。工会干部要提高政治站位，必须在加强政治能力上下功夫。要注重把握党和国家事业发展的大方向、大原则、大战略，在谋划和推动工作时，要善于从政治上把握问题，努力做到观察分析形势把握政治因素，筹划推动工作落实政治要求，处理解决问题防范政治风险。

要牢牢掌握意识形态工作主动权。把维护国家政治安全和政权安全放在首位，增强政治敏锐性和政治鉴别力，压紧压实意识形态工作责任，坚持走中国特色社会主义工会发展道路。加强职工思想政治工作，深化"中国梦·劳动美"主题教育，打造健康文明、昂扬向上、全员参与的职工文化，团结凝聚广大职工群众听党话、跟党走。紧紧依靠党委领导的维稳工作体系，加强劳动关系领域风险排查化解、信息报送、应急处置、台账管理，坚决维护劳动关系领域政治安全。

（二）所谓"干净"，就是要严律己扬正气，坚守干净干事的为人底线

干净是做人底线。党员干部若不能守住个人干净的"底线"，就会像大厦失去了支柱、大坝动摇了根基，必然带来政治上的腐败、生活上的腐化、道德上的堕落、法纪上的失范。新时期工会干部只有把严律己、扬正气作为内在要求，挺直脊梁、擦亮眼睛、立定脚跟，才有做人的底气和正气。

1. 强化自律

要严守党纪国法，强化自我约束，做到有原则、有底线、有规矩。比如，党章和党内政治生活准则、廉洁自律准则等党规党纪提倡什么、反对什

么、禁止什么，都有明确的规定，我们必须在工作中严格执行，一丝一毫不能违反和逾越，真正做到不打折扣、不做选择、不搞变通。要不断提高道德修养，追求高尚情操，既要解决好世界观、人生观、价值观这个"总开关"问题，也要慎微慎独，解决好小节小事小处的问题，净化工作生活的社交圈。在各种诱惑面前，要防微杜渐、警钟长鸣，做到不该要的东西坚决不要，不能去的地方坚决不去，不能做的事情坚决不做。

2. 弘扬正气

工会领导干部要公道正派，在谋划事业发展、培养干部人才、推动工作落实中，始终坚持原则，坚定立场，以蓬勃朝气、昂扬锐气、浩然正气去凝聚人、影响人、感召人。每个工会干部在大是大非面前要始终保持清醒的头脑，对任何有损党的事业和工会事业，有损人民、社会和工会干部形象的不良现象，必须旗帜鲜明地反对。特别是在汇报工作、反映问题、评议干部时，要实事求是、光明磊落，正确行使党员干部的民主权利，自觉抵制捕风捉影、诬告陷害、恶意诽谤等歪风邪气。工作中需要相互协作、相互补位，心往一处想，劲往一处使，才有"人抬人高、水涨船高"的局面，才有攻坚克难的思想共识和工作合力。

（三）所谓"担当"，就是要爱岗敬业真抓实干，提升善于做职工群众工作的能力素质

担当是做事本分，体现着干部的胸怀、勇气和格调。对工会干部来说，敢于担当就是要时刻牢记为党团结凝聚职工群众的使命，认真履行维护职工合法权益、竭诚服务职工的基本职责，对工作任劳任怨、尽心竭力，努力成为职工群众信得过、靠得住、离不开的娘家人。

1. 树立对事业高度负责的态度

当前，从个别工会干部现象看，一些问题须引起高度重视，比如个别同志推诿扯皮、敷衍塞责，也有个别同志为人圆滑世故，工作拈轻怕重。说到底，这是一种不敢负责、不愿负责的态度，如果任其滋长，对工会事业的危害将极大。所以，工会干部要担当起该担当的责任，善始善终、善

作善成。

2. 勇于应对各种问题和挑战

进入新时代，工会工作面临一系列新情况新问题。以深圳为例，随着新经济、新模式、新业态领域蓬勃发展，如何抓好"三新"领域工会组建工作，切实做好这部分从业群体的维权和服务工作，是深圳工会工作的一个全新课题。又如，2017年党中央、国务院印发《新时期产业工人队伍建设改革方案》，省委也印发三份实施方案，对新时期加快推进产业工人队伍建设做出了部署安排。如何立足深圳产业定位和发展趋势，打造一支与之相匹配的产业工人队伍，对工会工作来说是一个大挑战。这就要求工会干部拿出敢为人先、敢闯敢试的勇气，直面矛盾问题，敢于攻坚克难，抓住事关改革发展稳定的重大问题、职工群众普遍关心和反映强烈的突出问题做工作。在这方面，深圳市总工会提出了一系列有针对性的创新举措，包括切实加强工会调查研究工作，每年制定调研工作计划，围绕劳动关系和工会工作的重点热点问题开展调查研究；进一步加强基层工会建设，重点抓好百人以上企业建会、社区（园区、楼宇）工联会建设、新经济新业态新领域工会建设等工作，提升建会质量，重视发挥示范效应，确保工会组织和工会工作的有效覆盖；切实履行维护职工合法权益、竭诚服务职工的基本职责，坚持在党委领导下的维权机制中积极作为，充分发挥第一知情人、第一报告人作用，把职工的利益诉求和困难及时准确地反映给党和政府，依法维护职工合法权益，努力把劳资矛盾化解在萌芽状态；以职工所需为出发点，以工会所能为切入点，以职工普遍受惠为着力点，深化拓展"互联网＋"普惠服务项目，加大对困难职工的帮扶工作力度，让基层一线职工有更多获得感，增强他们对工会组织的认同感；加快推进产业工人队伍建设改革，围绕建设粤港澳大湾区、推动高质量发展等重大战略部署，深化以职工技术创新运动会为龙头的劳动和技能竞赛，持续开展职工职业技能培训和科学文化素质培训，大力弘扬劳模精神、劳动精神、工匠精神，团结动员广大职工建功新时代。

3. 不断增强适应新要求的能力

敢于担当，还要善于担当。这就需要党员干部按照高素质专业化的要求，不断提高自身本领素质。当前，工会工作的形势、条件和任务都发生了深刻的变化，做好新时代的工会工作，既要政治过硬，也要本领高强。习近平总书记强调，对领导干部来说，要增强学习本领、政治领导本领、改革创新本领、科学发展本领、依法执政本领、群众工作本领、狠抓落实本领和驾驭风险本领。工会干部要将按照习总书记的要求，围绕这八项本领，自觉加强学习，勇于挑担子，敢于啃硬骨头，以抓铁有痕、踏石留印的工作作风，将各项改革创新任务抓紧抓实、抓出成效。

二　健全完善管理和使用工会干部的体制机制

培养忠诚干净担当的高素质干部，重点是做好干部培育、选拔、管理、使用工作。要坚持党管干部，坚持政治标准，着眼统筹素质培养、知事识人、选拔任用、从严管理、正向激励等环节，在健全完善体制机制上下功夫，把工会干部队伍建设各项任务落实好、抓到位、见成效。

（一）突出加强政治思想教育和素质培养

干部培养首先要打牢思想基础，理论上的清醒和自觉才能有政治上的清醒和自觉。一是加强政治思想教育工作。坚持不懈加强习近平总书记新时代中国特色社会主义思想、党章党规党纪、党史国史工运史、有关法律法规的教育，切实增强"四个意识"，坚定"四个自信"，做到"两个坚决维护"。其中，要高度重视理想信念的培养，把坚定理想信念作为人生的头等大事，善于从党内正反两方面典型中汲取经验教训，坚持知行合一、言行一致，始终保持对理想信念的执着，牢固树立正确的世界观、权力观、事业观，为全市工会系统干部做出示范和表率。要注意创新政治思想教育工作的方式方法，让广大工会干部在此过程中触动心灵、感同身受、唤起共鸣。二是把政治教育与政治历练相结合。从深圳看，工会干部存在的一个突出问题是，经历相对简单、多岗位锻炼不足、基层经验不够。针对这种情况，市总工会在推进机构改革的同时，同步谋划和推进机关干部岗位调整工作。2018 年 9

月，深圳市编委会批准印发的市总工会新"三定方案"，明确了内设机构的设置、基本职能及人员编制。市总工会抓住此次契机，严格落实《党政领导干部选拔任用工作条例》和《深圳市党政领导干部交流工作制度》，推进工会干部多岗位锻炼交流。在此过程中，市总工会党组认真分析了各部门干部的年龄结构、学历程度、文化层次等情况，反复比较每位同志的气质特点、能力优势、缺点不足，充分考虑各种因素，做到年龄、专业、性格、能力互补。除此以外，工会干部的政治历练，还要突出问题导向，积极争取党政支持，创造条件让工会干部在重大任务、吃劲岗位、基层历练中增强政治定力、强化政治担当。三是加强对工会干部素质培训的系统规划。要着力培养工会干部的专业化能力，有针对性地帮助工会干部弥补知识弱项、能力短板，增强群众工作本领。

（二）坚持正确的选人用人导向

用好一个人，激励一大片，抓住正确选人用人导向，就能有效激发带动整个工会干部队伍的活力。一是坚持好干部标准。"信念坚定、为民服务、勤政务实、敢于担当、清正廉洁"是新时期好干部的根本标准，必须始终坚持、落到实处。要严格执行《党政领导干部选拔任用工作条例》等政策法规，突出政治标准，规范任用程序，强化监督管理，选拔任用了一批组织放心、群众满意、干部服气的优秀领导干部。其中，信念坚定这个政治标准是第一位的。在干部工作中，要严格落实"凡提四必"（对拟提拔或进一步使用人选，要做到干部档案"凡提必审"，个人有关事项报告"凡提必核"，纪检监察机关意见"凡提必听"，反映违规违纪问题线索具体、有可查性的信访举报"凡提必查"），真正把政治标准落到实处。坚持好干部标准，还要强化党组的领导和把关，健全完善集体讨论决定任用干部的制度和机制，无论是提出启动意见、确定配备原则、进行酝酿沟通、形成工作方案，还是开展民主推荐、确定考察对象、进行组织考察、讨论决定任职，每一个程序、每一步推进都充分体现党组的主导地位和集体把关作用。二是树立事业为上的导向。坚持工会事业需要什么样的人就用什么样的人，岗位确什么样的人就配什么样的人，真正把合适的干部放到合适的岗位上。要注重任用踏实做事、默默奉献的干部，对实绩突出的干部要大力表扬、大胆提拔，对不作为、慢作为、乱作为的干部要坚决调整、严肃问责。三是强化考察识别。加强日常监管与谈心谈话相结合，综合开展职工口碑、组织了解、档案核实、民意测评等方式相结合的多维度干部考察工作机制，动态了解掌握工会干部在德、能、勤、绩、廉等各方面表现情况，为干部选拔任用、评先奖优、交流轮岗等提供重要依据。四是推动工会干部交流工作。积极争取党委的支持，推动工会组织与党政机关、事业单位之间领导干部双向交流制度，畅通干部人才交流渠道，形成"一池活水"。

（三）坚持从严管理工会干部

好干部是管出来的。从当前和长远看，从严管理干部，实际上是对干部真正的爱护。要坚持严字当头，坚持科学管理，真正把工会干部管住管好。一是落实党组的主体责任。各级工会党组要从严管理干部，一方面要全面管，管思想、管工作、管作风、管纪律；另一方面要精准管，管好关键人、关键事，尤其是"关键的少数"。从严管理干部的主体责任，必须落实到加强党风廉政建设工作上。要定期召开党风廉政建设工作会议，对党风廉政建设和反腐败工作做出部署安排。近年来，深圳市总工会党组实行党组成员与机关各部门负责人签订廉政责任书，把党风廉政建设具体责任落实到人，同时用好谈话提醒、约谈、问责等手段，重点抓好关键岗位和重要部门主要负责同志的约谈，并贯穿干部日常监督管理、干部考察、任前谈话的全过程。二是完善考核评价机制。在市总工会机关层面，干部考核评价机制与新时代新要求还不完全相适应，主要表现在：考核评价办法的科学性、合理性还有待提高，强化平时考核的方式方法不多，干部考核与结果运用还不够紧密，对下属单位领导班子的考核有待进一步强化。下一步，要在全方位、多角度、立体式考察干部上做出更多探索。三是坚持抓早抓小防微杜渐。一方面，要积极开展廉政教育，以机关工作人员尤其是处级以上领导干部为重点，以典型案例警示教育为主要手段，组织工会干部认真学习党章及党内监督条例、党内处分条例等党内法规，不断提高拒腐防变的意识。另一方面，要从严正风肃纪。认真贯彻落实中央八项规定和实施细则精神，坚持将纪律挺在前面，持之以恒纠正"四风"，注重抓早抓小，营造想干事、能干事、干成事的良好氛围，为各项工作取得新进展提供强有力的作风保障。

（四）强化干事创业的正向激励

中央出台《关于进一步激励广大干部新时代新担当新作为的意见》（以下简称《意见》），对建立激励机制和容错纠错机制，进一步激励广大干部新时代新担当新作为提出了明确要求。深圳市委也制定了相应的实施意见，总的指导思想就是树立干事创业的鲜明导向，让敢担当善作为的干部有舞台、受褒奖，让不作为、慢作为、乱作为的干部让位子、摘帽子，让广大干部轻装上阵、撸起袖子加油干。要把《意见》精神融入干部队伍建设各方面，转化为一项一项具体措施。一是坚持系统性。要依据干部多样化的合理诉求，实现精神性因素、荣誉性因素等激励性因素间的系统集成，发挥激励因素的合力作用，推动激励机制的健全。二是激发工会干部的内在动力。要善于从制度上做出安排，形成以信念、责任、价值为基本内核的内向型激励体系，以健全的思想政治教育培训机制激发干部活力。三是正确处理正向激励与严格约束之间的关系。贯彻落实《意见》，关键是在纪律约束的前提下，如何通过强有力的系统举措激发干部干事创业的积极性，维系正向激励与严格约束之间的内在张力。要系统全面分析工会干部的特点，实施分层分类分岗位激励机制，强化对工会干部的人文关怀，增强干部的组织归属感、集体荣誉感。四是探索容错纠错机制。《意见》对建立健全容错纠错机制专门提出要求，这是党中央首次从制度层面做出规定。《意见》提到，"对干部有关问题的反映，要本着高度负责的态度，及时查清事实、做出明确结论"，"匿名且线索不具体的反映不予核查，对已有说明且采信的不再核查"，同时"严肃查处诬告陷害行为"。这些规定充分体现了我们党对干部在政治上的激励、工作上的支持、心理上的关怀，为广大干部竖起健康成长成才的风向标，对当前市总工会干部队伍建设也具有很强的指导性和针对性。要用好这些规定，刹住个别人"乱告状、告黑状"的歪风邪气，为改革创新、担当作为的干部撑腰鼓劲，增强工会干部的荣誉感、归属感。

三　深化职业化工会工作者队伍改革

在深圳，越到基层，工会工作力量越薄弱，专职干部越少；到了社区一级，基本上没有专职干部。为解决这个问题，2009 年，深圳市总工会按照"社会化招聘、契约化管理、职业化运作"的模式，以龙岗区为试点，招聘一批职业化工会工作者派驻到各社区工会联合会担任专职副主席。2011 年这项工作在全市全面推开。到 2016 年，市总工会进一步完善了职业化工会工作者队伍的管理制度，明确市、区（新区）两级工会的管理权限和职业化工会工作者的工作职责，强调员额管理、属地管理。目前，全市已有职业化工会工作者 667 人。在此基础上，市总工会从职业化工会工作者中，选拔培养一支 30 人的应急分队，通过系统化、规范化的团队建设，使其成为工会工作的业务精英，在处置重大劳资纠纷和应急事件中发挥重要骨干作用。

建设一支职业化工会工作者队伍，是深圳基层工会建设的一项重大创新。实践证明，这支队伍为基层工会组织特别是社区工会联合会提供了骨干力量，一改过去基层社区"无人干工会工作、干工会工作不在行"的状况，在工会组建、维权、调处劳资矛盾等方面发挥了重要作用，很受基层社区和企业的欢迎。随着这支队伍规模的不断扩大，如何解决其职业发展的问题显得越来越迫切。

B.13
工会会员普惠服务体系建设研究

曾虹文　梁水英*

摘　要： 开展工会会员普惠服务是工会系统深入落实党的十九大精神和习近平总书记"切实做好改善民生各项工作"工作要求的重要举措。本文从工会会员普惠服务工作现状、各地会员普惠制服务经验、盐田区会员普惠制服务需求调研进行了深入调研，从提高推行工会会员普惠制的认识、推进工会会员普惠服务体系等四个方面提出在本区域内开展员普惠制服务的思路与建议。

关键词： 工会会员　普惠服务　职工需求

一　开展工会会员普惠服务的时代背景

（一）开展工会会员普惠服务是落实党的十九大精神的重要举措

2017 年 10 月 18 日，习近平在中国共产党第十九次全国代表大会上强调增进民生福祉是发展的根本目的。必须多谋民生之利、多解民生之忧，在发展中补齐民生短板、促进社会公平正义，在幼有所育、学有所教、劳有所得、病有所医、老有所养、住有所居、弱有所扶方面不断取得新进展，深入

---

* 曾虹文，深圳市盐田区和谐劳动关系促进协会副会长，法学硕士，研究方向为劳动法；梁水英，深圳市盐田区和谐劳动关系促进协会副秘书长，高级劳动关系协调师，研究方向为劳动关系。

开展脱贫攻坚，保证全体人民在共建共享发展中有更多获得感，不断促进人的全面发展、全体人民共同富裕。深入开展工会会员普惠服务是工会系统深入落实党的十九大精神和习近平总书记"切实做好改善民生各项工作"要求的重要举措。推进普惠服务可以充分体现工会组织对会员服务的普遍性和均等性，从而增强会员对工会组织的认同感和归属感，是工会组织夯实党的群众基础、团结引领广大职工的基础性工作。

（二）开展工会会员普惠服务是适应时代发展的必然选择

在国家实施网络强国战略、国家大数据战略、"互联网＋"行动计划新形势下，充分运用现代信息技术和新兴媒体，构建起普惠性服务工作体系，通过不断加强"互联网＋工会服务"体系建设，促进互联网和工会工作融合发展，形成更广泛的以互联网为基础设施和创新要素的工会工作新形态，是时代发展的必然趋势，是适应职工群众期待，能够有效破解工会服务会员"最后一公里"问题。

（三）开展工会会员普惠服务是推进工会改革创新的内在要求

开展普惠性服务工作，完善服务职工体系，拓展会员普惠性服务，是工会改革创新的突破口，也是打开工会联系服务会员的新窗口。坚持运用互联网思维，创新工作理念、转变工作方式、拓展工作内容，实现服务方式从工会"定菜单"向职工"点菜单"转变，服务手段从以线下为主到线上线下互动融合转变，集中体现了工会改革向基层延伸、改革成果向职工延伸的改革方向。

（四）开展工会会员普惠服务是壮大工会基层建设的重要举措

开展工会普惠服务，以基层工会和会员职工信息完整真实为基础，能够迅速地动态了解基层职工群众的多样化需求，实现服务职工工作有机整合，做到服务可记录、可追溯，有利于提高工会服务职工群众的精准化水平，更好地满足职工的个性化需求。通过工会普惠性服务，努力把每一个基层工会都建设成为直接为职工群众提供服务的基地，可以进一步密切工会与职工群众联系，切实做强基层、夯实基础，有效激发基层活力，最大限度地把广大职工组织到工会中来。

二 国家、广东省、深圳市工会会员普惠服务开展现状

（一）国家、广东省、深圳市工会会员普惠制的具体政策

2017年5月，全总发布《工会组织和工会会员实名制管理工作方案》，明确普惠服务、互相促进的基本原则，既充分发挥会员实名制管理工作在普惠服务职工中的前提和基础作用，又充分发挥普惠服务对会员实名制管理工作的牵引和保障作用，有效推进"互联网＋"工会普惠性服务，做强基层工会组织基础，使二者相辅相成、相得益彰，更好地实现工会对广大职工群众的团结凝聚。文件要求，到2020年底建成以省（自治区、直辖市）为基本集成单元的分布式工会实名数据库，基本实现工会组织和会员实名数据信息实时更新，打通信息孤岛、开发数据资源，实现工会系统数据信息互通共享和深度利用。精准掌握基层工会组织建设状况，实现网上宣传引导、网上申请入会、网上监测分析、网上管理服务，形成分级管理、上下互动、网上网下融合联动的工会基层工作新格局。

2016年6月3日，广东省总工会发布的《中华全国总工会关于新形势下加强基层工会建设的意见》中明确指出，"大力推行会员普惠制，加大投入、创新方式、完善机制，使全体会员都能享受到工会组织提供的实实在在的服务。探索向职工服务类社会组织购买服务，推进项目制、订单式、社会化服务方式"。

2017年11月23日，深圳市总工会正式发行深圳市工会会员服务卡。工会会员服务卡以职工需求为导向，通过信息化平台建设、会员普惠服务项目的开发实施、实名制会员服务卡的发行等重点工作，实现服务对象从特殊群体向全体会员转变，服务方式从工会"定菜单"向职工"点菜单"转变，服务手段从以线下为主到线上线下互动融合转变。

（二）全总关于工会会员普惠服务的原则与要求

1. 统筹推进、分步实施

工会会员普惠制自上而下逐级统筹和自下而上具体实践相结合，健全整体谋划、分层管理、分工负责、紧密协作的工作机制，规范有序推进工作。深圳市总工会统筹协调本地区实名制管理工作，推动各区总工会和基层工会因地制宜落实相关要求。

2. 用好网络、依法推进

依法依规发展工会会员、建立工会组织，要建好基层工会组织和会员信息基础数据库，充分运用网络信息技术，形成网上网下深度融合、紧密联动的基层工会建设和服务职工会员新格局。

3. 普惠服务、互相促进

要充分发挥普惠服务对会员实名制管理工作的牵引和保障作用，有效推进"互联网＋"工会普惠性服务，做强基层工会组织基础，使二者相辅相成、相得益彰，更好地实现工会对广大职工群众的团结凝聚。

4. 互通共享、安全运行

统一数据标准和数据交换标准，打破信息壁垒，畅通信息渠道。充分利用工会信息资源，加强与政府、社会和市场的开放合作，逐步实现工会系统纵向和横向、内部和外部的数据交互共享。完善信息安全技术防护和网络安全管理，保障信息和网络安全。

三　各地工会会员普惠制服务经验

为了探究当今工会普惠制服务的发展情况，盐田区总工会有针对性地挑选了多个普惠制服务发展突出、模式创新的成都、重庆、福建等地工会进行走访和深入研究，通过比较，盐田区总结出各地工会开展工会会员普惠制有以下几个方面的经验值得学习与借鉴。

（一）工会会员普惠制的基础是实名制

普惠制的基础是实名制，实名制后才能以会员服务卡为载体，真正让工会会员享受普惠制带来的多方面的服务。通过建立全省统一的会员信息管理数据库，按劳动关系、会费缴纳、归属地等因素，建立从上到下的工会组织数据目录，组织各级工会对辖区内单位和职工信息进行采集；开通从下到上的网络窗口接受个人入会申请，经所在辖区的工会工作人员调查核实，督促满足符合建会条件的中小微企业建立工会组织，完善工会组织信息，为网上网下服务提供大数据支撑。

四川省 2018 年省直单位工会开展会员普惠性服务工作的首要任务就是建立会员信息管理数据库，而这项工作之前，上报信息完整单位的工会组织和工会会员实名制信息已经大部分录入全省工会数据库。成都市总工会"成都职工"公众号注册用户 207 万人，实名认证 144 万人；"成都职工" App 从 2018 年 1 月上线，累计下载使用 42 万人，通过 App 发放 2018 年元旦、春节、劳动节的工会福利达 2 万人、500 余万元。可见，只有将工会会员实名制，才能顺利地进行工会会员普惠制的后续工作，落实普惠制的各类项目。

（二）有效开展工会会员普惠制的关键是信息平台

信息平台是将工会服务传输给会员的媒介，至关重要。如四川省总工会统一设计开发全省性工会会员手机客户端服务平台（App），涵盖金咨询、特惠生活、专享福利等主要功能模块。平台适应当前职工特别是青年职工的生活方式和上网习惯，并充分利用官方微博、微信公众号，以职工喜闻乐见的方式，最大限度地把职工群众吸引到工会组织中来。新媒体平台与职工服务网信息互通、资源共享，实现服务职工全覆盖、服务时间全天候。各市、州也可结合自己实际自主开发设计适用本辖区会员的新媒体平台。

成都市总工会致力于整合更多政府和优质社会资源，以"一网一卡"为载体融合发力，为职工提供精准化普惠服务。通过"成都职工"普惠服务平台，工会会员可享受包括职工互助保障、职业技能培训、帮扶救助、法律服务、心理减压、健康体检、文体活动等 35 项普惠服务项目，持工会会员服务卡即可在华西医院、红旗连锁超市等 60 家普惠服务合作单位专享优惠服务项目。

重庆市总工会整合第三方平台资源，以线上和线下相结合的方式开展普惠性服务。重庆惠工卡针对参加了重庆市职工互助保障的工会会员，打造职工专属的服务平台，从衣食住行各方面、领取互助金、救助金、慰问金等、"1 元看大片""1 元购早餐"等多项便捷优惠的生活服，还可以享受免费跨行取款、转账以及积分换礼、快速贷款等多项优惠服务，惠工卡"提档升级"后，领互助金、买理财、享优惠一卡搞定。自惠工卡正式发行以来，全市共成功办理惠工卡 10749 张。另外，线上网络平台已会聚 200 余万会员，职工阅读、关注和互动次数突破 150 万次。重庆市总工会官方平台"渝工娘家人"App 自上线以来，与微信公众号和微博互联互通，设立了"工会动态""掌上工会""技能提升""渝工创新"等栏目，下载使用量达36.9 万次。

泉州市鲤城区总工会全力进军职工"掌上空间"，打造工会新媒体"矩阵"，探索"互联网+服务"模式，推动工会服务精准化、普惠化取得较好成效。目前，已形成"鲤城工会"微博、微信为核心，八个街道工会微博、微信为辅助的工会新媒体"矩阵"，工会与职工互动交流有效增强。依托微博平台，推出"微博预约上门取件"服务，职工足不出户便可办理医疗互助，医疗互助办理更便捷、效率更高。

（三）工会会员普惠制内容要实行职工需求导向

普惠制的内容应当是根据职工的需要，满足其需求。职工需要什么，工会就去做什么。福建省石狮市总工会通过基层工会月例会、季谈会等方式，及时了解掌握当前职工的生存状况，把职工群众的愿望作为"晴雨表"，按照职工"生物钟"开展工作，不断致力于创新供给、持续发力，巩固完善以"精准帮扶"为重点的职工服务体系，努力让职工群众随时都能接受工会服务。

四川省总工会下发的《关于开展工会会员普惠性服务工作的意见》，以资源信息共享和工作互联互通为保障，以基层工会和会员职工信息完整真实为基础，迅速动态了解基层职工群众的多样化需求，实现服务职工工作有机整合，做到服务可记录、可追溯，全面提高工会服务职工群众的精准化水平，更好地满足职工的个性化需求。

（四）工会会员普惠制要积极推行社会参与

普惠制的内容及惠及群体非常广泛，普惠制的工作也需推行社会参与。四川省总工会在全省范围内全面开展工会会员普惠性服务工作。普惠制能够给员工带来很多实惠，如提供购物、旅游、就医、健身、餐饮、娱乐、购房、装修、婚庆等一系列折扣增值服务，工会会员还可以享受工会组织提供的法律咨询、劳动争议调解、困难帮扶等服务。普惠制的内容围绕职工最关心、最期盼、最现实的需求，结合工会自身职能，规划实施包括宣传教育、素质提升、法律维权、帮扶就业等多元化、专业化、社会化的普惠性服务项目。

成都市在工会工作中通过购买服务引入第三方，积极联合电子科技大学推动职工普惠大数据的安全管理和科学运用，强化工会会员注册、信息收集需求与"成都职工"普惠服务平台行为数据、工会管理数据、职工普惠消费数据融合，完成183万会员实名制基本信息采集和全市5300余名劳模工匠数据采集。近日，为加快打造校院地企创新共同体、利益共同体、发展共同体，成都市总工会与电子科技大学正式签署产学研合作协议。

四　盐田区工会会员普惠服务需求调研

在"走出去"学习的基础上，盐田区总工会采用抽样式问卷调查、走访、座谈会等形式选取辖区内不同规模、不同类型企业及港口运输等重点行业进行会员普惠服务需求调研。根据调查结果，辖区各级工会组织因地制宜，围绕"衣食住行帮"广泛开展了素质提升、技能大赛、困难帮扶、节日庆祝、文体活动等各类活动，深受企业和员工的欢迎。同时搜集整理了调研过程中辖区员工的具体需求。

（一）职业类需求

1. 职业技能培训的需求

在培训活动需求调查中，职业技能、业务知识、兴趣爱好等排前三位，是行业从业者普遍的培训需求，想参加职业技能培训的占大多数，占比为50.64%；希望参加业务知识的有29.27%；希望参加兴趣、爱好培训的有27.21%；希望参加法律知识培训的有22.66%；希望参加学历教育培训的有5.11%。

从不同岗位的培训需求来看，如调度对计算机知识有明确的需求。有员工认为工作中会遇到保险赔偿问题，需要学习法律法规；此外，也希望能够学习公司的操作流程、具体调度操作、财务管理等与其岗位工作有关的项目。还有员工提出"没有时间来上课，如果能够在网上学习更好"。

2. 职业信息获取的需求

职业信息是关于职业和工作岗位的正确、有效的情报，包括职业的动向、劳动力的供应与需求、求职者的生理和心理素质要求、训练的条件、职业前景与发展趋势等。在职员工、待业居民比较热衷了解各种职业的情况及其变化的动态，从而做出职业选择。目前的职业信息多数在人力资源大厦、社区信息公告栏张贴，信息更新滞后、区域限制、覆盖人群有限，需要完善职业信息渠道建设，利用"互联网＋"的网络平台，发布职业信息。信息的时效性、广泛性、准确性共同构成了职业信息的质量，职业信息的质量越高，员工找到一份理想工作的机会就越大。

3. 职业指导的需求

职业指导是围绕员工职业发展过程提供的指导、辅导、咨询等服务。通过职业指导的方式，影响个人、促进工作。被调查员工反映，职业指导将提供相应的信息，帮助其了解社会对不同职业角色的具体要求，培养职业角色意识，了解企业文化、价值、经验和规范，确定职业理想，增强个人的社会适应能力，有利于个人的社会化，有利于树立正确的职业观。通过这些信息和职业指导引导从业人员，有利于其做出明智的职业选择，有利于其身心健康和个人的发展。

（二）文化类需求

1. 社会主义核心价值观宣传

企业反映，一些员工在下班后会从事打牌赌博等不健康的娱乐方式，企业希望工会可以给员工提供更多社会主义核心价值观的文化宣传，提供一些提倡正能量的影片。

员工也表示，因为工作压力大、有时工作时间长、休息时间短，很多员工会产生负面情绪，员工对社会主义核心价值观文化存在需求。

2. 社区文化

社区文化本质上是一种家园文化，它包括文化观念、价值观念、社区精神、道德规范、行为准则、公众制度、文化环境等。社区文化与员工生活息息相关。发展社区文化，如加强社区周边的文化基础设施建设等，可以强化社区员工的主人翁意识，倡导特有的健康的民风民俗，增强社区居民的归属感，维系社区良好的人际关系，提高居民的生活质量。

3. 企业文化

调查中部分员工提出，自己公司的企业文化不强，甚至无企业文化渲染的感受。他们认为，不管是什么企业都有它的责任和使命，正面的企业文化能激发员工的使命感，也能凝聚员工的归属感。企业文化能加强员工的责任感，通过大量的资料和文件宣传，可以使员工认识责任感的重要性，增强责任意识、危机意识和团队意识，让大家清楚地认识企业是全体员工共同的企业。

（三）家庭生活类需求

1. 融入社区服务

外来员工来盐田工作，渴望得到接纳和认可。但由于员工工作繁忙、信息来源渠道狭窄，无法体验自己所在社区的社区活动、社区选举、社区服务等。被调查员工中表示需要得到明确的指引，从而积极参与活动，快速融入社区的大家庭。

2. 心灵驿站

在调查过程中，我们发现员工不相信关爱活动能够真正惠及自己，对工会开展的活动抱持怀疑态度。有些在守法程度低的企业工作的员工，因有时存在劳动关系不稳定等问题，其对劳动者关爱表达出了更高的渴求。如有员工表示企业在传达政府的好政策时存在滞后，不了解这些福利，认为这些福利政策无法惠及自己。即使一些员工认为以往的关爱活动没有覆盖到自身，但还是认为如果统一组织针对员工的活动，还是可以调动员工的积极性。以港口货运行业为例，调研数据显示，司机参与本公司活动的比例为10.6%，一方面，众多小企业无工会或俱乐部等组织，培训活动匮乏；另一方面，不少企业管理人员表示，司机除了参加一些政府规定的安全培训教育外，因为常年在外开车，没有时间参加其他活动。

3. 子女教育

以运输行业为例。从业者的孩子现在所受的教育阶段大多在小学，占38.84%，港区外的有38.64%，港区内的有39.75%；19.98%的从业者的孩子现在所受的教育阶段在幼儿园，港区外的有18.77%，港区内的有25.41%；15.18%的从业者的孩子现在所受的教育阶段在初中，港区外的有15.73%，港区内的有12.70%；12.92%的从业者的孩子现在所受的教育阶段在高中，港区外的有13.43%，港区内的有10.66%。由于从业者工作时间长，从业者很少有时间与家人孩子一起参加亲子活动。在座谈会中，受访员工也多有表示希望有机会与孩子一起参加亲子活动。

五 工会会员普惠服务体系建设的工作建议

（一）提高推行工会会员普惠制的认识

习近平总书记在党的十九大报告提出要让人民群众有获得感、幸福感和安全感，普惠制是让广大职工分享改革开放成果重要形式。各级工会需要对此有深度认识，对开展工会会员普惠制工作有认同感，举全会之力，聚全会之智，以资源信息共享和工作互联互通为保障，以基层工会和会员职工信息完整真实为基础，深入了解基层职工群众的多样化需求，使普惠制扎实稳妥地推进。要加大对工会会员普惠制的宣传力度，积极推进工会会员普惠制各项制度建设，积极开展针对本辖区、符合员工需要的员工关爱活动。

真正把员工群众放在心中最高位置，增强服务意识，通过深化改革，转变观念、转变机制、转变方法，创新服务模式，推进工会服务员工工作的开展，依托服务体系和实名制服务平台，探索逐步建立了解员工需求的机制、反映员工需求的机制、解决员工需求的机制、内部约束激励机制和外部监督约束机制，为员工提供困难帮扶、心理咨询、文体健康、子女关爱、生活服务和环境服务等多方面的服务，让员工有更多的获得感和幸福感。

（二）推进工会会员普惠服务体系建设

1. 以加强组织建设全面落实实名制

实名制是做好会员普惠服务的基础，会员普惠服务是推进会员实名制的有力支撑，它们相互依存、相互促进。实名制方便及时对普惠服务的情况进行统计、分析，可以把普惠服务的根基筑得更牢。工会组织必须积极适应时代发展的新形势，进一步加强工会组织建设，最大限度地把职工凝聚到工会中来，同时利用现代信息手段和网络优势，建立工会会员信息库，掌握会员的实名信息，实时了解其动态变化情况，努力实现对会员会籍的动态、科学管理，利用大数据推动实现有效开展普惠服务的工作目标。

2. 以落实会员实名制推动普惠服务

按照深圳市总工会部署，盐田区总工会应坚持以职工为中心，围绕"实名制""全覆盖""普惠制""信息化""项目化"等要求，推行工会会员实名制管理，加快建设职工关爱工作体系，多层次、多形式开展职工关爱活动。要以会员"普惠制"工作为契机，不断创新工作内容，扩大服务范围，实现服务职工"全覆盖"，让广大职工真切感受到工会"大家庭"的温暖和关怀。为使会员"普惠制"活动能够管理有序和健康发展，区总工会要坚持量力而行、分步实施、逐步完善、渐进发展的工作思路，确保职工享受到满意的服务，达到职工满意、商家满意的合作双赢的目标。

3. 以实施精准关爱增强普惠服务引力

根据员工需求导向，开展符合本区域特点的员工关爱活动，让员工切身体会到工会提供的关爱服务，从而信任工会、依赖工会，为普惠制的实施做铺垫，更便于普惠制的施行。虚拟网络平台与实体服务平台相结合，构建"区—街道—社区—企业"四级网络服务平台，每级工会各司其职，却又相互沟通、联络，工会会员普惠工作环环紧扣。

4. 以创新基层服务模式夯实普惠服务基础

在目前已初步建成区、街道、社区三级职工服务体系的基础上，建议进一步拓展职工服务体系工作链条，重点在社区和工业园区依托党群服务中心建立职工共享服务平台，关注职工八小时之外的生活和学习，打通职工关爱最后一公里，形成全覆盖、全时段的工会服务模式。工会普惠服务内容建议是以职工需求为导向，会员除享受普惠制提供的购物、旅游、就医、健身、餐饮、娱乐、家政等一系列价格优惠的服务外，还建议扩大服务面，逐步探索增加享受工会组织提供的法律咨询、劳动争议调解、困难帮扶、金融专属特惠等服务。工会普惠服务要针对不同人群的职工八小时外生活采用不同的服务形式，如以"食、住、行"和"健康、娱乐"为主题，开展丰富多彩的活动；针对工业园区的单身职工群体，则以"活跃生活"为主导，为其提供提升能力、丰富生活的普惠项目；如以家庭为主的职工群体，则以"服务家庭"为主导，为其提供家庭指导、亲子关系、小孩托管等普惠服务。

（三）推进工会会员普惠服务四个转变

一是在服务对象方面，从特殊群体向全体会员转变，逐步探索从工会传统的重点困难职工帮扶中，逐步将服务对象扩展到职工主体队伍，推行"普惠化"服务，使广大会员人人受惠。

二是在服务内容方面，从生活救助向综合特色服务转变，推行"项目化"服务。在做好对困难职工日常生活救助工作的基础上，积极开发广大职工所需所求的服务项目，变被动帮扶为主动服务，有针对性地使职工多受益、广受益。

三是在服务方式方面，从活动型向依靠实体服务转变，推行"实体化"服务。通过打造职工服务中心、群众工作室等工会服务职工的实体型平台，科学主动地为更多职工提供常态化、长效化的服务，增强服务项目的实效性和可持续性。

四是在服务方法方面，从单纯依赖工会资源的封闭内向式向主动借助社会资源的开放式转变，推行"社会化"服务。主动加强与党政部门及与有关方面的协调联动，借助党政和社会资源服务职工，吸纳社会力量充实工会服务职工的专兼职干部队伍，壮大服务职工力量。

（四）构建工会会员普惠服务的工作合力

1. "工会＋党群服务"模式

党群服务中心是党员和群众的共同园地，要求"党建带群建"和"共建共用"，把各项工作融入群众生产生活的需求。工会可以党群服务中心为依托，积极开展员工"八小时"外的延伸服务。同时，工会要根据改革要求，主动承接政府有关服务职工职能，用好用活区级关爱职工联席会议制度，加强与党政部门联动，整合部门资源，最大限度编织工会会员普惠全覆盖的服务网。

2. "工会＋群团组织"模式

群众性是群团组织的根本特点。群团组织开展工作和活动以群众为中心，群团组织在工作中强化服务意识，提升服务能力，挖掘服务资源，坚持从群众需要出发开展工作，更多把注意力放在困难群众身上，努力为群众排忧解难，成为群众信得过、靠得住、离不开的知心人、贴心人。工会利用群团组织性质相同的特点，发掘并整合群团组织各自的优势，积极形成工作合力，在普惠服务中让职工群众当主角、让职工群众真正获利。

3. "工会＋社会组织"模式

近年来，社会组织在促进社会就业、推动经济发展、繁荣社会事业、创新社会治理等方面发挥了积极作用。工会利用社工组织、各专业性机构的专业性，在工会会员普惠制服务中提供专业意见、专业服务，同时以第三方身份介入普惠服务，能更好地发挥社会组织专长，避免工会自身力量不足、专业性不够等缺点，更有利于工会普惠服务的发展。

4. "工会＋专业院校"模式

各级工会加强与相关研究院、大学合作。建立工会会员普惠制是一项宏大的系统工程，它牵涉面广、政策性强、关联性大，坚持职工得实惠的原则，在设计过程中一定要具有前瞻意识、长期观念、未来眼光。因此，通过与专业院校的沟通研讨，搭建出专业框架下务实、可应用、可复制的普惠制体系。

5. "工会＋企业行政"模式

员工的获得感与幸福感很大程度来自满足员工所需，而员工各有所需，涉及生活各方面，如衣、食、住、行、游、娱、医等，紧紧依靠工会的力量远远不够。工会组织要积极向企业行政寻求支持，让企业真正认识到工会的价值，引导企业行政关注员工需求，参与员工关爱，更多赋予工会各类资源和支持，将工会普惠服务做大做强做实。

B.14
融合多种民主形式，建立有效管理体制

古凤绮*

摘　要： 企业实行民主管理，既是加强基层民主建设的重要途径，也是发展社会主义基层民主的一项制度性安排。随着市场经济的快速发展和企业深化改革，企业民主管理面临操作过于程序化、不够简便和灵活、内容流于形式、企业方和职工代表认识不够、提案落实不到位等问题，在我国企业中呈日益淡化的趋势。本文通过分析深圳坂田街道的民主管理模式，提出新时期企业民主管理方式需要不断拓展和创新的思考。

关键词： 企业民主管理　基层民主　坂田模式

习近平总书记在党的十九大报告中提出，要发展社会主义协商民主，健全民主制度，丰富民主形式，拓宽民主渠道，完善基层民主制度，保障人民知情权、参与权、表达权、监督权。要健全依法决策机制，构建决策科学、执行坚决、监督有力的权力运行机制。企业实行民主管理既是加强基层民主建设的重要途径，也是发展社会主义基层民主的一项制度性安排。企业结合自身实际，建立健全以职工代表大会为基本形式、多种民主形式互补共促的民主管理制度，广泛发动和组织职工群众参与企业民主决策、民主管理和民主监督，能有效维护职工合法权益，促进企业劳动关系和谐及企业发展，也是实行科学管理，发展和完善中国特色企业管理制度的应有之义。

---

* 古凤绮，深圳市龙岗区坂田街道总工会，研究方向为工会工作管理。

开展企业民主管理工作，具体来说就是在企业建立健全以职代会为核心，融合多种符合企业实际的民主管理形式，并发挥这些民主管理制度的作用，维护职工合法权益，促进企业劳动关系和谐，实现双赢。我国几十年的民主管理实践证明，职工代表大会制度在保障职工参与企业民主管理、维护职工合法权益及调动职工积极性等方面都发挥了重要作用。然而，随着我国经济的快速发展和企业深化改革，职代会制度因不适应当前经济发展的需要，且存在操作过于程序化、不够简便和灵活、内容流于形式、企业方和职工代表认识不够、提案落实不到位等问题，在我国企业中呈日益淡化的趋势，特别是一些非公有制企业已将职代会边缘化，甚至完全虚置，大事小事企业领导说了算，职工利益得不到切实保障。这让推动企业民主管理工作的工会组织，深刻认识到职工代表大会作为我国企业非常重要的民主管理渠道，却不是唯一。新时期企业民主管理的渠道和方式仍有待进一步拓展和创新。

2015 年，坂田街道总工会在坚持职代会为主体的基础上，选取辖区部分重点园区和企业，探索建立"职工会员与企业工会沟通联系—企业工会与企业方联席会议—园区职工议事会"民主管理三级工作机制，作为职代会制度的有效补充和企业民主管理工作的拓展延伸，切实提高职工的主人翁意识，增强职工参与民主管理的积极性，搭建起常态化的劳资沟通协商平台，促进企业和谐健康发展，形成企业职工双满意的良好局面。

一　三个坚持，保障职代会的长效化开展

（一）坚持职代会规范化和实效性的统一

职代会是企业民主管理基本形式，坂田街道总工会要求各企业工会根据新时期企业发展的实际情况积极推进职代会运行的制度化、规范化、标准化。一是企业职代会的职工代表按部门、车间、班组分配名额后由各选举单

位的职工采取无记名投票方式差额选举产生。二是严格按照程序和要求征集确定会议议题，旨在真实反映职工普遍关注和急切要求解决的问题。三是每年召开一至两次会议，公司的重大管理决策、年度工作计划、生产经营情况等均会在职代会进行汇报；企业的规章制度、职工的合同规定、奖惩办法、福利制度、集体合同等涉及职工切身利益的内容，均提请职代会审议通过后实施。四是公示和监督落实职代会决议。成立监督执行专项工作组，确保大会决议得到有效落实，从而充分调动职工参与民主管理的积极性和主动性，劳资双方从决议的落实中各取所需，更乐于支持和配合职代会的召开和实行。

例如，坂田街道某千人企业每年召开的职代会上，都会通报企业发展规划、制定或修改重要规章制度情况和上次职代会决议落实情况，会后由各代表团和公司工会分别向各部门、车间、班组宣讲，做到全员知晓公司目标、计划、制度、措施。职代会的实施，有效维护了职工的合法权益，在切实保障职工的知情权、参与权和监督权的同时让企业的经营管理决策赢得职工的理解和支持，营造出和谐劳动关系的氛围，进而让企业各项规章制度充分发挥自身的价值，使企业经营管理步入民主化、科学化、规范化、制度化的轨道，取得更多的效益。与此同时，职工和企业更加积极主动地推进职代会的常态化开展，让其成为劳资双方共同沟通解决问题、实现双赢的有利渠道。

（二）坚持职代会与企业管理提质增效的统一

职代会的落实，为企业实现科学民主管理提供了保障，完善了企业内部控制体系建设，提升了企业内部控制水平，是企业管理提质增效的有效途径。企业内部控制水平的高低，关系企业能否实现健康稳步发展，内部控制工作涉及企业生产经营各个环节，需要全员参与。而职代会与其他民主管理机制的联合实施，既能增强全体职工的责任意识，激励其妥善对待本职工作，及时、高效地完成工作任务，最终实现内部成本和风险控制目标，又能增强广大职工的民主意识和主人翁意识，激发和调动职工关心企业的积极性以及参与管理的创造性，企业凝聚力和向心力不断增强，有力地提升企业的核心竞争力。

例如，坂田街道某企业职代会上审议通过工会提出的"提高公司基层管理人员积极性"的议案。经表决，由公司拨付车间主任每人每年1000元、产线班组长每人每年500元活动经费，用于旅游、聚餐或团队建设，此项决议提高了基层管理人员工作积极性，也增强了基层管理人员之间的交流。该企业职代会充分发挥聚职工意见、集职工智慧的优势，为企业管理和发展提供决策参考，充分激发职工争先创优、岗位建功的热情。

（三）坚持职代会与其他民主管理形式的统一推进

在发挥职代会主体作用的基础上，坂田街道总工会结合新时期企业发展和职工多元化诉求的实际，充分拓展和创新职工参与民主管理的渠道，指导辖区重点企业深入开展企务公开，定期召开企业工会与企业方联席会议（以下简称"联席会议"），积极推进集体协商谈判、工会小组长会议、园区职工议事会等民主管理形式，与职代会形成互补共促、协同推进的新局面，使得民主管理工作实现新突破，取得新成效。

例如，坂田街道某企业在落实职代会的同时建立起多元化的民主管理制度，如企务公开、职工会员与企业工会沟通联系、企业工会与企业方联席会议、委员接访和包片走访、集体协商制度等。通过这些制度化民主管理措施的开展，使企业工会和行政人员与职工有了零距离接触，了解和掌握职工诉求和生产生活上遇到的困难，及时跟进和处理，在基础环节落实精准服务和矛盾化解工作，让民主管理工作服务企业共建共享、健康发展的大局。

二 强化监督，广泛开展企务公开工作

坂田街道总工会要求企业和企业工会深化全心全意依靠职工办企业的理念，重视和落实职工的知情权、监督权和参与权。一是开展"六公开"工作，即公开公司规章制度、经营管理情况、重大生产计划及改革、涉及职工切身利益的事项及决策、劳动关系状况、联席会议的决议。二是细化厂务公

开内容。将出勤休假、月度绩效考核、评选先进和涉及职工切身利益的重要决策、制度办法等都列入公开内容，最大限度保证职工知情权。三是丰富企务公开形式。除开辟企务公开公告栏、内部办公系统、广播、公司内刊等传统宣传阵地外，还利用互联网的优势打造微信公众号、企业 App、各部门及区域微信交流群等平台，发挥其在职工群体中覆盖面广、操作简便的特点，将涉及职工生产生活方方面面的规章制度、企业经营动态、发展规划和竞争力分析向全体职工公布。最终形成"企业发展大家管、考勤公开大家看、奖金公开大家算、评先公开大家选、任务公开大家干"的企务公开民主管理的良好局面。

三　创新机制，探索建立民主管理三级体系

动员全体职工的积极广泛参与，民主管理才能真正落到实处。为此，坂田街道总工会在如何组织发动职工参与上下功夫，着眼三个维度，探索建立民主管理三级体系。

（一）着眼车间，畅通企业工会与职工会员的沟通渠道

畅通职工会员与企业工会的沟通渠道是推进企业民主管理工作的有力保障。发挥工会小组长植根于一线职工群体的优势，通过"企业工会—工会小组—职工会员"的定期联系，企业工会可以第一时间了解和掌握职工的思想动态，多渠道收集与职工切身利益息息相关的意见和建议并进行分类汇总，最终提交至联席会议或者社区（园区）职工议事会协商解决。

实施"企业工会—工会小组—职工会员"定期联系制度的具体方式如下。一是分组收集意见。以车间和部门为单位建立若干工会小组，充分发挥小组长与职工会员"零距离"接触的优势，定期向小组会员以书面或者微信问卷的形式收集意见与建议并填写《职工意见征集汇总表》。二是拓展征集渠道。除在公司大门、行政楼等显眼位置设立意见收集信箱、心愿墙，还建立信息化沟通交流平台，如 24 小时服务热线、电子邮箱、微信公众号、

QQ 群、微信群等，适应新时期职工的使用习惯，不断创新信息沟通形式和扩大信息渠道的覆盖面。例如，坂田街道某千人企业员工招聘中心建立起"公司招聘中心"微信公众号，让每个即将入职的员工都能全方位了解企业薪酬、奖励、休息休假、食宿、管理等各方面内容，设置留言区供他们咨询各种问题，且能及时得到公司回复。建立工会委员工作责任制，通过委员包片联系职工、委员接待日、委员进宿舍等举措，保障职工意见有专人收集、反馈和处理。三是汇总分析意见诉求。工会委员会每月组织各小组组长召开一次工作交流会议，统计职工意见并进行筛选，遴选出职工反映普遍和急需的议题，提交联席会议讨论解决。

（二）着眼企业，建立企业工会与企业方联席会议制度

企业工会与企业方联席会议制度，是企业工会与企业经营管理层为促进企业发展稳定、构建和谐劳动关系、维护职工合法权益、协商解决共同关注的重大事项和问题等召开的专门会议，也是工会与企业经营管理层加强联系和沟通的重要途径。同时，联席会议作为职代会的有益补充，可以弥补职代会周期长、职工代表流动性大、程序复杂、组织难度大等不足。坂田街道总工会指导企业和企业工会根据自身发展实际联合制定联席会议制度，保障联席会议民主管理形式的规范化、常态化、制度化开展。一是明确召开时间及参加人员。制度规定原则上可以每两个月召开一次联席会议，如遇特殊情况或重大事项，经双方协商可以随时召开。联席会议参加人员包括企业高管、议题涉及的相关部门负责人、企业工会全体委员，并可邀请 5~7 名职工代表列席。在联席会议上，企业工会主席直接对话企业高管，由职能部门负责人针对议题直接答复和给出解决方案，使职工的提议能更加直接、更加快速地得到落实。二是明确联席会议议题。会议召开之前由工会围绕企业发展、劳动关系状况、职工权益诉求等问题，在充分听取职工意见和认真梳理分析的基础上提出议题草案；企业方就经营管理、劳动规章制度、福利待遇等需在联席会议上研究解决的问题提出议题草案。最后由企业方和企业工会协商确定正式议题，在会议召开前五个工作日向全体职工公布。三是明确协商成

果的监督落实。企业相关部门根据职责权限分类跟进和处理联席会议议题，确保每项议题专人跟进、严格落实、及时反馈。企业工会将联席会议议定的事项形成会议纪要，由企业和工会联合制定《联席会议决议事项公示表》向全体职工公布，请大家共同监督落实，能及时解决的马上解决，针对不能及时解决的问题，该公示表也会明确回复解决的时间和进度，并列明每项决议的落实部门和责任人，及时消除职工的顾虑和不满情绪，使他们能安心投入生产，增强工作的积极性和热情，为企业创造更多的效益。

（三）着眼园区，借力职工议事会深化企业民主管理

为拓展和延伸职工参与民主管理的渠道，发展社会主义民主制度，切实保障人民知情权、参与权、表达权、监督权，使党委、政府也能倾听和了解职工关于社会治理的意见诉求，坂田街道总工会近年来开始在部分重点社区和园区相继建立起"社区（园区）职工议事会"。议事会除各企业成员单位共同推选的理事成员外，下设议事小组，由辖区重点企业、园区物业、村股份合作公司、社区工作站相关部门等组成。议事会原则上每季度召开一次，遇有重大事项和特殊情况也可视实际需要由议事小组或者理事成员提议召开。

议事会议题主要由各议事小组围绕社区（园区）职工之家服务内容、经济社会建设、环境卫生、安全隐患、劳动关系发展及社区"民生大盆菜"项目等提出意见和建议，为社区和园区的管理和发展献计献策。

随着经济社会的发展，职工生活需求日益多元，涉及面也更加宽泛，议事会作为企业民主管理形式的延伸和拓展，可以争取更多的社会资源和社会力量满足职工诉求，解决职工遇到的问题和困难，在强化社区（园区）职工服务工作的同时不断提升职工的主人翁意识和对园区、社区的认同感和融入感，有效推动平安和谐社区（园区）的构建发展。

2018年3月，在召开的中浩工业城议事会上，议事小组提出地铁10号线工地施工尘土大、噪音大，影响职工生活和出行安全，议事会理事随即联系社区和街道的有关部门协调处置，坂田街道总工会协调联系环卫部门每天三次对员工上下班必经之路进行喷雾、洒水。对园区大门口坂澜大道进行红

绿灯设置，提高道路交通安全标准。园区周边环境得到了很大改善，职工对议事会的认可度也大大提高，进一步增强了职工参与园区、社区管理的积极性和主动性。

2018年7月，在召开的南坑社区职工议事会上，议事小组提出个别年龄段的职工急需心理辅导和活跃业余文化生活。议事会将该提议交由南坑社区工联会跟进，并在一星期之内制定了解决方案。南坑社区工联会向上级工会争取资源，聘请有经验的心理辅导讲师到企业授课，教导职工如何纾解生活和工作压力；街道总工会与街道妇联协调，向南坑社区派驻心理咨询师，每个星期三驻点社区为来访职工提供心理咨询服务；南坑社区工联会策划"嗨翻星期五系列活动"，在每周五晚上组织职工参加联谊、插花、茶艺、K歌、观影等活动，进一步纾解职工压力，丰富职工业余文化生活。

四 成效凸显，有力推进企业民主管理进程

（一）多种机制融合互补，民主管理体系更全面

职代会发挥民主管理的主体作用，着重讨论决议公司经营、涉及职工利益的重大事项和决定；企务公开作为民主管理的重要形式，其实质是通过职工代表大会和其他适当形式向广大职工公开本单位改革发展和与职工切实利益密切相关的重大问题和重要事项；联席会议作为职代会的有益补充，为企业和职工搭建起常态化、便捷化的沟通协商平台，其参会人员身份固定（主要是公司工会、公司高管、各部门主管和5～7名职工代表）、规模较小，比起职代会更容易组织、召开时间更灵活、议题涉及职工工作和生活的方方面面，职工意见收集筛选完毕，即可形成议题草案，邀约会议，解决职工诉求的时间更短、程序更顺、见效更快；社区（园区）议事会作为职代会的拓展和延伸，可争取到更多的社会资源和力量解决超出企业职能范围的职工诉求，增强职工对企业、园区和社区的归属感和认同感。多重民主形式和民主机制的相融互补、协同推进，将职工有效参与的民主管理融入企业管

理和社会治理，提高了决策的透明度和职工认可度，进一步优化企业和园区内部环境，劳动关系双方和政府部门可通过民主协商解决矛盾、化解冲突，促进企业和园区健康发展和可持续发展。

（二）职工与企业双满意，各主体参与民主管理更积极

对职工来说，主动参与民主管理，积极表达诉求与意见，为企业发展献计献策，不仅维护了自身的合法权益，而且提高了民主意识和主人翁责任感，激发和调动了其参与管理、关心企业的积极性和创造性；对企业来说，实行民主管理，推动了企业决策和经营管理的民主化、规范化、科学化，员工的民主权益、合法权益得到保证，开拓创新、艰苦奋斗、与企业共谋发展自然成为员工的自觉行动，进一步稳定了职工队伍和劳动关系，大大提升了企业内控水平和市场竞争力，这使企业管理层更加支持民主管理的深入开展。

（三）民主管理促纠纷预防，劳动关系更和谐

通过多种形式的民主管理机制的落实，企业工会及时有效地收集职工意见与建议，并联合企业经营管理层及时召开会议跟进处理，实现了维权工作前置，变事后维权为源头预防，有效预防和解决了事后维权成本高、维权难度大的问题，降低了劳资纠纷的发生概率，使企业劳资关系更加和谐。

例如，坂田街道某企业早前因为生产发展需要产业升级，部分产品转移河源生产，按照常规的行政管理思路，只在企务公开栏张贴通知，由于事前没有和职工充分解释沟通，让很多职工产生了误解，一度引发群体性事件，给公司和职工都带来了较大负面影响。该企业总结经验教训，在坂田街道总工会的指导下建立健全企业民主管理多种机制，多种民主管理形式协同推进，近期相同的产线转移事件，得到圆满解决。产线转移前，企业方通过联席会议和企业工会做好前期沟通，发挥工会小组长与职工零距离接触的优势，分组落实全面细致的宣导说明和一对一约谈，让职工们认识到产业升级和产品转型是为了公司的更好发展，对大家只有好处没有坏处，并充分听取

职工代表的建议，产业转型时期给予职工培训换岗和提高福利待遇等。待大家对搬迁工作表示理解和支持后，企业行政在企务公开栏张贴产线转移通知和具体方案，使得各项工作顺利进行，实现了公司和职工的双赢。由于职工意见和建议定期得到反映和疏解，职工诉求逐年减少，企业劳资纠纷发生率大幅降低，没有发生过一起群体性劳资纠纷；职工的归属感和劳动积极性增强了，企业劳动生产率同比得到提高，有力提升了企业经济效益。

（四）民主管理营造干事创业的企业氛围

企业要发展，光靠先进的设备设施这些"硬实力"还不够，必须有与之匹配的"软实力"。通过开展企业民主管理，职工的诉求得到通畅表达、合法权益得到切实保护，职工理性维权意识得以培养，形成遇事有商有量、共担风雨、"双爱双赢"的和谐企业文化，让劳动关系双方都可以心无旁骛投身企业发展事业，实现企业稳定发展和共建共享。

坂田街道某千人企业总裁认识并体会到，企业工会与企业方联席会议、职工代表大会对公司科学管理和决策有很大的促进作用，每次都出席会议，充分听取来自各个层面员工的声音。该公司一项项、一件件服务员工、优化管理的改进措施，都是在民主管理制度下搭建起的劳资双方对话协商平台，争取到重视和落实的。例如，公司累计投入500万元，为所有员工宿舍安装空调；建立起"公益互助基金"，公司首期注入资金200万元，后续又陆续投入100余万元，截至2018年5月，互助基金累计帮扶公司困难职工和家庭80余人，帮扶资金150余万元；公司每年为职代会和年度工作总结表彰大会的共同召开投入200余万元，表彰一大批优秀集体和个人，树立典型和先进，激发全体职工争先创优、岗位建功的积极性和热情，劳资双方共同营造共建共享、双爱双赢的良好氛围。

B.15

"互联网＋"时代下，工会组织变革的创新与思考

安 江[*]

摘 要： 随着信息技术的发展及大数据、云计算、移动互联网等技术的演进，"互联网＋"广泛影响了经济与社会变化，为改革、创新、发展提供了广阔的平台，也进一步改变了企业的管理环境和职工队伍的结构、价值观和需求结构。本文阐述了"互联网＋"时代对工会组织架构、运行机制、工作方法及活动形式带来的影响，提出工会组织要树立正确的观念，重视网上工会的建设，加快服务模式的转型和创新，适应新媒介融合的发展要求，以此应对互联网浪潮带来的多方挑战。

关键词： 互联网＋工会 职工服务 普惠

近年来，信息技术发展迅猛，互联网、大数据、云计算等新兴技术不断与传统行业深度融合，"互联网＋出行""互联网＋教育""互联网＋医疗"等新型业务模式日渐普及，"互联网＋"成为加速经济社会转型的重要推手。以习近平同志为核心的党中央高度重视网络安全和信息化工作，提出建设网络强国战略目标，国务院制定"互联网＋"行动计划和国家大数据战略，加快推动互联网和实体经济深度融合，拓展经济发展新空间，促进社会

---

* 安江，深圳市京粤通科技有限公司，研究方向为劳动关系。

治理模式转变。

全国总工会在 2017 年发布的《全国工会网上工作纲要（2017—2020年)》中也提出，要深入推进全国工会网上工作，形成网上网下深度融合、互相联动的服务职工新格局，更加高效便捷地服务职工群众。在万物互联、共享共赢的"互联网＋"时代，加快工会网络建设，创新"互联网＋工会"工作模式已成为不可阻挡的潮流。

一 "互联网＋"新形势下职工服务面临的问题

"互联网＋"打造出高效交互的信息网络，在一定程度上打破了由信息不对称带来的经济发展不平衡，也促进了专业化分工和提升了劳动生产率，引领了经济社会的转型和变革。可以说，"互联网＋"的影响是方方面面的，既影响经济发展的大趋势，也影响职工个人的工作和生活。工会组织是连接职工、企业和社会的桥梁，"互联网＋"浪潮引发的连锁效应，也势必对工会工作的开展带来相应的影响。

（一）网生代职工群体对企业现有的管理方式提出了挑战

中国互联网络信息中心（CNNIC）2018 年发布的第 41 次《中国互联网络发展状况统计报告》显示，截至 2017 年 12 月，我国网民规模达 7.72 亿人，普及率达到 55.8%，超过全球平均水平（51.7%）4.1 个百分点，全年新增网民共计 4074 万人。其中手机网民规模达 7.53 亿人，网民中手机上网人群的占比由 2016 年的 95.1% 提升至 97.5%。在这些网民和手机用户中，城镇职工和农民工用户占比较高。

随着"互联网＋"时代的到来，以互联网、智能手机、App 等为基础的社交网络得到广泛应用，信息传递速度变得非常快，以往的信息壁垒逐渐瓦解。企业职工群体的年轻化和互联网化，也为企业管理带来了新的变化和挑战。传统的人力资源管理方式，职工的工作安排、绩效和薪酬管理、教育培训等都是自上而下的。这种集中管理和流程化作业，确实可以保障企业运营的效率和执行效果，但随着职工群体不断趋于年轻化和个性化，越来越多的人倾向于通过资源更丰富的网络平台来寻找招聘、培训等事项的解决方案，以往的考核评价指标和薪酬结构也需要做出相应的调整，较为单一的管理结构已很难适应"互联网＋"带来的人员结构变化和需求。企业需要将全新的互联网思维应用于管理方面进行创新，以满足新的变化趋势。比如，将自上而下的管理改为"平行"的管理方式，企业的内部管理结构也从金字塔形逐渐变为扁平化结构。

随着互联网的发展，职工的价值观也开始向多元化趋势发展。以企业福利为例，"互联网＋"给用户所带来的多元体验，对企业福利的种类也起着重要的影响。有关调查表明，单纯的薪酬福利已经无法受到职工青睐，综合性、弹性的企业福利才能够得到年轻职工的喜爱。因此，如何有效完善职工福利，也应该是今后企业管理的重中之重。

（二）信息技术缩小了世界的距离，也改变了工会工作的环境和格局

互联网的高速发展和广泛普及，深刻改变了职工队伍的生活观念和需求结构，也重塑了媒体格局与舆论生态。当前，微信、微博、博客、论坛、播客、短视频等社交媒体已经成为意识形态、舆论领域的主战场。社交媒体具有较高的交互性、传播力和影响力，特别是新生代职工的思维方式、工作方式和生活方式都已经与社交媒体紧密联系在一起，对工会工作提出了新的要求和挑战。

过去，工会工作的服务模式与信息传播渠道更多依赖传统的报纸、杂志、广播、电视等媒介，信息传播的局限性弱化了工会工作的影响力。另外，由于工会工作内容比较"碎片化"、开展过程中缺少互动反馈等原因，也导致工会提供的服务在质量和效果方面都不尽如人意。"互联网＋"新模式的出现，对工会工作既是一种挑战，也是改革创新的契机。职工通过互联网可以轻易获取自己想要的信息，如若工会不及时搭建可供职工交流的网络平台和窗口，将难以发挥工会应有的作用和影响力。比如，职工热衷于网络生活，对便捷化、多元化的服务更有需求，受时间、空间限制较多的面对面

线下交流形式，就很难再凝聚起广大职工的热情；职工希望随时随地通过网络解决工作和生活中遇到的问题，若是不能在网上找到工会组织并得到帮助，也会影响职工对工会工作的满意度。

"互联网＋"的兴起，为新时期工会工作提供了新的理念和新的机遇，也将开辟工会工作新阵地。建立"互联网＋工会"工作模式，已然成为大势所趋与职工所盼。企业工会组织如何运用好互联网这一新兴媒介，如何更好地提升自身工作水平和服务职工能力，已经成为值得探索和研究的重要课题。

二 "互联网＋"时代下工会进行管理创新的探索

深圳的中小企业数量已超过 140 万家，中小企业数量和规模在全国大中城市排名前列。而一项统计数据显示，深圳有 2500 万实际生活人口、2200 万常住人口、1630 万工作人口①。

职工在哪里，工会就在哪里。在互联网浪潮的推动下，工会把工作"根据地"拓展到网络上已是大势所趋。近几年，深圳工会大力建设"网上工会"，推动网上网下互动融合，加快推进工会信息化系统建设，构建网站、App、微信、12351 热线等服务渠道，创建工会网上工作平台和基础数据库。通过网络化、实名制、项目化、动态化管理，截至 2018 年 10 月底，已完成 101.79 万实名会员的信息采集，并由系统生成具有可享受市总工会提供各类为职工会员服务的会员卡，包括电子会员卡和具有金融功能的实体卡，首批推出八大类 36 个普惠服务项目。

在深圳市总工会的带领下，各级工会组织积极投身网上工作平台的建设。某大型制造企业就是一个比较典型的例子，在互联网平台建设方面进行了大胆的尝试与探索，结合企业实际打造出网上工会工作矩阵，"互联网＋"工作模式颇有亮点。

---

① 《基于移动大数据的深圳市人口统计研究报告》，广东移动大数据应用创新中心，2017 年 12 月。

（一）建设"互联网+"的工作体系，突出平台优势

该企业通过精心统筹规划，开发建设了配套的网络工作平台。一是建设高标准的"一系统多终端"网络平台。以开发"工会会员信息管理系统"为核心，布局了网站、微信、微博等综合服务平台，整体推进工会信息化工程建设。二是打造高效率的工会工作系统。持续开发完善面向工会工作的工会经费管理系统和面向职工的普惠服务系统。其中经管管理系统实现工会经费使用申请、审核、监督、结报、汇总分析等大数据动态管理功能，日审单超过百笔；普惠服务系统实现了会员福利采购、发放、领取等全流程的信息化管控，可实现职工全覆盖，确保工会工作在网上有组织、有服务、有活动。

（二）扩大"互联网+"的服务范围，聚焦主业主责

该企业贴近职工的需求，多方面提升工会会员的服务品质。一是以工会会员实名制为抓手，建立会员信息管理数据库。员工入职即采集完整的个人信息，并从部到组按层级完善各项信息，信息管理员对工会组织的新建、合并及会员的入会、转移等情况随时进行更新。目前已采集1200多个工会小组近20万会员信息。二是发放会员服务卡。该卡是会员身份确认的凭证，凭卡可以在工会的活动阵地参加各种活动，还能享受困难帮扶、权益维护、教育培训、节假日福利等关爱服务，免费提供的活动阵地，还能享受工会合作引进的消费、金融、便民服务等社会化优惠项目。目前已经分批分次申请、发放会员服务卡10万余张。三是开通工会官方微信公众号。作为工会对外展示、对内服务的重要新媒体阵地，该公众号融工会资讯、业务咨询、会员服务等功能为一体，坚持用鲜活的形式和接地气的语言推送与职工息息相关的各类信息。根据新媒体的特点和职工阅读的喜好，每周一到周五都会定期更新，推送的内容都经过精心策划，细分为聚焦、速递、发布、帮扶、小百科、广角镜等板块，能够让越来越多的职工在网络平台上与党政声音同频、与企业文化共振。该公众号曾荣获

"全国最具影响力工会微信新媒体"称号，目前拥有超过 15 万的会员粉丝，大大提升了工会在职工群众中的影响力。

（三）强化"互联网＋"的普惠特色，找准职工需求

该企业工会打造"互联网＋"，更多的是要找准互联网与工会工作的结合点，满足越来越多的网生代职工的个性化、多元化需求，形成以互联网为基础的"随时随地服务职工"的工会工作新形态。一是坚持做精"工会专属"服务。整合内外资源，健全动态化帮扶机制，建立困难职工帮扶数据资料库，持续开展送温暖、送清凉、法律援助、助学等品牌活动；提供医疗补助福利，职工就医刷医保卡后自费部分可按比例给予报销。二是坚持做优"会员有礼"服务。每年通过普惠服务系统让会员预约并领取福利礼品，并根据系统大数据优化礼品选择范围，涵盖水杯、毛毯、夏被、背包等非常实用的日用消费品。除此之外，每年都会向职工发放生日和传统节日福利礼品，有会员表示加入工会后几乎就没自己买过个人用品，全都被工会"承包"了。三是坚持做活"普惠共享"服务。建立网络学习中心，职工可以通过学习 App 实现在线学习，满足了职工利用手机就可以随时随地接收个性化、多样化的教育服务需求；借助新媒体开通团购公众号，定期推出免费抢电影票、景点门票等系列活动；每周至少开发一款福利产品，推出优惠团购活动，并利用公众号在全体职工中开展诸如意见征集、投票调研、评论抽奖等工作，鼓励职工参与工会线上活动，实现服务对象全覆盖、服务时间全天候。围绕职工群众对美好生活的向往，力图让普惠服务的范围延伸得更宽、开发的项目更多、获益的人群更广，让职工随时随地都能享受看得见、摸得着的利益和实惠。因为定位精准、服务到位，该号也吸引了逾 15 万个会员粉丝，每年可为会员节省消费金额 200 多万元。

从某企业工会的实践经验来看，工会建设网上工会，既要做好统筹规划，推动网上工作平台和服务平台的一体化，也要扩大职工的覆盖面，始终关注不同层次不同类型的职工需求。只有不断强化互联网思维，牢

牢把握服务职工的理念，才能持续提升工会"互联网＋"工作的创新力和吸引力。

三 当前"互联网＋工会"的存在问题和思考对策

随着"互联网＋"时代的到来，"自媒体"如雨后春笋涌现，微信、微博等即时通信工具逐渐取代传统的来信来电来访等方式，成为广大职工群众获取信息和反映心声的重要渠道。如何顺应时代潮流、利用这些新兴媒介做好工会服务工作，成为当下工会工作的亟须探讨的新课题。

事实上，工会在这方面的探索既有成绩也有不足。多年来，全国各级工会在网络信息化建设方面做了大量工作，取得了显著成绩，工会网络体系不断完善，信息资源开发利用不断深化，网上服务职工内容不断丰富，有力支持了工会事业发展。与此同时，工会网上工作仍面临网络覆盖不够、服务手段不足、存在信息孤岛、地区发展不平衡等困难和问题，工会工作与互联网尚未实现深度融合，与职工群众的期盼和工会改革发展的内在要求还有一定差距，需要在新形势下结合实际，切实加以解决。①

（一）存在的主要问题

1. 缺乏全面的认识

目前，部分工会组织对"互联网＋工会"的理解存在片面性和表面性，部分工会干部还没有完全转变传统的工会工作思维，未能正确认识互联网的性质和发展前景，简单地认为"互联网＋工会"就是把工会的日常工作直接搬到网络空间。部分工会组织对"互联网＋工会"的重视和支持力度也不够，觉得开展网络创新工作是多此一举，不愿意增加工作量；有的工会组织缺乏勇于创新、主动开拓的精神，对"互联网＋工会"的工作热情和学习积极性都不够，更多的是被动接受和参与上级工会要求开展的与之相关的

---

① 《全国工会网上工作纲要（2017—2020 年）》。

业务。

2. 缺乏统一的规划

"互联网＋工会"应当是服务职工的新形式和新举措，是与职工传播、共享信息的统一平台，目标是让职工"多跑网路少跑马路"。目前，虽然很多工会组织都建置了网上工会，开通了微博、微信公众号，甚至是注册了短视频账号，但对互联网工作平台没有整体的规划，各个系统平台之间也缺乏统一的定位。比如，有些网站的内容更新不及时，甚至很长时间也不更新，职工在网上的咨询和诉求也没有及时处理；有的网站、微博、微信等平台单打独斗、各自为政，互相之间没有什么联系；有的微博、微信内容与其他平台内容同质化严重，缺乏契合工会自身实际情况的特色；有的网站、微博、微信传播的信息单一，没有太大吸引力，激发不了职工参与互动的兴趣……总之，虽然搭建好了平台，但缺乏实用而有效的服务内容，没有体现工会职责和自身的优势，更谈不上能够借此收集、开发和利用"职工大数据"。总结原因，最重要的一点是对"互联网＋"思维的接受程度不高，认为工会开拓"互联网＋"平台，不过是在原来的工作基础上再增加一种工作形式，只是工会工作的一种补充或延伸。这样的认知不能说不对，但如果工会工作不能跟上飞速发展的互联网浪潮，打造信息化、数字化、智能化工会，则很有可能远远落后于时代需求和职工要求。

3. 缺乏适用的人才

互联网的普及应用在很大程度上消除了物理和空间的距离，也让信息的沟通更加及时、顺畅。在"互联网＋"时代，工会干部应该身怀绝技、心有热情，能完胜工作职责，能解决职工困难，每一个工会人都应该代表工会的形象和服务水平。但目前部分工会组织的人才队伍建设滞后，导致信息化人才储备不足。现有的大部分工会干部对新媒体应用不是很熟练，又欠缺提升相应素质水平的内动力。而实际情况是，现在的职工更能接受轻松、幽默、接地气的信息传播和服务方式。工会缺乏的恰好是懂得把握职工心理、熟悉新媒体运营技巧、适应新媒介环境的新型人才。

"互联网＋"不是排斥或摒弃传统的工作方法，而是要与传统形式进行深度整合，创造新的服务生态。应用在工会领域，"互联网＋"是工会工作的升级和助力，至少能够在三方面推动工会工作向前发展。

一是能够增加信息透明。深圳是人口逾千万的超级大城市，工会工作具有点多、线长、面广等特点，面临管理区域跨度大、所辖企事业单位多等诸多问题，信息传达的及时性、工会活动的覆盖面都受到限制。借助网站和微信等平台，工会的传统管理模式可以转向信息化管理，既可迅速与基层工会达成互联互通，也可第一时间为职工提供服务。所以工会网站不仅要具备宣传性、展示性功能，还应该开发更多能够增加信息透明度和提升工作质量的实用性、服务性功能，将网站变成能够直接解决问题的"网上职工之家"。

二是能够提升服务效率。一般而言，工会工作的信息传达都是依靠传统的宣传栏、海报、横幅，甚至是口头通知进行，受众范围小，传播率也低，更别说是互动交流了。有些信息通过邮箱自上而下层层发布，耗时又费力。而且基层职工尤其是生产一线职工几乎很少使用电脑或邮箱，基本上没法接触工会的活动信息。但是智能手机在职工当中的普及率非常高，尤其是80后、90后的新生代农民工几乎人手一部手机，微信及其他各类 App 的使用也相当广泛。开通工会的"三微一网"平台，不仅会让工会的工作效率更高，也会让工会的影响力辐射得更广。

三是能够优化服务内容。打造"互联网＋工会"，开通运营微信、微博、网站等多系统平台，在手机、平板、电脑等多终端实现网上网下互动，就是在工会与职工之间架起一道便捷的信息互通桥梁。"指尖上的工会"缩短的不仅是信息传受之间的距离，还有心与心之间的距离。职工能够及时互动回馈甚至是参与服务项目的设计和开发，能够让工会服务更接地气，内容更对职工口味，更受职工欢迎。

（二）思考与对策

纵观互联网的发展，个性化、定制化将是"互联网＋"的一大趋势，这种特征的一个具体表现，便是每个人都能够成为发声的"自平台"，并且具备影响他人甚至是周围环境的能力。因此，建议工会在利用"互联网＋"开展工作的过程中，注意做好以下几个方面的工作。

1. 统筹融合，共享资源，树立"互联网＋工会"的科学认识

以"互联网＋"为基础的信息化建设，是为工会工作插上智慧的翅膀，将全面、大幅提升工会工作效能。工会组织建立"互联网＋工会"工作模式，是要把过去靠人工管理的模式转变为信息数据管理的模式，发挥大数据的优势，优化职工服务资源配置，提升服务质量和效果。工会一定要跟得上时代发展的步伐，深刻认识到互联网是未来发展的趋势，认识到互联网给工会工作带来的机遇和挑战，迅速建立起拥抱互联网的开放心态，增强尽快适应互联网发展环境的责任感和使命感。

各级工会要主动学习互联网时代的新媒体信息传播方式，搭建好互联网平台，完善工会的互联网生态圈，利用网络打通工会各级组织、机构与职工之间的障碍，把工会组织这个"大家"与千万个职工的"小家"连接在一起，共享企业和社会发展成果和财富。

各级工会组织要在"互联网＋工会"的宣传力度上多下功夫，要多形式、多渠道宣传工会服务职工的新模式、新举措，提高职工和社会各界对"互联网＋工会"工作的认知和认同度，营造良好的舆论氛围。在宣传内容上，要真正以职工需求为导向，贴近职工生活实际，及时收集职工反馈的意见和建议并做出反馈；在表达方式上，要善用新媒体信息传播的特点，并以直观的形式和接地气的语言，给职工群众带来轻松而美好的心灵体验。

2. 精准定位，菜单供给，聚焦工会工作的核心职能

"互联网＋"不是工会开展工作的最终目的，而是提升工会工作质量和效果的手段和工具。千变万变，工会服务职工的本质不变。运用"互联网＋工会"工作模式，目的是更有效地解决职工遇到的实际困难，更便捷地为职工提供各项生活福利。

"互联网＋工会"是个宽泛的概念，具体到要"＋"什么、怎么"＋"，都需要各级工会认真思考。一般而言，只要立足"党政所需、职工所盼、工会所能"，几乎一切都可以"＋"到工会工作中来；只要能够帮助职工解

决最直接、最紧迫、最关心的问题，也都可以"＋"到工会工作中来。尤其是企业工会，要根据职工的实际情况明确工作重点，更精准地找到工作的切入点。一切以服务职工为中心，通过"互联网＋工会"，让工会工作的触角延伸到企业各个角落。

"互联网＋"将服务窗口转移到网上，通过打造"网上职工之家"，可以更精准、更有针对性地提供菜单式服务，也可以解决传统工作模式难以突破的瓶颈问题。过去，农民工的高流动性特点，造成了农民工入会难的"老大难"问题，在实际操作层面遇到了诸多困难，建立流动工会、大规模集中入会等都受制于现实条件，存在一定的局限性。得益于"互联网＋"的应用普及程度，工会组织可以利用移动互联网技术，通过在线申请、App等方便快捷的形式，让农民工第一时间加入工会组织，并且建立起庞大的会员信息数据库，及时追踪、更新农民工流动、就业等情况。有了这些大数据信息，工会就能够及时为农民工提供权益维护、素质提升、娱乐健康等服务。

3. 狠抓落实，深度参与，推进线上与线下融合

"互联网＋"是工会工作的一种创新方式，但不能完全取代扎扎实实的基层工会组织建设。无论是线上还是线下，都只是工作的一种表现形式，服务好职工是工会工作的根本宗旨，所有工作均要以职工认可和满意为衡量标准。工会组织在打造互联网平台的同时，也需要持续改进线下的工作方法，优化重组线下的工作流程，并且形成配套机制促进线上线下工作的有机融合，形成覆盖线上线下工作的完整链条，实现资源和信息共享。只有共建共享信息和资源，打破组织和机制之间的限制，将更多的精力和时间聚焦在服务上，提升工会组织的工作效率和服务口碑，才能树立"互联网＋"时代工会工作的新形象。

网络平台的优势可以让工会工作深入企业的每一个层级，了解每一位职工的需求和现状，进而整合线上线下的资源，将职工最需要的服务方便、快捷地送到职工面前。比如工会组织学习国家领导讲话或重要会议精神，既可组织职工在会场、职工书屋、教育培训基地等实地场所听取宣讲团的报告，也可以通过工会打造的网站、微信、微博等新媒体矩阵，通过工会搭建的网

络学院、电子职工书屋等虚拟空间开展网络直播、微课堂在线学习。另外，还可以结合文艺下基层、关爱进车间等精神文化活动，采取职工喜闻乐见的形式，多渠道、多层次营造学习氛围，增强学习的实效。

"互联网＋"能够拓展职工参与的深度和广度，对工会工作的效率和效果有决定性影响。工会在推进"互联网＋"的过程中，要实事求是，切实依托大数据、云计算等先进的信息技术，分析和总结工会服务中的痛点，科学、合理地构筑起"互联网＋工会"的良好生态，真正做到情为职工所系、利为职工所谋。这个完整而开放的生态链，其核心价值就是能够促进职工深度参与，充分给予职工尊重，从源头机制上可以保障职工的知情权、表达权、监督权、参与权、选择权。只有职工、企业、工会成为一个有机的整体，才能真正实现上下联动、互通有无，才能让"互联网＋"所带来的高效、便捷和智慧的全新工作模式惠及每一位职工。

互联网技术带来的新模式和新业态，激发了社会和市场的潜力、活力，并且在很大程度上促进社会向公平、公正的方向迈进。尤其是自媒体平台的崛起，能够让每一位普通人都能在其中展示自身的存在，实现自我价值。因此，"互联网＋"实际上提供的就是一种公平的、普及的、便利的公共服务。面对日新月异的历史发展进程，如何让"互联网＋"成为工会工作提质增效的推进器、加速器，如何让每一位职工都成为有信仰、有力量的追梦人，通过努力奋斗实现幸福生活，是工会组织需要孜孜不倦探讨的课题。随着移动互联网技术、物联网技术、大数据及云计算技术的不断演进，我们有理由相信，一个由信息化技术引领的管理创新、服务创新与模式创新的智慧工会时代必将到来。

劳动关系和谐度测评篇

Evaluation of Labor Relations Harmony Index

B.16

中电港公司2018年劳动关系和谐度测评报告

汤庭芬　艾宏扬　高光明　周捷*

摘　要： 本文介绍中电港公司经营发展概况，全面分析该公司和谐劳动关系构建各方面即劳动合同签订、工资发放、劳动安全及卫生、工会组织建设及其作用发挥、社会保障制度执行、企业文化及人文关怀等情况，突出了公司和谐劳动关系构建中的亮点："在一起"的独特的公司文化、积极的干部队伍建设和完善的和谐劳动关系建设制衡机制。最后指出该公司存在的社保费率高、企业负担重等问题，提出延迟退休年龄，建立多种渠道的养老工伤、健康保险制度等对策建议。

* 汤庭芬，法学博士，深圳市社会科学院研究员；艾宏扬，教授，法学博士，深圳市福尔泽文化发展有限公司；高光明、周捷，深圳市福尔泽文化发展有限公司研究部经理。

关键词： 和谐劳动关系 企业文化 制衡机制

中电港公司是 2004 年由中国电子信息产业集团（CEC）打造的国家级元器件产业应用创新平台，以信息互联为载体，专注于服务电子制造企业的设计链和供应链，满足客户从产品设计到批量生产的全程需求。业务范围涵盖萤火工场、元器件授权分销、智慧供应链三大板块。主要经营一般经营项目（可以自主经营）和许可经营项目，凭批准文件、证件经营，有优质的产品和专业的销售和技术团队。在公司发展壮大的 16 年里，始终为客户提供好的产品和技术支持以及完善的售后服务。

一 劳动关系和谐度分析

课题组就中电港公司 2018 年劳动关系和谐度进行了全方位的调研。调研形式有问卷调查、座谈会议、个别访谈等。共发放问卷 60 份，收回 46 份，其中有效问卷 37 份。召开座谈会议 2 次，个别访谈 21 人次。

参加本次调查员工的平均年龄 30 岁，全部为中青年。其中 18～25 岁的占 15%，26～35 岁的占 50%，36～45 岁的占 35%（见图 1）。男性占近 2/3，女性占近 1/3。深圳户籍的员工略多于非深圳户籍的。在学历方面，大学本科学历占 2/3，高中、中专、中技的占 10%，大专占 15%，研究生及以上的占 15%。

在劳动合同签订方面，100% 的参与调查的员工表示与企业签订劳动合同。其中，签订一年期劳动合同的占 15%，签订无固定期限劳动合同的占 50%，其他占 35%（见图 2）。签订无固定期限劳动合同的都是在该公司工作 10 年以上的老员工。

关于工作环境和时间，参与调查的员工认为工作场所光线充足，条件好，没有高温和低温，没有粉尘和有害气体，没有噪音等。大多数员工每周工作 5～6 天，每天工作 8 小时以内，有加班情况发生，但公司按国家规定

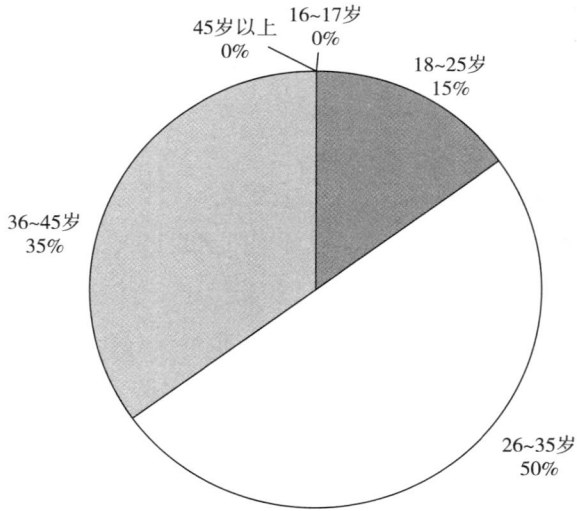

图1 参与本次问卷调查人员年龄构成

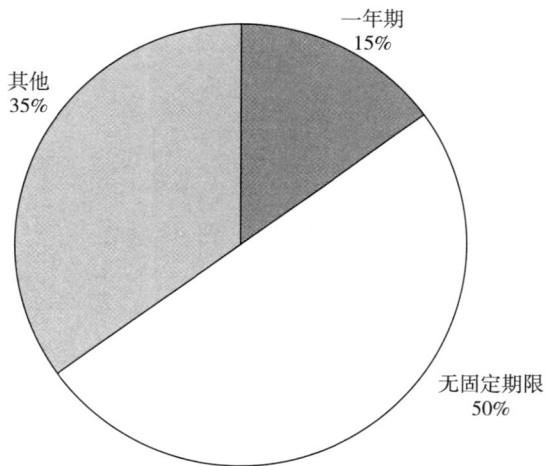

图2 签订劳动合同的期限

给予加班补贴（见图3）。

关于工资发放和工资水平，该公司员工工资每月7日发放，按时足额，从来没有延期现象。5000~8000元的占30%，8000元以上的占70%（见图4）。该公司员工工资水平较高，营销人员是底薪加业绩。如技术组刚刚毕业加入该公司的起薪为6000元，老员工8000~9000元，

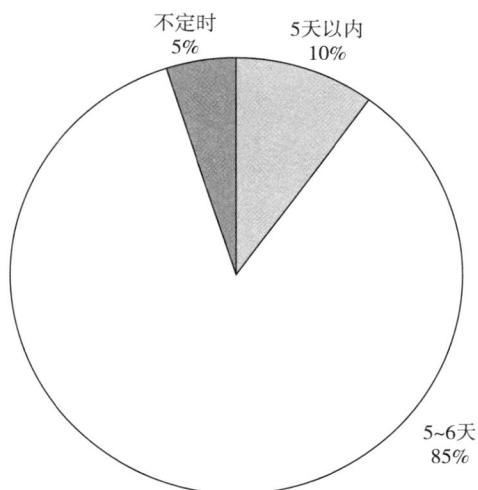

图3　每周工作天数

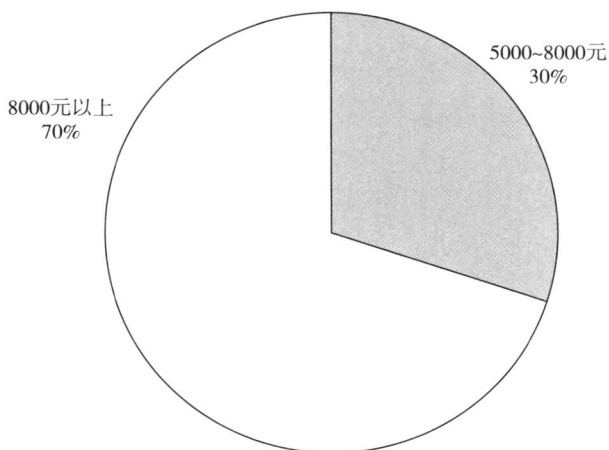

图4　工资结构情况

有的更高。公司为所有员工缴纳五险一金。调研组关于该公司全员的职级统计见图 5。

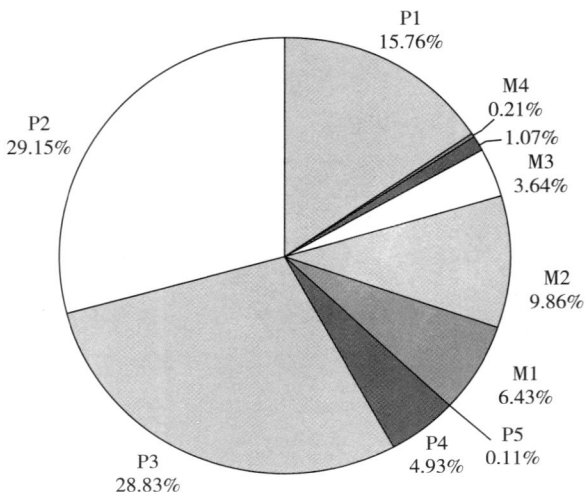

图 5　公司员工职级结构

二　和谐劳动关系构建亮点

（一）独特的公司文化

中电港公司在公司文化建设方面有一套独特的企业文化，这种企业文化以"在一起"命名，在公司劳动关系的和谐化中起到了重要作用。通过企业文化"在一起"这个载体，开展各项活动，营造良好氛围，大大增强了员工归属感。

"在一起"就是围绕中心、融入中心、激发活力，有激情、敢担当、责任创新、合作诚信。具体来说，"在一起"就是通过工会组织开展员工关怀活动，营造"在一起、一家人"的企业氛围，如生日会、生育关怀、基金会、体检、组织员工活动；通过党工团开展各类活动，组织员工参与，增强团队凝聚力;通过企业文化沟通社区内刊、微信公众号宣传,宣传和组织群众;通过企业文化社区、年度会议、海报 VI,宣传公司核心理念,凝聚群众。

"在一起"通过各种"社区"开展活动:一是文化社区,如图书角、文化墙、线上线下同步;二是沟通社区,如执行董事意见箱、微信公众号推送、OA、新闻等;三是关怀社区,如体检、基金、生育关怀等;四是活动社区,如团队活动、党员活动;五是推广社区,如展会、研讨会等。通过这些活动增加员工对公司的认同度和归属感,使广大员工真正融入中电港大家庭,进而保持更好的工作心态,与公司共同成长和发展。

通过推进公司"在一起"企业文化建设,加深了企业文化内涵,使公司文化更具体、更有可操作性。员工在公司上班,工作上是军队,工作中像军队,激发斗志,强化执行,工作要求刚性规定;服务一线,为客户服务贯穿始终。成长上是学校,成长中像学校,加强学习能力的培养,通过完善培训架构、职业规划、导师辅导、实战训练,提升公司员工职业技能。生活上是家庭,通过企业文化"在一起"社区载体,开展各项活动,营造良好氛围,极大地增强员工归属感。

(二)积极的干部队伍建设

正确的路线确定之后,干部就是决定的因素。自改制以来,中电港积极引入职业经理人团队,持续优化人才结构,激发企业内在上升力,促进业务板块专业发展。在国有控股背景下,来自不同行业、企业性质、国籍的市场化招聘人员加入中电港,他们不是简单地被"收编",而是遵循党管干部、党管人才的要求,严格程序选拔,共同促进企业发展。"有激情,敢担当;守规矩,踏实干;业务精,勤管理;勤思考,持续学"是该公司倡导的管理者要求,"把党员培养为骨干,把骨干发展为党员"是该公司党委长期以来践行的理念,党委书记积极履行基层党建主体责任,发挥一岗双责作用,以身作则并要求所有管理者帮助员工成长。为解决核心骨干员工能力发展及管理梯队建设机制适应公司快速发展的需要,在该公司党委的指导下,人力资源中心开班建营,启动"中电港人才梯队培养项目"。经过筛选,推选出

"80 后"77 人作为第一批人才梯队培养对象，培养周期约一年半，开设线上、线下课程 23 门。截至 2018 年，技能班学员晋升率达 66.7%，管理班学员晋升率达 20.7%。该公司党委以国企党员领导干部标准为依据，严格遵守组织选拔程序，结合生产经营，创新培养方式，建设一支对党忠诚、勇于创新、治企有方、兴企有为、清正廉洁的党员干部队伍。

（三）建立和谐劳动关系的制衡机制

中电港公司身处业务第一线，面对激烈的市场竞争，劳动关系长期和谐稳定，其成功的经验首先是该公司十分重视党的领导和党组织的建设和学习，不断提升综合竞争力，全面从严治党，创新工作思路，加强党政协同，为劳动关系的和谐稳定健康发展保驾护航。利用集团巡视整改契机，积极应对内外不确定因素挑战，戒骄戒躁，党政联合，创新整改，发起"改变！从现在开始"主题系列工作。其间，开展企业发展意见征集、党员亮剑、思想宣传造势、组织架构调整、业务结构优化、风险业务自查等一系列工作。通过此项举措，党建由被动转为主动，党委领导核心作用进一步发挥，正风肃纪，提升经营效益。将"统一思想、凝聚力量"作为宣传思想工作的中心环节，公司坚持党管思想、抓意识形态，在企业地文化原有基础上，加强思想宣传阵地建设。通过文化墙、图书角、墙面文化、桌面文化、明信片、标杆故事、内刊、微信公众号宣传，坚持正确的文化导向，坚持党对国有企业的领导不动摇，发挥企业党组织的领导核心和政治核心作用；坚持服务生产经营不偏离，以企业改革发展成果检验党组织的工作和战斗力；坚持党组织对国有企业选人用人的领导和把关作用不能变；坚持健全国有企业基层党组织不放松。核心就是两个"一以贯之"，即党管干部、党管人才一以贯之，人事任免、绩效薪酬、人才梯队建设一以贯之。公司还以内刊《在一起》为依托，独立固定栏目进行党建宣传，推出"不能忘却的记忆""牢记历史，不忘初心"系列文章。通过团队建设活动，员工协会活动，加强员工沟通，增强归属感。通过互助基金、生日活动、员工关怀，提高员工认同度，增强凝聚力；加强思想统一、人文融合，营造积极的政治生态。

没有党组织的私企、民企如何保证企业劳动关系的和谐稳定？2012 年 3 月，中央办公厅印发《关于加强和改进非公有制企业党的建设工作的意见（试行）》，提出要建立健全非公有制企业党建工作领导体制和工作机制，强调健全领导机构和管理体系。对大量分散的规模以下企业，要充分发挥乡镇（街道）、村（社区）党组织作用，实行区域化、网格化管理。对专业性、行业性较强的企业，可依托相关管理部门或行业协会（商会）建立党组织，实行归口管理。要建立直接联系工作机制。据调查，我国大多数私企、民企劳动关系较为和谐，没有发生劳动关系恶性案件。这种情况是没有任何内部制约机制的，完全依靠企业家的"良心"，所以私企容易发生劳动关系不和谐的问题。

要使私企劳动关系和谐，需要建立必要的制衡机制。从中电港的经验来看，首先是加强外部制衡，包括当地党组织的联系制度以及政府政策、法律的制约。其次是内部制衡，主要是工会的作用，要建立企业的工会组织，工人要有自己的工会组织，还要有罢工的权力。罢工权是一种有效的威慑力量，是劳资自然生态链中不可或缺的平衡环节。有了它，资方就不敢无视工人的利益。当然，罢工是一把双刃剑，罢工权力的滥用，伤害的是劳资双方，应该审慎使用。

三　存在问题及对策建议

中电港公司管理层反映，其社保费率高，该公司一年要缴纳 1000 多万元，负担很重。据有关资料，有 53% 的企业人力成本占总成本比重超过 30%，其中，有 16.27% 的受访企业人力成本占总成本比重达 50% 以上。尽管社保费率多次下调，但人力"成本过高"是企业社保的一大难题。

在我国的社会保险缴纳项目中，中国雇主承担的缴费比例偏高，无论是基本养老保险的单项费率还是多项保险费率总和，远远高于美国、日韩和东南亚各国，甚至高于大部分欧洲国家。从缴费比例上看，企业所需要缴纳的社会保险费用大概是个人缴纳的 2.7 倍，2017 年全国各省社保费率均值为

38.8%，单位和个人缴纳的费率均值分别为28.4%和10.4%。

企业的竞争力决定其发展甚至生存，而为员工缴纳的社保费用是企业人工成本的重要组成部分，因此社保费率的高低对企业的盈利能力和产品的竞争力有直接影响。

对OECD国家的研究表明，雇主所需缴纳的社会保险费率增加，会导致企业竞争力的相应下降。从我国的实际情况来看，改革开放后，中国经济能够快速成长，与劳动力成本较低有很大的关系。所谓较早时期的"外需拉动""世界工厂"等，即以广东、浙江等地为代表的劳动密集型制造企业利用我国低廉的劳动力成本，生产具有价格竞争力的产品，行销海外。而这些企业的利润率普遍比较低。据测算，以纺织行业为例，社保缴费前和缴费后的利润率分别是4.42%和3.42%，这意味着社保缴费大约能占企业净利润的29%左右。

为了解决这一难题，2018年11月2日召开的国务院常务会议公布了社保降费率的最新政策：原定实施至2019年的现有政策——用人单位和职工失业保险缴费比例总和从3%阶段性降至1%，在2019年4月底到期后继续延续实施。这是自2015年来，国务院第五次公布社保降费率的政策。2019年4月，人社部副部长游钧透露，前四次降费率政策已累计为企业降低成本3150亿元。

降低社保费率仅是一个方面，并不是解决问题的根本办法。根据外国的经验和我国当前的实际，调研组认为需要从下面两个方面考虑。第一，延迟退休年龄。新加坡的法定退休年龄从原来的55岁延迟到62岁。英国、希腊法律规定，女60岁、男65岁为法定退休年龄。美国采用的是自由退休机制，按照美国法律规定最早在62岁即可申请退休，但是62岁退休无法领取全额退休金，仅能领取约70%的金额，每推迟1个月领取比例相应提高，以此鼓励公民延迟退休。我国现在的法定退休年龄是男60岁、女55岁，低于世界其他国家的法定退休年龄。这不仅是人力资源的巨大浪费，而且非常不利于社保，因为它缩短了缴交社保费用的时间，延长了领用退休金的时间。第二，建立多种渠道的养老、工伤、健康保险制度。除国家法定从公司强制征收社保费用外，还应该建立商业化、市场化的退休、健康、工伤保险。发达国家的养老保险制度中，基本养老保险只是其中一部分，比如美国社会保险基本养老金、企业年金和私人养老金各占雇员退休后收入的1/3左右。中国居民退休后的收入主要来自基本养老保险。因此，应在继续实行传统社会保障政策的同时，提倡多种形式的保障提供方式，以此减轻政府承担的社会保障重任，使社会保障制度向"市场化、社会化"方向转变，形成别具特色的"市场化、社会化"的社会保障模式。

B.17
深圳市泛海三江电子股份有限公司 2018年劳动关系和谐度评估报告

张琛　陈坤*

摘　要： 本文全面分析泛海三江电子股份有限公司在劳动关系和谐构建中的具体做法，介绍了该公司科技前位性导致的年轻化、高学历、高技术职称的人才队伍特点。企业和员工价值目标取向一致，企业希望员工有活力，有创新精神和创新成果，员工追求技术创新、职位升迁、体面劳动和个人价值的实现，因而劳动关系和谐稳定。最后指出该企业有待解决的主要问题是如何更大限度地支持员工学习充电、提高专业技能素质、关心员工的情感生活，让广大员工在深圳更快更好地成长和发展。

关键词： 和谐劳动关系　人才队伍　价值取向　企业文化

深圳市泛海三江电子股份有限公司（以下简称"泛海三江"）坐落于深圳市南山区南山大道光彩新天地大厦。该公司创立于1985年，注册资本6000万元，员工人数超过1000人。原属于南油集团，现为中国泛海控股集

---

* 张琛，广东外语外贸大学金融学院学士；陈坤，公共管理硕士，深圳市福尔泽文化发展有限公司研究部经理。

团旗下国家级高新技术企业，专业从事智能消防、楼宇、视频监控等产品的研发、生产、销售和服务，是集消防报警、智能楼宇、视频监控于一体的专业设备制造商和解决方案提供商。

一 调查对象情况分析

课题组对该公司劳动关系和谐度进行了深入的调查和研究，发放了"企业员工生活及工作情况调查问卷""企业家情况调查问卷""企业劳动关系和谐度评估表"，与该公司管理层、员工代表进行座谈，并采访了20多位员工，获得了企业员工对公司劳动关系各个方面的第一手材料。

本次问卷调查共计发放问卷表100份，回收67份，有效问卷65份。问卷调查对象是随机的。在接受问卷调查的对象中，18~25岁的占43%，26~35岁的占43%，36~45岁的占14%。从年龄构成看，该公司员工以中青年为主，公司人力资源具有活力，对公司发展较为有利（见图1）。

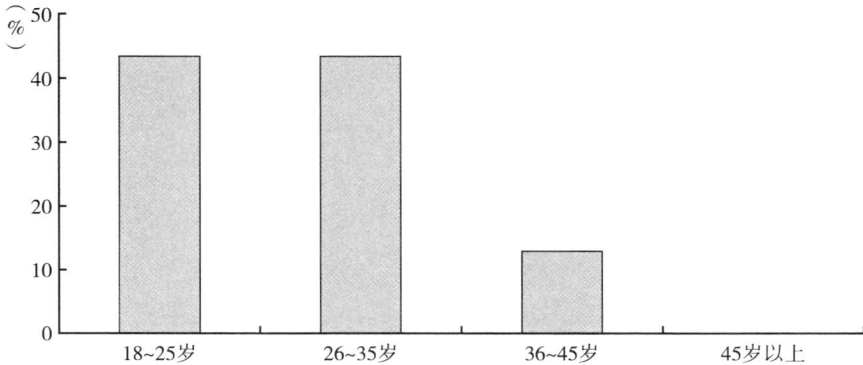

图1 接受问卷调查对象年龄构成

在接受问卷调查的对象中，女性多于男性，女性占近2/3。出现这种情况可能是偶然的因素，实际男女性别比例不会有这样大的差距。绝大多数人未婚，深圳户籍与非深圳户籍员工各占近一半（见表1）。

表1 接受问卷调查对象性别、婚姻、户籍情况

单位：%

性别		婚姻		户籍	
男	39	未婚	82	深圳户籍	48
女	61	已婚	18	非深圳户籍	52
		其他			

二 劳动关系和谐度分析

从问卷调查和座谈情况来看，该公司与员工均签订劳动合同，并且是比较长期的劳动合同。从劳动合同的期限看，一年以下的没有，一年期的占30%，无固定期限的占13%，其他占57%。

在员工收入方面，3000～5000元的占44%，5000～8000元的占35%，8000元以上的占21%（见图2）。员工收入与上年相比普遍有所提高，与同行业相比也是较高的。

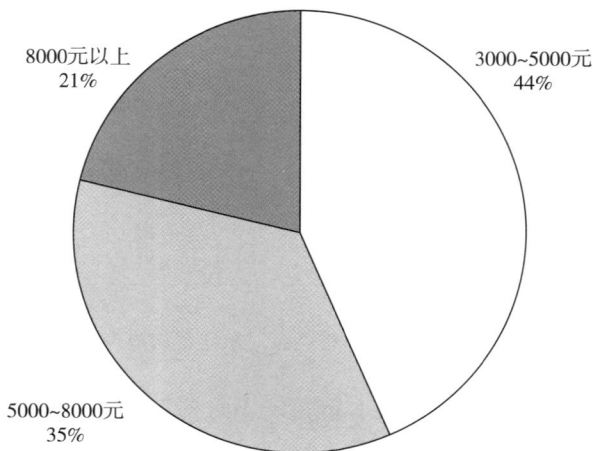

图2 工资结构情况

从员工培训情况来看，有83%的接受问卷调查对象回答通过自学提高，有9%回答参加过培训班的学习，有4%回答参加了成人教育，有4%回答攻读学位，这在调查中是非常少见的，该公司员工的技术、技能都有较大的提高（见图3）。

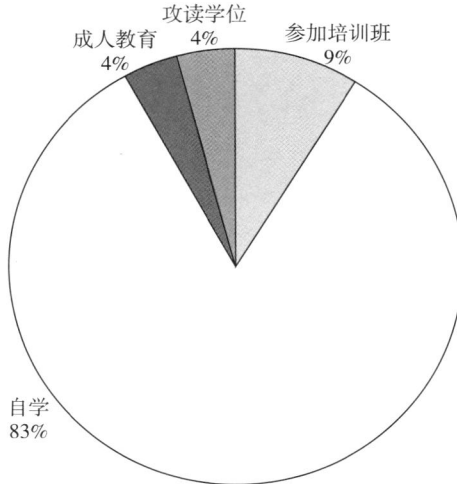

图3　员工接受培训情况

该公司由于注重培训、学习，员工技术和技能素质普遍较高。从学历看，大专及以上学历的占95%。在目前鼓励创新的形势下，不少员工除做好本职工作外，还注重技术改造和发明创新（见表2）。

表2　接受问卷调查对象学历、职称情况

单位：%

学历		技能、技术职称人员	
高中、中专、中技	5	有技能职称	21
大专	30	有技术职称	30
大学本科及研究生以上	65	有技术职称	49

在参加社会保险方面，该公司能够按时缴纳保费，从不拖欠，为所有员工购买了养老、工伤、医疗、失业和生育保险，参保率达到100%。能够按时给员工报销医疗费。该公司为员工另外购买了商业保险或者补充保险。

2018 年以来没有发生工伤事故。

企业文化是由企业价值观、信念、仪式、符号、处事方式等组成的特有的文化形象，是企业在日常运行中所表现出来的各个方面。企业文化是在一定的条件下，在企业生产经营和管理活动中所创造的具有该企业特色的精神财富和物质形态。它包括文化观念、价值观念、企业精神、道德规范、行为准则、历史传统、企业制度、文化环境、企业产品等。其中，价值观是企业文化的核心。

企业文化是企业的灵魂，是推动企业发展的不竭动力。它包含非常丰富的内容，核心是企业的精神和价值观。从参与问卷调查对象的回答来看，该企业 61% 的员工对企业文化建设表示关注，有 30% 的员工积极参与企业文化建设。但也有 9% 的员工认为无所谓（见图 4），说明该企业今后在企业文化建设方面还有待加强。

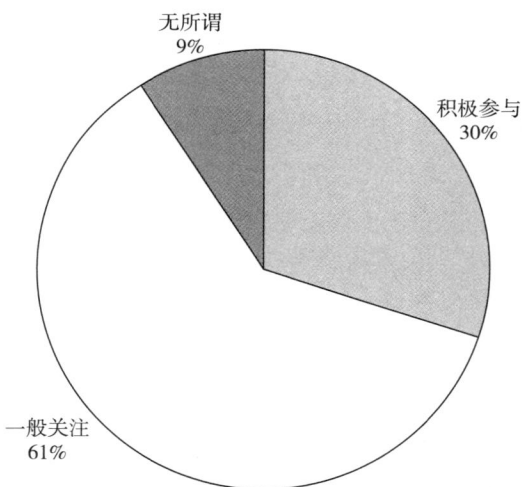

图 4　员工对企业文化建设的关注情况

从参与问卷调查的对象对"员工对未来发展的思考"的回答来看，48% 的员工考虑职务晋升，17% 的回答是技术职称晋升，另外有 35% 的人想改变现状（见图 5）。说明该企业员工对未来充满憧憬，是正面的、正能量的，且有所追求。这也说明该企业为员工提供了广阔的发展空间。

当被问及企业是否支持员工的上述追求时，有 57% 的员工认为支持，4% 的员工认为不支持，有 39% 的员工认为无所谓（见图 6）。对此表示不支持和无所谓的占比将近一半，这说明该企业在对员工未来发展的关心方面仍然存在不足，需要加强工作，才有利于提高员工的素质，提高企业的竞争力。

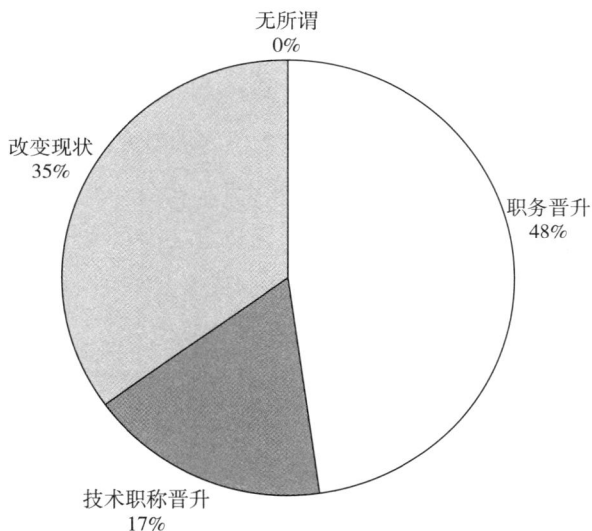

图 5 员工对未来发展的思考

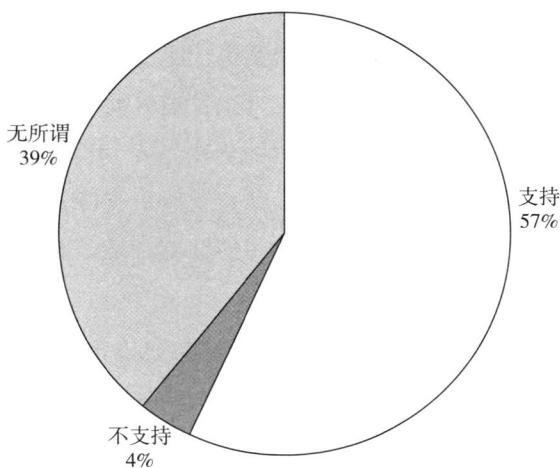

图 6 企业对员工的追求是否支持

三　主要特点及问题

泛海三江一个十分突出的特点就是注重创新发展，与国内知名高校及科研机构开展产学研深度合作，实现产、学、研一体化发展；与中国航天员科研训练中心联合筹建"环境控制与生命保障技术研究中心"，进行航天技术民用化研究；与中国科学院深圳先进技术研究院共同开展"高可靠物联网大数据公共安全应用系统"的研发工作；与哈尔滨工业大学深圳研究生院共同开展"基于复杂情境大数据的高鲁棒性人脸识别技术"的研发工作；与华中科技大学成立物联网联合研究中心，开展智能监控的物联网技术应用领域开展深入合作；与南昌航空大学、深圳市职业技术学院建立产学研战略合作关系。

一个公司要达到创新的目的，就必然要尊重人才、关心员工，创造一个和谐的工作环境。泛海三江践行以人为本的理念，关爱员工，关心员工的业余生活，员工表现出来多种兴趣爱好，有的爱好音乐舞蹈，有的喜欢体育运动项目，有的喜爱书法美术，有的喜欢文学写作，有的喜欢摄影，等等。公司在春运期间为员工提供团体火车票购买服务；通过专业机构的心理咨询服务，为公司员工提供良好的心理健康讲座及咨询服务；通过对产假的女性员工或者生病住院的员工进行慰问和探望、为女性员工赠送三八节日礼物、为公司培训讲师赠送教师节礼物等方式关爱员工生活。

从问卷调查来看，该公司在对员工未来发展方面还需要更多的关注和投入。员工大多有对未来发展的思考和价值追求，希望职务晋升、技术提高，希望培训和学习。但是，有四成的员工认为企业不支持，这值得公司认真反思。同时，问卷调查也反映出员工对公司的期望，员工期望公司给予更多的学习机会、能力培养和提高待遇。

过去，泛海三江是以技术先进、产品领先占得先机、赢得市场的。在以后的发展中，更应该注重创新。而创新要靠人才，人才需要不断进修提高。调查组认为该公司应该更多地关注员工的需求，为员工实现其需求提供更多更好的条件。这样，公司的劳动关系将更加和谐，而公司劳动关系的和谐又将促进公司的全面发展。

2018年中金岭南财务公司劳动关系和谐度测评报告

汤庭芬[*]

摘　要： 本文概述中金岭南财务公司的生产经营情况，阐述该公司在劳动合同签订、劳动工资发放、劳动环境营造、人才队伍建设、工会组织活动、员工学习培训、企业文化建设、员工人文关怀等劳动关系重要元素方面的具体做法和特点，总结介绍中金岭南财务公司独特的企业文化以及国有企业对劳动关系发展的双重作用。最后，在剖析中金岭南财务公司发展和谐劳动关系所面临的挑战与机遇的基础上，提出进一步完善适应社会主义市场经济发展的和谐劳动关系的新思路及对策建议。

关键词： 和谐　劳动关系　企业文化

一　中金岭南财务公司劳动关系和谐度分析

中金岭南财务公司现在有员工30多人，主要工作是对公司内部资金余额进行资本运作，以发挥更大效益。每年营收100多亿元，盈利3亿~10亿元。

课题组本次发放问卷调查表40份，收回32份，有效问卷21份。其中，男性占53%，女性占47%。有深圳户籍的较多，占85%，非深圳户籍的只占15%（见表1）。

---

* 汤庭芬，法学博士，深圳市社会科学院研究员。

表1 参加本次调查评估员工的基本情况

单位：%

性别		婚姻		户籍	
男	53	未婚	20	深圳户籍	85
女	47	已婚	80	非深圳户籍	15

中金岭南财务公司效益好、员工素质高，劳动关系和谐度也高。劳动合同签订很规范，100%签订劳动合同。这个比例高于其他大多数企业。该公司的做法是新进员工先签一年期合同，然后签三次三年期合同，十年后是无固定期限劳动合同。现在，半数以上的公司员工签订的是无固定期限劳动合同（见图1）。

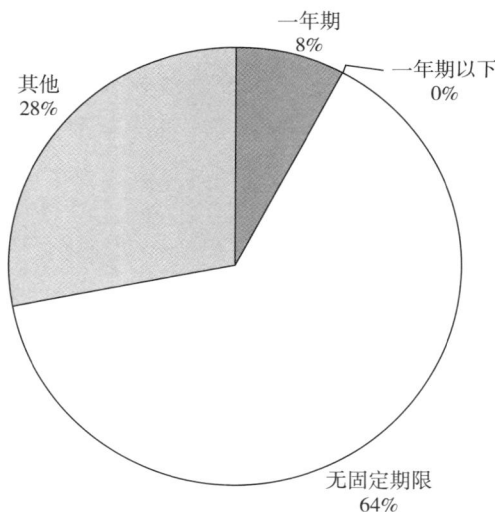

图1 签订劳动合同的期限

关于劳动合同的签订方式，工会指导劳动者签订的占42%，企业与劳动者协商签订的占30%，企业单方面拟定的占28%（见图2）。

中金岭南财务公司属于金融公司，效益比较好，员工收入较高。公司员工收入都在5000元以上。其中，5000～8000元的占58%，8000

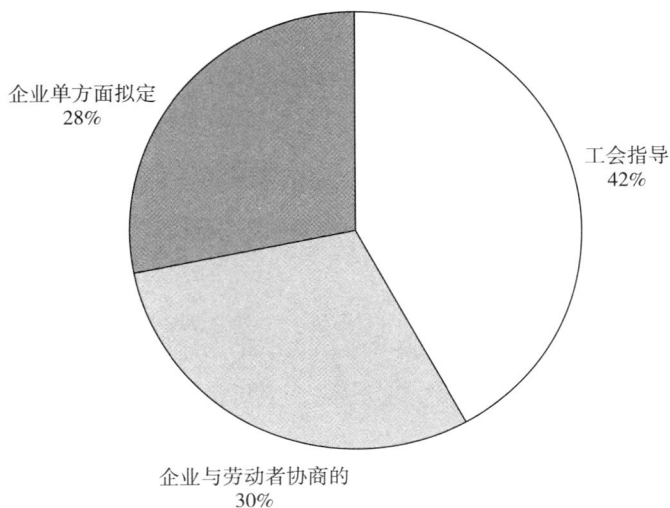

图2　劳动合同的签订方式

元以上的占42%（见图3）。工资都能及时发放，从来没有过拖欠的情况。

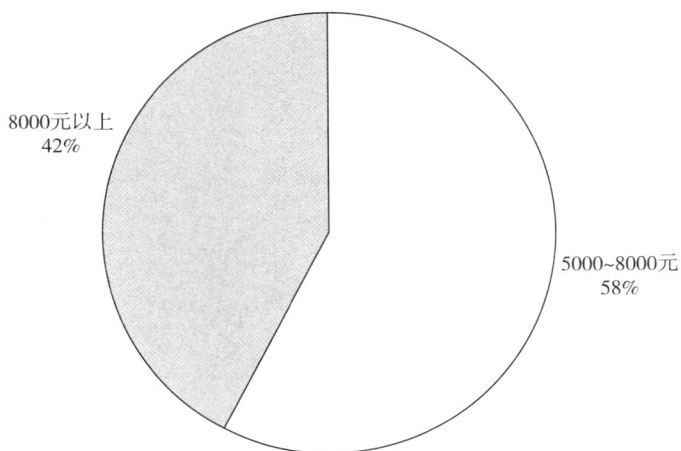

图3　工资结构

关于员工参加社会保险的问题，调查显示，该公司为全体员工缴纳五险一金，参保率达到了100%。

从2002年开始，中金岭南财务公司实施了一系列管理制度的整合，包括组织结构制度、人力资源制度、分配考核制度、财务管理制度等，夯实了企业发展的基础。

企业的和谐发展离不开企业文化建设。企业文化建设的具体表现形式则是企业开展的文化体育活动，它作为精神文化生活的具体体现，对促进员工对企业的认同感、改善人际关系、强化企业的凝聚力具有十分重要的作用。中金岭南财务公司始终将提高员工的工作和生活质量和身体健康水平作为出发点和落脚点，十分重视文化体育活动和员工福利。该公司工会组织春秋游、羽毛球比赛、排球比赛、拔河比赛、歌咏比赛等，通过各种有效的文体活动载体，增强广大员工的集体意识和团队精神，激发了员工奋发向上，勇于拼搏的斗志，提升了士气，培育了团结和谐、聚力齐心、和谐发展的先进文化氛围，为推动该公司劳动关系和谐发展提供了思想保障和精神动力。党的十八大以来，企业福利比以前更到位、更规范。全总、省总对职工福利的规定更加明确，规定每个员工的福利为2500元以内，该公司完全做到了。员工也积极参与公司组织的文化体育活动。概括地说，中金岭南财务公司在企业文化建设方面的突出特点是领导重视、组织健全、经费足额到位，活动主题鲜明，规模宏大，影响深远。该公司员工对企业文化建设的关注情况见图4。

该公司重视员工的培训、教育提高。组织员工参加银行业和基金业的考试。绝大多数员工坚持自学提高自己，也有部分人参加培训学习的。员工对未来发展的思考主要在职务晋升、改变现状、技术晋升等方面（见图5）。

综上所述，从劳动关系的各个方面来看，该公司劳动关系是和谐的，特别是该公司从来没有发生过劳动诉讼案件，原因在于该公司能够按时、足额发放工资，这是最基本的保证。该公司建立了工会组织，员工福利完全落实

无所谓
9%

积极参与
30%

一般关注
61%

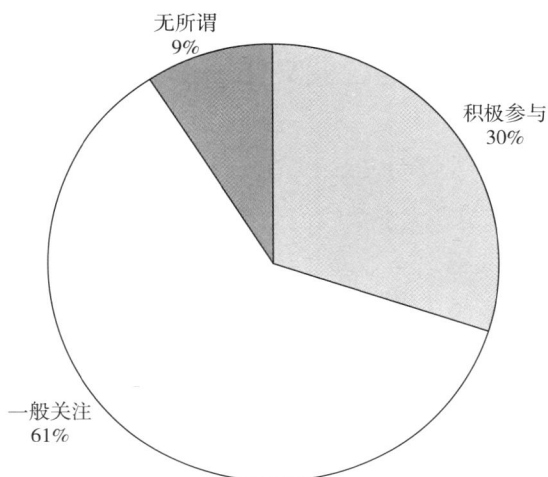

图4　员工对企业文化建设的关注情况

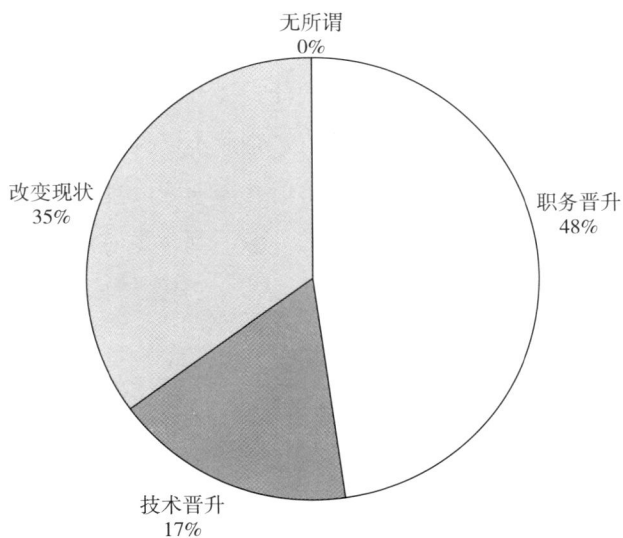

无所谓
0%

改变现状
35%

职务晋升
48%

技术晋升
17%

图5　员工对未来发展的思考

了上级工会的要求，十分到位。该公司文体活动丰富多彩，保证了员工业余生活充实。

二 激昂的企业文化——"鹰文化"

中金岭南财务公司劳动关系和谐，其重要原因在于它有一套独特的企业文化——"鹰文化"。中金岭南财务公司人以"鹰"为形象标志和文化图腾，用"鹰"来命名企业文化体系，在境界上宏伟大气、深远旷达；在精神上，紧贴企业的本质特征与文化传承；既传承了鹰文化的深厚底蕴，又彰显了现代社会的时代精神；它展示了中金岭南财务公司员工的豁达胸襟，表达了中金岭南财务公司员工的理想追求。中金岭南财务公司"鹰文化"体系的内涵，集中体现为"四高"。一是高境界，二是高精度，三是高效率，四是高标准。

中金岭南财务公司致力于打造最具价值的企业，体现在三方面。一是经济价值。中金岭南财务公司将进一步优化产业价值链，不断挖掘产业潜在价值，努力创造最大经济价值。二是社会价值。中金岭南财务公司模范地遵守国家法规，助力社会公益，承担社会责任，提升社会美誉，努力成为最具社会价值的优秀企业公民。三是文化价值。企业不仅具有经济价值，而且具有文化价值。中金岭南财务公司的文化价值，体现为最具中金岭南财务公司特质的"鹰文化"，体现为其核心价值观"做不到，没有理由"，特别是体现为拥有一支具有"鹰文化"精神的员工队伍。中金岭南财务公司坚持文化引领，打造最具价值的"鹰文化"。

课题组在调查和座谈中感觉到，中金岭南财务公司的"鹰文化"对该公司的劳动关系建设起到了重要的作用，具有巨大的凝聚作用、鼓舞作用。在国企内部积极推进企业文化的建设，可以使企业内部的员工拥有同样的价值观念，还会使国有企业内部的凝聚力大大增强。国有企业也应该将自身经营理念、涉及领域、管理体系等作为企业文化建设的重中之重，在积极进行企业文化建设的同时，丰富企业的精神内涵。除此之外，做好国有企业的职工文化建设工作，能够使员工更加积极地参与企业内的文体活动，并且可以通过座谈讨论、建议征求、评估奖励等方式来协调和交流员工与员工以及员工与企业之间的关系，使员工能够对企业有更强的认同感，建设更加和谐的劳动关系。

三　国企对企业劳动关系发展的双重作用

中金岭南财务公司属于国企，在劳动关系建设上既有一些有利的方面，也存在一些不利的方面。有利的方面在于国企能够严格执行国家关于企业劳动关系的政策法律，会严格执行劳动合同法，与劳动者签订正规的劳动合同，按时、足额发放工资，建立文化体育设施，经常开展文体活动，落实员工福利政策等，这些都很到位。一般不会发生劳动关系方面的纠纷。中金岭南财务公司的实践已经充分印证了这一点。

但是，国企在劳动关系方面也存在自身的限制，主要表现在灵活性不够。任何法律、法规、政策都是对一般现象的一把"尺子"，对任何人、任何事都是同一个标准，不能对"合情合理"的事"法外开恩"，在法律面前人人平等，不能有例外。然而世界上的事物是丰富多彩的、多样化的，法律条文不能概括所有的现实和现象。如果机械地执行法律，将可能出现不公平的问题。但是如果按"情"来处理那些特别的事情，又容易违背法律条文。为了执行中不出现偏差，国企一般会严格按照法律法规处理，而不会迁就特别现象。这是国企自身的限制。

课题组在中金岭南财务公司座谈时了解到，该公司认为他们公司的效益虽然很好，但是员工的个人收入在同行业中并不高，原因就在于他们是国企。国企体制的约束影响了员工的收益，所以公司每年都有人辞职。这说明国企改革中还存在巨大的人事治理结构的问题和激励机制问题。从人事结构方面来说，高素质、高水平的管理人才缺失是主要问题。在激励机制方面，应该再次完善对员工的股权激励制度，使之与个人利益相关联，激发其积极性。工资薪酬和福利待遇是国有企业职工特别是一线职工最基础、最关心、最核心的问题。不断完善国有企业的薪酬激励制度，弥补其中的不足，对建设更为健康的国有企业劳动关系有非常重要的作用，对企业职工的积极性以及主动性、创造性都有十分重要的影响。国有企业还必须不断对薪酬激励机制进行改进和创新，不仅要提高员工的基本薪资，还应为员工提供更好的福利，并且要在企业内部设立更加健全完善的薪酬制度和奖惩制度，这样才能够使员工利益和企业利益紧密联系在一起，增强企业的凝聚力。

国有企业改善劳动关系的一项基本工作就是确保企业内部有一整套科学、高效、可行的劳动关系保障制度，并且注重组织领导工作。国有企业内部在开展各项工作时都必须坚持"以人为本"的基本原则，这样才能够构建更加和谐的劳动关系，实现社会的稳定发展。开展党政工作时，必须将"上级科学领导、员工积极参与和共同建设"作为重要的工作方式，将国有企业与和谐劳动关系结合起来。不仅如此，还应该将国企内部和谐劳动关系的构建作为企业战略发展的重要组成部分，在这一过程中，工会组织应体现自身的指导作用，并保证企业内部的每个员工都能够完全依照国家及企业内部的相关法律规定开展工作。

专题研究篇

Special Reports

B.19
深圳中级人民法院2016~2018年
劳动争议案件大数据分析

邢蓓华*

摘　要： 本文对2016~2018年深圳市中级人民法院受理的劳动争议案件进行了系统的搜集、分类、整理和归纳，通过对近年来受理的部分劳动争议二审案件情况的大数据分析，总结近年来深圳劳动争议案件特点和趋势，展现深圳实施《劳动合同法》十年来劳资关系的状况，为规范用工行为、化解劳资纠纷、处理劳动争议案件提出了有针对性的意见和建议，以求为今后劳资纠纷的法律实务提供一定的借鉴和参考。

关键词： 劳动争议　大数据　裁审衔接

* 邢蓓华，深圳市中级人民法院，法学硕士，研究方向为劳动法。

深圳作为世界工厂，企业林立，有大量外来务工人员，不可避免地会产生大量劳资纠纷。而2008年《劳动合同法》的实施是我国劳动立法的一个里程碑，我国劳动立法开始向系统化、科学化的方向发展。截至2018年，《劳动合同法》已经实施十年了。十年间，《劳动合同法》的实施在很大程度上改变了深圳劳资关系状况，影响了劳动争议案件的发展走势。了解现状才能展望未来，本文对2016~2018年深圳市中级人民法院受理的劳动争议案件进行了系统的搜集、分类、整理和归纳，希望通过对近年来深圳市中级人民法院受理的部分劳动争议二审案件情况的大数据分析，总结近年来深圳劳动争议案件特点和趋势，展现《劳动合同法》实施十年来深圳劳资关系的状况，为今后规范用工行为、及时化解劳资纠纷、妥善处理劳动争议案件提出了有针对性的意见和建议，以求为今后劳资纠纷的法律实务提供一定的借鉴和参考。

本文数据来源于深圳法院内部的综合业务系统。本文从2016~2018年深圳市中级人民法院受理的劳动争议案件中随机抽取每年100宗案件，对总共300宗劳动争议案件的当事人信息、诉求情况、劳动关系状况、案件审理情况等数据进行了整理分析。

一　深圳劳动争议案件的特点及趋势

（一）劳资纠纷总体平稳，案件数量仍处高位

2008年《劳动合同法》实施之前，深圳中级人民法院二审劳动争议案件每年的受理案件数量波动不大，在7000件上下浮动。2008年《劳动合同法》的实施与当时世界范围内爆发的金融危机相叠加，加剧了当时的劳资矛盾，导致劳动争议案件出现了"井喷"式的增长。由于二审程序的滞后性，二审案件的高峰出现在2009年。该年度深圳市中级人民法院受理的劳动争议二审案件达到17047件，是2008年前每年受理案件数量的两倍多。

随着国内外经济形势的好转、用人单位用工方式的不断规范以及政府部门执法力度的加大，劳资关系趋于稳定，劳动争议案件数量也逐步回落。近两年，深圳市中级人民法院受理的二审案件数量已经基本恢复到2008年之前的水平，每年在6000件左右。深圳劳动争议案件的数量虽然相比最高峰时期有所减少，但就案件数量的绝对数而言，在全国范围内仍然处于较高的水平。即使在广东省内，深圳各级人民法院所受理的劳动争议案件数量就几乎占全省劳动争议案件的1/3。深圳地区劳动争议案件的高位运行，究其原因，与深圳地区活跃的经济活动和庞大的企业及就业人员数量密切相关。

（二）劳动合同签订状况良好，但短期化现象仍较突出

《劳动合同法》给未与劳动者签订书面劳动合同的用人单位施加了较重的法律责任，即在未签订书面劳动合同期间须支付二倍工资。在实践中，二倍工资的计算基数为劳动者同时期应得的工资总额，数额相对较大。面对如此严重的法律后果，用人单位与劳动者签订书面劳动合同的意愿得到了明显提高。在抽样的300件劳动争议案件中，除14件未涉及劳动合同签订事实外，在剩余286件案件中，书面劳动合同的签订比例超过70％。因此，《劳动合同法》在一定程度上对劳动合同签订率的提高起到了积极作用。

但在促进劳动合同长期性方面，《劳动合同法》所取得的效果并不尽如人意。由于用人单位普遍存在对无固定期限劳动合同的惧怕心理，为规避与劳动者签订无固定期限劳动合同，用人单位在实践中往往严格把控与劳动者签订劳动合同的次数及期限长短，从而掌握劳动合同终止的主动权。从抽样的情况分析，多数用人单位更倾向于与劳动者签订1～3年期的劳动合同，这样既可以保证能够约定足够期限的试用期，对劳动者进行较为全面的考察，也在一定程度上可以减少劳动合同的签订次数，避免出现签订无固定期限劳动合同的法定情形。在抽样的案件中，有近四成用人单位选择与劳动者签订1～3年期的劳动合同，加上签订1年以下期限劳动合同的数量，用人单位与劳动者签订短期劳动合同的比例超过了50％。如果扣除抽样基数中未涉及劳动合同期限的案例，短期劳动合同的签订比例将达64.2％。

《劳动合同法》的实施并未完全达成劳动合同长期化的目标，那么《劳动合同法》希望建立的劳动关系长期化是否已经实现了呢？从抽样的情况看，这一目标同样未如立法者所愿。劳动关系存续不到3年的情况超过了50%；劳动关系存续期限为3~10年的占33%；而劳动关系能够维系10年以上的仅有12%，且其中大部分用人单位为国有企业，私营企业中存在10年以上劳动关系的案例占比较低。这个数据一方面反映了近几年深圳地区劳动力流动相对较为频繁，在一定程度上也促进了经济的活跃发展；另一方面则说明用人单位与劳动者维系长期劳动关系的情况并不多见，建立稳定劳动关系的立法目的并未得到很好的落实。

（三）双方主体特征明显，争议爆发相对集中

近年来，深圳市政府一直致力于深圳产业结构的升级换代，深圳的"腾笼换鸟"政策提高了高科技企业在深圳企业中的比例，"深圳制造"开始向"深圳创造"发展。但不可否认的是，目前深圳地区劳动力密集型企业的比重仍然较高，文化、知识水平相对较低的普通劳动者在从业人员中也仍然属于大多数。这一现实状况在劳动争议案件双方主体的特征上反映得尤为明显。

在用人单位方面，劳动力密集型企业是劳动争议案件的高发地带。在抽样的案件中，近2/3的案件发生在劳动力密集型企业，说明此类企业劳资矛盾仍然较为尖锐，纠纷频发。从行业分析来看，技术含量较低的制造业和服务业是劳动争议的重灾区，教育、金融等高端行业劳动争议案件数量较少。而新兴的科技企业劳动争议案件也出现日益增多的趋势。

在劳动者方面则主要存在以下特征。一是男性劳动者与用人单位发生劳资纠纷的比例较高。在抽样案件中，男性劳动者占76.7%，女性劳动者仅为23.3%。这既与劳动力市场中男性劳动者占比较高存在一定关联，也与男女性格的不同特点相关。通常而言，女性劳动者较男性劳动者更为平和与包容，更易于接受用人单位的管理。在与用人单位发生争议时，女性劳动者也大多希望通过较为缓和的方式解决纠纷。

二是中青年劳动者比例较高。在抽样的案件中，30～50岁的劳动者比例超过75%，而30岁以下和50岁以上的劳动者所占比例大致相当，分别为11.6%和12.6%。30～50岁的劳动者是目前我国劳动力市场的中坚力量，在劳动力年龄构成中占绝大部分，故其发生劳动争议的比例也相应较高。而且这一年龄区间的劳动者既具备丰富的工作经验，在身体状况方面也正值盛年，其再就业的可能性较大，故该年龄层的劳动者并不惧怕与用人单位解除劳动关系，也不会为了"保住饭碗"而对用人单位忍气吞声，更倾向于通过劳动仲裁或诉讼争取自己的权益。

三是普通劳动者比例较高。在抽样的案件中，普通劳动者占绝大多数，占比近3/4；部门主管、分店经理等中层劳动者占20%；正副总经理、董事会秘书等高级管理人员仅有6%。究其原因，主要是与劳资双方的强弱关系相关，劳动者所处地位越高，其与用人单位的谈判能力就越强，双方也就越可能通过协商解决纠纷；而普通劳动者在用人单位中几乎没有话语权，在发生纠纷时与用人单位进行谈判的可能性较低，很多争议必须通过公权力的介入方能得到妥善解决。同时，高级管理人员拥有较高的知识水平和职业技能，其在短时间内重新就业的机会较大，劳动者从其本人意愿和利益考虑，也不太愿意在与用人单位进行劳动仲裁或诉讼上花费过多的时间和精力。但对普通劳动者而言，其重新就业的难度较大，用人单位的补偿或赔偿金额往往关系其本人及家庭一段时间的生活来源，所以普通劳动者更希望通过劳动仲裁或诉讼从用人单位处获得尽可能多的赔偿或补偿。

（四）劳动者法律意识不断提高，维权意愿高涨

《劳动合同法》的颁布实施，不仅使劳动法从法律界的冷门法变为热门法，而且使劳动法律知识为普通劳动者和社会公众所熟知，劳动者对自身权益的保护意识日益增强。

首先，请求项目增多。单一劳动者在一宗劳动争议案件中所提出的请求项目往往涉及工资、加班工资、绩效奖、年终奖、经济补偿或赔偿金、竞业限制补偿金、产假工资、年休假工资、高温津贴、医疗费、医疗补助金、工

伤待遇等多项内容，少则五六项，多则几十项。而每一项请求均涉及不同的案件事实，需要对不同的证据进行举证质证，导致劳动争议案件日益复杂。而双方当事人对其中任何一项不服，又均会寻求下一阶段的法律救济，往往造成劳动争议案件处理周期的延长。

其次，请求金额增大。劳动者诉求金额日益提高，劳动争议案件不再是以往鸡毛蒜皮的小案件，诉讼标的几十万元、上百万元的案件不再罕见，标的上千万元的案件也并非"凤毛麟角"。在抽样的 300 宗案件中，诉讼标的超过 10 万元案件占 40% 左右，其中诉讼标的超过 100 万元的有 8 宗，超过 1000 万元的有 2 宗，最高额的诉讼标的达 1600 多万元。

最后，聘请律师比例提高。劳动法律法规知识庞杂，分散在各个层级的法律、司法解释、行政法规、地方性法规和部门规章中，具有较强的专业性。没有专业劳动法知识的社会公众在面对繁杂的劳动法律条文经常会感到毫无头绪、无从下手。因此，劳资双方在发生纠纷需要进行仲裁或诉讼时，更倾向于向专业人士寻求帮助，律师在劳动争议案件中参与度越来越高。在抽样的案件中超过一半的案件，双方当事人均聘请了律师；双方均没有聘请律师的案件比例较低，不到一成。同时，由于劳动者维权意识的提高、律师从业人员的增多以及政府部门对劳动者法律援助力度的加大，劳动者在获得法律专业协助方面与用人单位基本处于同一水平，并未因其经济弱势或资源弱势而阻碍其在仲裁或诉讼中获得律师的协助。

（五）用工不规范现象较为普遍，劳动者胜诉比例较高

在实践中，一方面，企业的用工成本与企业利润是天生的矛盾体，用人单位为了追逐利益的最大化，往往希望尽可能地减少用工成本的支出，由此导致或多或少地存在未完全依法履行自身责任的情形；另一方面，劳动法律法规较为分散，各个层级的规定之间也可能相互冲突，在很多方面还存在法律空白，用人单位未能对相关规定做出准确、全面的理解也实属情理之中。因此，从抽样案件的情况看，除了加班工资、未休年休假工资这两项劳动者请求被支持的比例不超过 50% 外，其余诸如工资、二倍工

资、经济补偿、赔偿金等劳动者请求被支持的比例都高于50%。其中获得支持比例最高的是关于赔偿金的请求。无论是劳动仲裁还是法院一、二审程序，对该项请求的支持比例均超过80%，这主要与用人单位单方解除劳动合同事由获得裁判机关支持的比例较低有关。同时，劳动者要求赔偿金，而最终裁判机关支持经济补偿的比例不低，由此也提高了赔偿金获得支持的比例。而对于未休年休假工资和加班工资请求被支持比例相对较低的原因，主要是劳动者往往请求多年的未休年休假工资或加班工资，而劳动仲裁及法院通常从举证期间及时效方面仅支持了其中一段时间的未休年休假工资或加班工资，从而造成该两项请求被支持的比例相对较低。

（六）一、二审标准较为统一，裁审衔接还需进一步加强

劳动争议案件与其他案件不同，在法院一、二审诉讼程序之前，还有法定的劳动仲裁前置程序。而劳动仲裁与司法诉讼分属不同机构处理，两者性质不同、裁判程序不同，裁判标准难免会有所差别。从抽样的案件结果分析，法院裁判结果与劳动仲裁裁决结果完全一致率不足50%，相较于近80%的二审维持率，裁审结果的差异化较为明显。另外，劳动争议案件中请求项目繁多，不同请求项目涉及不同的计算标准和计算方式。对某一标准认定上的细微差别，就可能造成最终裁判结果的相差悬殊。这也是裁审结果完全一致率较低的重要原因。

裁审标准的不统一，一方面影响了劳动仲裁裁决的权威性和公信力，另一方面导致更多案件涌入法院诉讼程序，加大了法院案件的压力。而裁审标准的统一，对劳资双方和社会公众能够起到良好的法律引导作用，也有利于劳资双方明晰各自行为的法律后果，及时化解劳资纠纷。因此，在劳动争议案件处理程序中，加强裁审衔接、统一裁审标准就显得尤为重要。

二　启示与建议

《劳动合同法》自2008年1月1日施行至2018年已经十个年头了。虽

然在这十年里，围绕《劳动合同法》的争论一直不绝于耳，近年来修改《劳动合同法》《劳动争议调解仲裁法》的呼声也不断高涨，但不可否认的是《劳动合同法》和《劳动争议调解仲裁法》的实施对维护劳动者合法权益、提高全社会的劳动法律意识起到了举足轻重的作用。十年间，我国社会和经济都发生了较大改变，劳资关系也呈现根本性的变化。与社会和经济形势都紧密相关的《劳动合同法》和《劳动争议调解仲裁法》已经到了进行适时修改的时候，笔者认为以下三个方面亟须完善。

第一，完善未签订劳动合同二倍工资制度。目前无论是劳动法理论界还是司法实务界，对《劳动合同法》所创设的二倍工资制度的指责声较大，认为该制度对用人单位苛加了较重的法律责任，加重了用人单位的经济负担。但从抽样案件的情况可以看出，二倍工资制度确实起到了督促用人单位与劳动者签订书面劳动合同的重要作用，有利于明确劳资双方权利义务，保护劳动者合法权益。因此，笔者认为二倍工资制度的利远大于弊，而绝不能因噎废食，简单粗暴地一概否定。但与此同时，我们也不得不承认《劳动合同法》关于二倍工资制度的规定过于原则和简单，对诸如支付标准、支付期限、时效起算、归责原则、举证责任等重要问题均未有明确规定，无法解决实践中遇到的各类问题，导致各地各自为政，裁判结果千差万别，而且在一定程度上引发了部分劳动者的不诚信行为，有违该项制度的设立初衷。因此，建议在修改《劳动合同法》时，应对二倍工资制度设专章予以解释说明，并对该制度所涉及的各项问题进行系统的规定，彻底改变目前全国各个地方处理原则混乱的局面。

第二，理顺劳动争议案件处理程序。目前我国劳动争议案件处理程序实行的是"一裁两审"制度，即强制仲裁前置、法院二审终审。按照劳动仲裁和诉讼程序各项程序的普通审限要求，走完"一裁两审"需要11个月，这还不算部分案件存在特殊情况需要延长审限的情况。因此，劳动争议案件程序复杂、周期长一直被诟病。虽然2008年5月1日《劳动争议调解仲裁法》施行后，部分劳动争议案件一裁终局，但《劳动争议调解仲裁法》所规定的"一裁终局"适用范围过于狭窄，且终局不终，当事人对劳动仲裁机构的终局裁决还可以申请撤销或起诉，又进一步削弱了"一裁终局"制度的积极作用，在实践中对加快劳动争议案件处理周期并未起到预期的效果。因此，建议对劳动争议案件的处理程序进行根本性的改革。根据劳动争议案件的标的大小及争议性质，实行"或裁或审"的处理程序，即对于小标的或争议性质较为简单的劳动争议案件实行强制的劳动仲裁一裁终局，裁决后当事人不得起诉或申请撤销；而对于标的较大或争议性质较为复杂的案件，除双方当事人自愿选择仲裁外，直接进入法院诉讼程序，实行两审终审。

第三，改革劳动争议案件收费规定。目前，劳动争议案件仲裁程序不收费，诉讼程序按件收取10元的案件受理费。虽然这在一定程度上方便了劳动者寻求权利救济，却在更大程度上导致劳动争议案件的激增和复杂化，与减轻劳动者诉讼成本的初衷背道而驰。一方面，用人单位可以几乎没有成本地利用诉讼程序拖延履行义务，导致劳动者的合法权益无法得到及时保障。另一方面，劳动者往往会因此提出不切实际的高额诉求，在得不到支持时将责任归咎于裁判机关，容易引发对劳动仲裁机构或人民法院不满情绪。例如，在抽样案件中，劳动者诉求最集中、最普遍的加班工资一项，劳动者请求得到支持的比例仅有40%左右。也就是说，在劳动者最主要的诉求中一半以上的诉求金额是虚高的。为了解决劳动争议案件收费过低所带来的问题，建议劳动争议案件应当与其他民商事案件一样，采取按诉讼标的收取诉讼及仲裁费的方式。但与此同时，为了保证劳动者不会因为经济原因而无法获得法律救济，可以扩大对劳动者缓交、减交和免交仲裁或诉讼费的救济范围。这样既可以使劳动者获得充分的法律救济，也可以敦促劳动者提出切实的诉求。

B.20
广东薪酬制度改革进程研究

——改革开放以来薪酬改革发展历程

曾晓慧 *

摘　要： 本文通过回顾改革开放 40 年来广东企业薪酬制度改革发展历
程，深入剖析薪酬制度改革的经验与成果，分析薪酬改革对
激发企业活力、促进社会和谐发展方面的作用。特别是党的
十八大以来，广东经济稳步增长，为企业职工工资水平增长奠定
了良好基础，回顾改革开放以来薪酬改革发展历程对今后深化企
业薪酬调查和信息发布制度改革、深化最低工资标准调整机制改
革、深化国企工资决定机制改革具有重要的借鉴意义。

关键词： 收入分配　薪酬制度　改革开放

广东是改革开放的排头兵、先行地、试验区，在我国改革开放和社会主
义现代化建设大局中具有十分重要的地位和作用。广东的企业薪酬制度改
革，在改革开放 40 年来的发展历程中，对激发企业活力、促进社会和谐发
展发挥了积极的作用。特别是党的十八大以来，广东经济稳步增长，为企业
职工工资水平增长奠定了良好基础。

一　改革开放以来的发展历程

1979 年以后，党和国家确定了以经济建设为中心，加快改革开放的步

---

* 曾晓慧，广东省人力资源和社会保障厅，副处长，硕士，研究方向为公共管理。

伐，我国的国民经济进入了一个新的发展时期。随着经济体制改革深化，企业工资管理体制也经历了从传统的高度集中管理体制到统一领导、分级管理体制，再到自主分配的宏观调控体制三个阶段。实行改革开放以来，广东的企业工资制度改革大体分为四个阶段。第一阶段是 1979～1984 年实行奖金和计件工资制，第二阶段是 1985～1991 年实行岗位技能工资制，第三阶段是 1992～1998 年落实企业内部分配自主权的阶段，第四阶段是 1999 年以后建立现代企业工资收入分配制度阶段。

（一）企业工资管理体制从高度集中到分级管理体制的转变

1979 年，国家对省（自治区、直辖市）实行"统一计划、分级管理"的体制，即地方单位计划由各省（自治区、直辖市）政府编制上报，计划分头下达。根据国家对广东、福建两省实行的特殊政策，广东率先开展了劳动工资计划体制的改革。改革的主要内容：①对涉外企业，其劳动工资由原来下达绝对数计划指标，改为由企业董事会自行决定，报同级劳动部门备案；②深圳、珠海、汕头等经济特区，由特区根据生产建设实际需要编制劳动工资计划，报广东省政府审核，实行计划单列；③对沿海开放城市如广州、湛江等，允许各市自行按照生产建设发展需要，在企业定员之内自主增加劳动合同制职工。

按照国家对省（自治区、直辖市）实行"统一计划、分级管理"的体制，以及对广东、福建两省实行的特殊政策，广东省在全国率先开始对原有的劳动工资计划体制进行了改革。1979 年 7 月，国务院发布《关于扩大国营工业企业经营自主权的若干规定》和《关于国营企业实行利润留成的规定》，扩大了企业经营自主权，将职工的利益分配与企业的经营好坏结合起来。企业效益高，利润留成多，奖励基金多，职工的收入也越多；企业效益低，利润留成少，奖励基金少，职工的收入也越少。1979 年 8 月，广东省人大颁发《广东省经济特区条例》，规定特区内的外商投资企业实行自主分配。

1981 年开始，全省各地很多企业根据本企业的生产情况和劳动特点，选择和创造了较能反映企业特点的多种工资总额与经济效益挂钩办法，包括工资总额与销售额和利润挂钩（也称"双挂钩"）、工资与产品产量挂钩、工资总额与产值挂钩（又称百元产值工资含量包干）、工资总额与上缴税利挂钩等方式。

1985年11月，根据国务院的相关文件精神，广东省制定了全省国营企业工资改革实施方案。改革目标为实行"两个挂钩，一个脱钩"，即企业职工工资同企业经济效益挂钩，同职工个人劳动贡献挂钩；企业工资调整与国家机关、事业单位工资改革脱钩。

1987年，全省实行企业工资总额同经济效益挂钩的企业不断增多。1988年9月，广东省劳动局、财政厅印发《广东省全民所有制企业实行工资总额同经济效益挂钩暂行办法》，规定有条件的全民所有制企业都应实行工效挂钩办法，未实行的应实行工资包干办法。

1988年8月，广东省七届人大常委会第三次会议通过《广东省经济特区劳动条例》，规定企业享有内部分配自主权，企业可以根据职工的岗位、贡献等决定其工资。1992年1月，劳动部发布《岗位技能工资制试点方案》，在企业内部实行岗位技能工资制试点。以岗位、技能工资为主，按职工实际劳动贡献确定劳动报酬。1992年7月，广东省政府颁发《广东省贯彻〈全民所有制工业企业转换经营机制条例〉实施办法》，明确规定在国家核定的工资总额范围内企业享有内部分配自主权。

（二）企业工资管理体制向自主分配体制的转变

随着企业工资管理体制逐步实行分级管理，工资管理的自主权进一步落实到企业单位，并随着市场经济体制改革的推进，企业工资分配自主的权限也逐步通过法律规定予以明确，在此变革过程中，为保障劳动者的工资报酬权益不因市场工资自由性而受到损害，与之相适应的政府对劳动者工资报酬权益的保障机制最低工资制度也相应建立。

1988年8月，广东省七届人大常委会第三次会议通过《广东省经济特区劳动条例》，规定企业享有内部分配自主权，同时根据特区非国有经济和混合经济多，大量外来劳动者流入特区，劳动力供过于求，出现一些用人单位过分压低劳动者工资的现象。为保障劳动者的合法权益和劳动者的基本生活，维护社会稳定，《广东省经济特区劳动条例》第一次提出特区要公布最低工资标准，要求用人单位发给工人工资不得低于最低工资标准。1992年，深圳市、珠海市公布了当年的最低工资标准，正式实施最低工资保障制度。当年深圳特区内的最低工资标准是245元/月。广东省是国内最早建立最低工资标准的省份。通过制定颁布最低工资标准，实行最低工资保障机制，要求用人单位严格执行，保证了劳动者付出劳动后取得的最低报酬权利，使劳动者基本生活有所保障。

1993年11月，劳动部颁发《企业最低工资规定》，要求各地确定最低工资率，实行最低工资制度。1994年7月，八届全国人大常委会八次会议通过《中华人民共和国劳动法》，规定企业工资分配应遵循按劳分配原则，实行同工同酬。国家对工资总量进行宏观调控，企业内部分配自主，实行最低工资保障制度。1994年8月，广东省政府颁发《广东省企业职工最低工资规定》，要求各地市自主制定本地区的最低工资标准，开始实行最低工资制度，保障劳动付出劳动获取最低报酬的权利，维护劳动者基本生活。1994年11月，深圳市人大常委会通过《深圳经济特区最低工资条例》，成为全国首部关于最低工资的地方性法规。1995年5月，广东省政府统一制定了企业职工最低工资标准，标准共分五类，最高类为320元/月，最低类为190元/月，各市最低工资标准在广东省制定的标准内选择1~2个执行，深圳按《深圳经济特区最低工资条例》自行制定。

（三）探索建立企业现代工资分配制度

进入20世纪90年代后，随着广东市场经济的不断发展，企业工资分配自主权逐步落实，国家的调控逐步减弱，企业工资分配逐步建立市场机制，由企业与劳动者通过协商确定。广东逐步推进企业建立以协商共决为主体的工资决定机制，并配套建立了工资协商的宏观指导体系。深圳作为经济特区，在广东省探索工资集体协商制度、协调劳动关系的道路上走在前列。1993年，深圳在蛇口工业区开始试行集体合同制度。1994年5月，广东省、深圳市成为开展工资集体协商试点省份和城市。1996 年 6 月，广东省颁布施行《广东省企业集体合同条例》，以地方立法的形式，对广东省的集体协商工作做出了突破性的规定，广东以此为契机，从外商投资企业、私营企业逐步转向不同类型、不同性质的企业，通过制定规范的工资集体合同文本进一步加大推进力度。1999 年 6 月，广东省劳动厅制定广东省 1999 年企业工资指导线，为企业工资增长提供信息指导。1999 年 12 月，广东省劳动厅转发劳动保障部关于建立劳动力市场工资指导价位制度的通知，要求各地在 2000 年要建立工资指导价位制度。同年，深圳市公布了 87 个工种的工资指导价位。政府对企业分配从行政管理逐步向信息服务转变。

2000 年 12 月，广东省劳动厅转发劳动保障部《关于进一步深化企业内部分配制度改革指导意见》，要求建立健全企业内部工资收入分配激励机制，开展按生产要素分配试点工作，转变政府职能，加强对企业内部分配的指导工作。

2005 年，广东省人大颁布了《广东省工资支付条例》（以下简称《条例》），是劳动保障法制建设迈出的重要一步，标志着维护劳动者劳动报酬的权益进入了一个新的发展时期，对于维护劳动者的合法权益，协调劳动关系，推动劳动保障事业健康发展，促进经济社会和谐和可持续发展等，都具有非常重要的意义。《条例》的颁布为维护劳动者合法权益提供了重要的法律保障，从法律上规范了工资支付行为，对用人单位违反工资支付规定的行为设定了明确的法律责任，为劳动者合法取得报酬提供了有力的法律保障。《条例》的颁布实施规范了用人单位的工资支付行为，有利于从源头上预防拖欠工资问题的发生。《条例》对用人单位工资支付的行为、方式等都做了明确的规定，并对违反规定的行为设定了相关的处罚条款，将促使用人单位进一步规范其工资支付的行为。同时，《条例》要求政府建立健全工资支付预警、信用监督、举报投诉等制度，加强对用人单位工资支付的监督、预警等，对拖欠情况严重的单位实施重点监察，从源头上预防拖欠工资现象的发生，对拖欠工资行为进行严惩。充分体现《条例》"规范、预防、责任"的目的，有利于预防拖欠、克扣工资的行为的发生。《条例》还明确了工资的定义，解决了当时法律未明确的问题，为劳动争议处理、劳动监察等提供了依据，为建设和谐劳动关系提供了法律依据。《条例》兼顾了用人单位与劳动者的合法权益，符合市场经济的发展规律，对工资支付的行为、标准、项目、形式等进行规范，要求用人单位与劳动者通过协商签订劳动合同、集体合同等形式，约定工资项目、标准、调整办法、支付日期等，不但保障了劳动者的合法权益，而且保障了用人单位的合法权利。由劳动关系双方对工资支付等进行协商约定，符合市场经济的发展规律，也符合广东省"劳动关系双方自主协调、政府监督、依法规范"的工资分配体系。2008 年，随着劳动合同法的颁布实施，广东省的工资集体协商工作进入全面推进的阶段，提出"工资集体协商三年行动计划"，探索建立新的企业工资决定机制。

二 当前的改革成果及启示

党的十八大以来，党中央、国务院对收入分配改革工作越来越重视，十八大报告明确提出"保障人民各项权益，不断在实现发展成果由人民共享、促进人的全面发展上取得新成效。实现发展成果由人民共享，必须深化收入分配制度改革，努力实现居民收入增长和经济发展同步、劳动报酬增长和劳动生产率提高同步，提高居民收入在国民收入分配中的比重，提高劳动报酬在初次分配中的比重。初次分配和再分配都要兼顾效率和公平，再分配更加注重公平。完善劳动、资本、技术、管理等要素按贡献参与分配的初次分配机制，加快健全以税收、社会保障、转移支付为主要手段的再分配调节机制。深化企业和机关事业单位工资制度改革，推行企业工资集体协商制度，保护劳动所得。多渠道增加居民财产性收入。规范收入分配秩序，保护合法收入，增加低收入者收入，调节过高收入，取缔非法收入"。党的十九大报告进一步提出"坚持按劳分配原则，完善按要素分配的体制机制，促进收入分配更合理、更有序。鼓励勤劳守法致富，扩大中等收入群体，增加低收入者收入，调节过高收入，取缔非法收入。坚持在经济增长的同时实现居民收入同步增长、在劳动生产率提高的同时实现劳动报酬同步提高。拓宽居民劳动收入和财产性收入渠道"。

近年来，广东不断深化企业工资分配制度改革，推动建立"市场机制调节、企业自主决定、职工民主参与、政府监控指导"机制，促进企业职工工资收入合理增长，逐步形成新的薪酬分配机制格局。党的十八大以来，广东经济实现稳步增长，企业职工工资水平逐年提升（见图1和图2），为进一步稳定发展奠定了良好基础，政府的薪酬分配宏观调控指导格局也逐步形成。

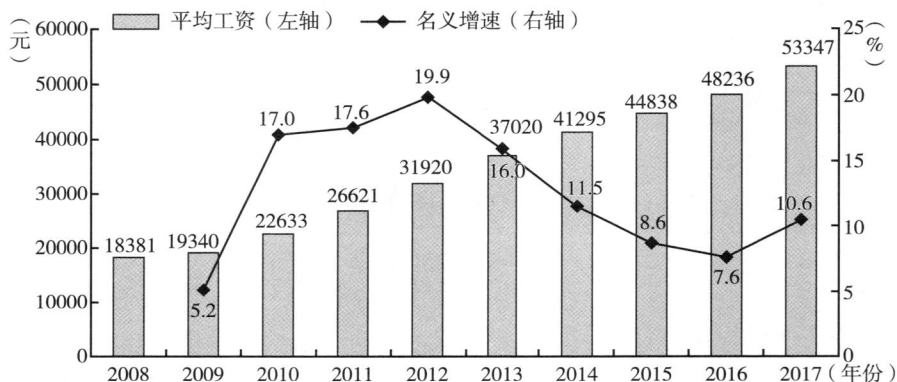

图1 广东城镇私营单位就业人员年平均工资变化

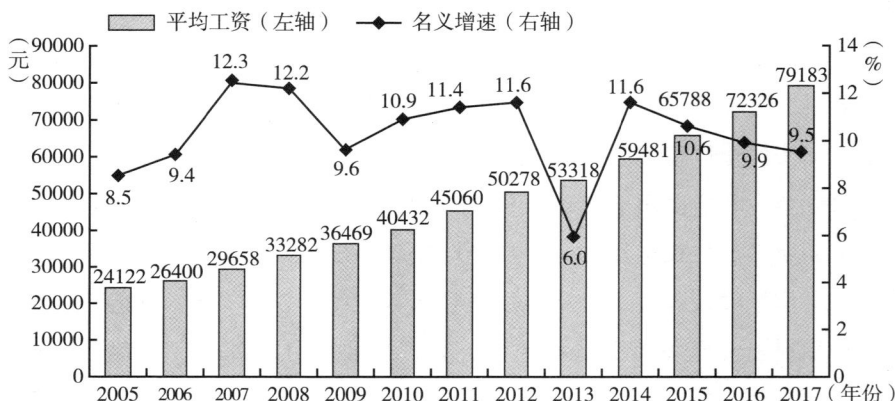

图2 广东城镇非私营单位就业人员年平均工资变化

（一）深化企业薪酬调查和信息发布制度改革

建立企业薪酬调查和信息发布制度是深化企业工资分配改革的重要内容，是完善人力资源市场公共信息服务的重要内容。在市场经济条件下，政府通过深入调查研究，开展企业薪酬调查并发布不同职业劳动者的工资报酬信息、不同行业企业的人工成本信息，对指导企业合理确定职工工资水平、发挥市场在工资分配中的决定性作用，都具有十分重要的意义。

2005 年，广东省出台《广东省工资支付条例》，明确规定"县级以上人民政府应当定期公布劳动力市场工资指导价位和工资指导线，并为用人单位和劳动者提供指导和服务"，首次在地方法规中明确了建立工资信息服务体系。2015 年，省政府印发《关于深化收入分配制度改革的实施意见》，提出"完善全省统一的企业薪酬调查和信息发布制度，每年发布企业工资指导线，引导企业在内部工资分配中向技术、生产一线等岗位的职工倾斜"。2016 年，《广东省人民政府关于印发广东省供给侧结构性改革总体方案（2016—2018 年）及五个行动计划的通知》中提出"完善薪酬调查和信息发布制度""建立行业人工成本信息发布制度"。《广东省关于激发重点群体活力带动城乡居民增收的工作方案》中提出"推动企业开展常态性工资集体协商，完善全省统一的薪酬调查和信息发布制度"。2018 年，人力资源和社会保障部、财政部印发《关于建立企业薪酬调查和信息发布制度的通知》，提出了建立制度完善、调查科学、发布规范的企业薪酬调查和信息发布制度，到 2020 年，建成国家、省、市企业薪酬调查和信息发布体系。2018 年，广东省印发建立企业薪酬调查和信息发布制度的通知，提出到 2020 年全面建成省、市两级企业薪酬调查和信息发布制度。

自 2014 年起，广东在全国率先建立起全省统一的薪酬调查和信息发布制度，每年对全省 21 个地级以上市共 1 万户定点监测企业开展薪酬及人工成本水平调查，制定发布本地区人力资源市场工资指导价位（见表 1）及行业人工成本信息。近年发布的工资指导价位已涵盖 6 个职业大类、68 个职业中类、363 个职业小类、1176 个职业细类，行业人工成本信息涵盖 18 个行业门类和 30 个细分制造业，指导企业合理确定职工工资水平，促进发挥市场在工资分配中的决定性作用。广州、深圳、中山、佛山、惠州、东莞、云浮等市已基本建立本地区年度薪酬信息发布制度。2017 年起，广东在全国率先全面建立人工成本季度监测制度，对企业的人工成本水平及投入产出效益变化情况开展监测，发挥数据对决策的支撑作用。在深入运用和发挥市场在工资分配中的作用方面，广东走在了全国前列。

表 1 2017 年广东省分学历分工龄工资指导价位

单位：元/月

序号	学历	工龄	工资指导价位			
			高位数	中位数	低位数	平均数
1	研究生(含博士、硕士)		65815	10073	2023	14776
2		1 年及以下	40775	6371	1742	8248
3		2～3 年	37568	7990	2151	10165
4		4～5 年	57697	8700	1589	11962
5		6～10 年	56911	10508	2143	13777
6		11 年及以上	81683	15000	2361	20080
7	大学本科		32867	6313	2028	8396
8		1 年及以下	17206	4259	1806	5108
9		2～3 年	18563	4950	1901	5841
10		4～5 年	21542	5593	1936	6697
11		6～10 年	27601	6625	2099	8142
12		11 年及以上	44072	8605	2284	11403
13	大学专科		20764	4500	1722	5724
14		1 年及以下	11651	3417	1602	3995
15		2～3 年	12731	3677	1648	4304
16		4～5 年	15145	4000	1643	4744
17		6～10 年	17406	4500	1755	5398
18		11 年及以上	26842	5699	1844	7218
19	高中、中专或技校		11376	3297	1535	3874
20		1 年及以下	7110	2760	1446	3033
21		2～3 年	8001	2950	1497	3267
22		4～5 年	8777	3069	1457	3432

续表

序号	学历	工龄	工资指导价位			
			高位数	中位数	低位数	平均数
23		6～10 年	10151	3330	1568	3801
24		11 年及以上	13772	3712	1614	4447
25	初中及以下		7514	2598	1401	2963
26		1 年及以下	6169	2305	1369	2620
27		2～3 年	6801	2449	1396	2752
28		4～5 年	7087	2500	1398	2842
29		6～10 年	7321	2627	1353	2974
30		11 年及以上	8219	2800	1452	3207

（二）深化最低工资标准调整机制改革

1. 不断完善最低工资调整机制

2004 年，劳动保障部废止了 1993 年的《企业最低工资规定》，颁布施行新的最低工资规定，对最低工资制度的适用范围、制定程序、考虑因素、测算办法等做出了更为详细的规定，扩大了最低工资的适用范围，将最低工资标准的适用范围扩大到境内的企业、民办非企业单位、有雇工的个体工商户，以及国家机关、事业单位、社会团体的劳动合同制职工。2004 年以后，结合部新颁布的规定，广东不断完善最低工资制度。2006 年，广东省政府为便于对区域发展的统筹协调，收回各市自行选择执行标准的权限，改为由省政府直接指定各市执行类别，并减少标准类别，从 7 类减少到 5 类，并规定市辖县以及县级市经济发展水平与市区差异较大的，可以执行低一类标准。2014 年，广东省在全国率先建立最低工资标准评估机制，在全省范围内开展最低工资标准评估调查，实施最低工资标准实施情况和影响程度评估分析。2017 年，在全省选取 2000 户企业、6000 名职工开展最低工资标准评估问卷调查，通过问卷调查、实地访谈、统计分析等方式，对最低工资与企业成本、劳动者生活以及就业、人力资源流动、经济增长等方面的关系进行研究，形成《广东省最低工资标准评估报告（2017 年）》，为完善最低工保障制度、科学合理制定最低工资标准提供参考。

2. 不断完善最低工资调整测算办法及指标

2004 年，广东省首次明确将劳动者个人应缴纳的社会保险费纳入最低工资标准。2005 年，开展最低工资课题研究，提出了最低工资测算组合法，进一步完善了最低工资调整的测算机制，将 GDP 增长、人均 GDP 增长、社会平均工资、物价指数、低收入户消费支出、食品费用支出、人均可支配收入、社保水平、就业状况等指标变化情况进一步纳入调整考虑因素，也提出了"小步快跑、逐步提高"的调整思路，探索建立科学合理的最低工资测算依据及调整机制。

3. 不断完善最低工资三方共决机制

广东省在最低工资调整过程中，已建立起政府、劳动者代表、企业代表三方共决的最低工资调整机制，在历次调整中均由省、市两级劳动关系协调三方讨论提出调整方案，并深入各地区听取企业和劳动者的意见。近年来，劳动关系三方协调机制不断完善，已形成三方协商研究确定调整方案的常规机制。

2015 年，省政府《关于深化收入分配制度改革的实施意见》提出"建立与经济发展相适应的最低工资标准调整机制，2015 年，全省各类地区最低工资标准达到当地城镇从业人员平均工资水平的 40% 以上"。2017 年，省政府《广东省关于激发重点群体活力带动城乡居民增收的工作方案》中提出"完善最低工资保障制度，建立与经济发展水平相适应的最低工资标准调整机制"。2018 年 6 月，省政府常务会议审议通过并印发《关于调整我省企业职工最低工资标准的通知》，决定从 7 月 1 日起调整广东省企业职工最低工资标准。调整后全省平均提高约 12.3%，其中一类地区调整为 2100 元/月、2200 元/月；二类地区调整为 1720 元/月；三类地区调整为 1550 元/月；四类地区调整为 1410 元/月（见表 2），着力提高低收入劳动者收入水平，保障和改善民生，促进社会和谐发展。广东省不断完善最低工资标准保障机制，促进建立与经济发展水平相适应的最低工资标准调整机制。

表 2　广东历年最低工资标准调整情况

单位：元/月

执行时间	第一类	第二类	第三类	第四类	第五类	第六类	第七类
1995 年 1 月 1 日	320	280	250	220	190	—	—
1996 年 10 月 1 日	380	350	320	280	250	235	220
1999 年 10 月 1 日	450	400	360	320	290	270	250
2001 年 9 月 1 日	480	430	380	340	310	290	270
2002 年 11 月 1 日	510	450	400	360	330	300	280
2004 年 12 月 1 日	684	574	494	446	410	377	352
2006 年 9 月 1 日	780	690	600	500	450	—	—
2008 年 4 月 1 日	860	770	670	580	530	—	—
2010 年 5 月 1 日	1100	920	810	710	660	—	—
2011 年 4 月 1 日	1300	1100	950	850	—	—	—
2013 年 5 月 1 日	1550	1310	1130	1010	—	—	—
2015 年 5 月 1 日	1895	1510	1350	1210	—	—	—
2018 年 7 月 1 日	2100、2200	1720	1550	1410	—	—	—

（三）深化国有企业工资决定机制改革

改革开放以来，国家和广东省对工效挂钩办法进行了多次改进和完善，全省大部分国有企业实行了工效挂钩办法，促使企业的工资总额随经济效益的增长而提高，增强企业和职工的积极性，促进了经济的发展。随着广东省市场经济的发展完善，适应市场经济发展的现代企业工资制度逐步建立，国家逐步放开了对企业工资总额的控制，2000 年广东省完成公司制改造、股权多元化，法人治理结构完善的挂钩企业试行由企业按"两低于"原则工资总额的办法，国家不再强调要求国有企业都实行"工效挂钩"，但工效挂钩办法仍然是国家宏观调控的主要手段之一。广东省实行工资总额同经济效益挂钩的形式因经济效益的指标不同而采取不同的办法，主要有工资总额与实现税利挂钩，工资总额同上缴税利挂钩，工资总额同产值挂钩，工资总额与营业额挂钩，工资总额与出口收汇、实现税利复合挂钩，工资总额与实物量挂钩，工资总额同售电量与实现税利复合挂钩等。

随着《劳动合同法》和《企业所得税法实施条例》等法律法规的实施，广东省国有企业工资分配形成多样管理的体制。一是实行工效挂钩管理办法。工效挂钩是目前广东省行政部门对国有企业工资总额进行调控管理的主要办法。近年来，广东省逐步完善工效挂钩政策体系，如逐步降低和取消复合挂钩指标、对新增效益工资分档提取、探索建立工效挂钩与工资集体协商两种办法确定工资总额等。二是实行工资总额计划管理办法，对企业的职工收入水平进行总体调控。三是通过工资集体协商决定工资总额。以劳动关系三方协商机制为平台，积极推动国有企业建立工资集体协商制度，指导国有企业开展工资集体协商活动。四是由企业经营决策机构决定工资总额。由企业经营决策机构，如企业董事会、领导班子等，根据本企业生产经营状况决定工资总额及增长方式，合理确定工资薪金。

2018年5月，国务院印发《关于改革国有企业工资决定机制的意见》，坚持效益导向与维护公平相统一。明确提出"坚持建立中国特色现代国有企业制度改革方向、坚持所有权和经营权相分离、坚持市场决定与政府监管相结合、坚持分类分级管理"的基本改革原则，要求进一步确立国有企业的市场主体地位，发挥企业党委（党组）领导作用，依法落实董事会的工资分配管理权，完善既符合企业一般规律又体现国有企业特点的工资分配机制，促进国有企业持续健康发展；国有企业工资分配要切实做到既有激励又有约束、既讲效率又讲公平；坚持按劳分配原则，健全国有企业职工工资与经济效益同向联动、能增能减的机制，在经济效益增长和劳动生产率提高的同时实现劳动报酬同步提高；充分发挥市场在国有企业工资分配中的决定性作用，实现职工工资水平与劳动力市场价位相适应、与增强企业市场竞争力相匹配，根据不同国有企业功能性质定位、行业特点和法人治理结构完善程度，实行工资总额分类管理等。

广东已召开省政府常务会议，审议并原则通过《广东省改革国有企业工资决定机制的实施意见》，贯彻落实国务院《关于改革国有企业工资决定机制的意见》建立健全与劳动力市场基本适应、与国有企业经济效益和劳动生产率挂钩的工资决定和正常增长机制，完善国有企业工资分配监管体制，充分调动国有企业职工的积极性、主动性、创造性，进一步激发国有企业创造力和提高市场竞争力，意味着国有企业工资分配改革将再次踏入新的征程。

随着改革开放的进一步推进，以及"一带一路"、粤港澳大湾区、自贸试验区等新一轮开放重点的建设，薪酬改革作为未来深化改革的组成内容，在认真总结改革开放 40 年成功经验的基础上，继续探索进一步提升改革开放质量和水平，继续坚持以人民为中心，把为人民谋幸福作为检验改革成效的标准，让改革开放成果更好惠及广大人民群众，广东将继续弘扬敢闯敢试、敢为人先的改革精神，立足自身优势，创造更多经验，把改革开放的旗帜举得更高更稳。

B.21
发达国家职业伤害救济制度及
对我国的启示

翟玉娟*

摘　要： 在工业发展过程中，发达国家也曾经历职业伤害频发的阶段，职业伤害救济制度从最初的过错责任到雇主责任、工伤社会保障再到工伤保障福利化阶段，走过了百余年的历程。本文提出我国可以借鉴发达国家的经验，构建以工伤保险制度为主，以民事侵权、商业保险为补充的适合我国国情的职业伤害救济制度，在制度构建中应充分体现社会连带国家连带的性质和法律人本主义的精神和理念，建立科学的监督体系和法律责任制度。

关键词： 职业伤害救济　工伤保险　法律人本主义

发达国家主要包括西欧、北欧、北美、大洋洲等地区主要的发达资本主义国家，这些国家从 19 世纪开始相继走上了工业化的道路，尽管每个国家工业发展速度不同、国情不同，但大致经历了工作场所安全卫生条件差、工业事故发生率高的阶段，在法律上先后通过侵权法、工伤保障制度、社会保障制度进行职业伤害救济，目前已经形成完备的、行之有效的法律制度。

---

* 翟玉娟，深圳大学法学院教授，博士，研究方向为劳动和社会保障法。

一 发达国家职业伤害救济制度的主要类型

（一）北欧社会民主主义福利型的工伤保险制度

北欧主要包括瑞典、芬兰、丹麦、挪威、冰岛等国家。北欧国家的福利制度具有独特的共性，已经形成一种公认的福利国家模式，一般被称为斯堪的纳维亚模式。这些国家遵循普享原则或公民资格原则，社会保障制度和社会公益服务覆盖全体公民（甚至居民），该模式以社会再分配为基石，实行大面积的普遍性公共资助计划给予国民基本的社会福利，同时辅之以社会保险和社会救助。① 这些国家工伤保险制度的特点表现为以下三方面。

1. 工伤保险待遇高

例如在瑞典，工伤保险制度是比较有效的社会保险险种之一，工伤待遇高，包括暂时伤残津贴、永久伤残津贴、医疗补助等。在 20 世纪 80 年代末，瑞典疾病补助的日支付额达到实际税前收入的 90%，且没有等候时间，持续领取时间也没有限制。

2. 有完善的社会保障体系相配套

国家给公民提供了完整的社会保障网，除工伤保险外，受伤害劳动者还享有一般公民疾病保险、养老金、失业保险、生育保险和儿童津贴。

3. 政府在"人民福利"的模式中起主要的作用

政府建立了庞大的公共服务部门，为公民提供卫生、教育及专门针对儿童、老年人和残障人的个人社会服务。② 瑞典从 20 个世纪 80 年代开始，在工伤保险基金出现负债情况下，由政府进行补贴。

① 高振立：《从瑞典福利制度看北欧福利国家模式》，《中国人口科学》2002 年第 3 期。
② 〔瑞典〕斯温·霍特：《20 世纪 90 年代瑞典社会保障改革综述：从"慷慨"到"吝啬"》，郑秉文译，《国外社会科学》2004 年第 4 期。

（二）以德国、法国为代表的工伤保险制度

尽管德国、法国也属于工业成熟型的国家，但德国历史上的合作主义和俾斯麦建立起来的"家长式"的威权主义，使这些国家的社会保障制度不同于北欧的"社会民主主义福利体制"。

1. 政府不直接管理工伤保险

德国对市场经济调节的主要理念是"自由＋秩序"，德国联邦政府和州政府不直接管理社会保险机构，政府的作用主要体现在立法制定和监督实施两个方面。[①]

2. 自我管理、自我监督

德国工伤保险管理机构是同业公会，针对事故保险建立了一整套完善的救济体系、康复措施和职业安全和健康监督体系。

3. 完善的社会保障制度

德国不仅有完善的工伤保险制度，而且有完善的养老、医疗、社会保险制度。德国90％的人参加了医疗保险，医疗保险的待遇包括疾病预防和治疗、休养康复及支付疾病津贴。德国法定养老保险的待遇包括一般的年老养老金、职业康复待遇、职业能力或就业能力丧失养老金、遗嘱养老金等。法国除了有事故保险的良好待遇，还有复杂和完善的社会保障体系，覆盖所有居民的全部风险和负担，具体有全民疾病保险、生育保险、残疾保险、老年保险、死亡（遗属）保险、寡居（鳏居）保险、家庭给付等。

（三）美国、加拿大、澳大利亚的工人保险补偿法模式

这些国家虽然为发达国家，但社会保障的类型为"自由主义"福利国家，社会保险在性质上属于补缺性，在工人职业伤害补偿项目上，不要求扩张国家对经济的干预。主要特点有三个方面。

---

① 李宏：《德国的社会保险制度概况及其危机与改革》，《技术经济》2007年第5期。

1. 除一些特殊行业外，其他行业的工伤保险补偿由各州单独立法

在美国，除特殊行业的工伤保险补偿是联邦立法外，各州均有单独的工人保险补偿法。有的州是强制雇主参加工人保险补偿项目，有的州允许拥有较少雇员、特殊雇员及特殊行业的雇主可以不参加工人保险补偿项目。

加拿大是联邦制国家，强制雇主参加工人保险补偿。全国共划分为10个省和3个地区，工人保险补偿联邦立法主要用于航海运输业、铁路运输业、跨省内河运输业、银行业、无线电通信、广播业、航空运输业等跨省行业，这些行业的从业人数约占全国雇员的10%。除这些行业外，各省（地区）具有相对独立的立法权和行政管辖权，对工人补偿自行制定保险计划。澳大利亚也是由每个州单独立法。

2. 独立的保险补偿体系，政府不承担责任

在美国，工人保险补偿已经成为一个独立完善的体系。美国大多数雇主都要缴纳工人保险费，在有些州，雇主要向私人公司购买保险，有的要参加州基金的工人赔偿项目，有的州允许企业自我保险。雇主通过各种形式的保险达到法定的工人保险补偿标准。有2/3的雇主向私人保险公司购买工人保险补偿项目，有23%的雇主参加的是州管理的保险基金，其余部分由雇主通过自我保险形式支付。

加拿大由各个省劳动保险局（Workers Compensation Board，WCB）主办，劳动保险系统是自收自支统筹的，所有征收的保险费都用于职业伤害补偿，政府既不补贴资金，也不挪作他用，收不抵支时可以提高保险费用。澳大利亚的雇主既可以向公营机构，也可以向私营机构购买工伤保险，每个州的政策不同，由雇主承担费用，符合条件的公司可以自我保险。

3. 工人保险补偿法的目的是代替普通法中的侵权诉讼

在美国很多州的立法中，工人保险补偿是对受伤工人和家庭的唯一赔偿来源，工人保险补偿法与侵权行为法分工明确，前者是工人保险补偿体制，后者是规范其余领域的侵权法规则。美国工人保险补偿法的体制相对来说比较独立，并在这个独立的领域中形成了一系列规则。

（三）英国、日本的补充补偿模式

英国较早实行社会保障制度，第二次世界大战后在福利国家的理念下，社会保险制度突飞猛进，属于制度性福利国家。英国的工伤保险经历了一个由雇主责任保险到国家统一社会保障的发展过程。日本职业伤害补偿的法律制度是从法院的赔偿诉讼发展而来的。在 1947 年以前，日本法在一定程度上受到德国法和英国普通法的影响，实行的是单独的工人赔偿机制。1947年，日本通过了《工人补偿保险法》，职业伤害补偿兼有双重性，既有工人保险补偿也有国家给予的福利。英国、日本两国在处理工伤保险补偿与民事赔偿方面有一定的相同之处，具有两个共同特点。

1. 职业伤害补偿享有优先权

英国雇员因工作事故造成的残废或在工作过程中工作所引起的疾病在社会保障制度中享有优先权和独特的地位。从 1960 年开始，日本《工人补偿保险法》增加了各种给付，如果属于职业灾害，可以得到事故疾病的补偿和社会保障的给付。《工人补偿保险法》包括两类条款，一是工人补偿的条款，雇主参加工伤保险，保险支付大部分补偿；二是社会保障条款，政府给予一部分津贴，被视为一种新的福利，目的是给予工人补偿之外的需要。

2. 可以雇主疏忽为由要求民事赔偿

英国从《1897 年工人保险补偿法》实施以来，雇员在得到工伤保险后，还可以通过侵权诉讼获得损害赔偿。如果雇员的死亡是雇主或者是第三人的疏忽造成的，其亲属除接受工伤保险外，还可以依据普通法提出民事诉讼。法院在判决时，通常会在赔偿款额中扣除已支付的工伤保险款项。在日本法中，雇员或者其家属可以以雇主疏忽为由提起民事诉讼要求赔偿，雇员通过工人保险补偿获得的部分是基于雇主和雇员之间的雇佣关系得到的，要从损害赔偿中扣除，工人得到的属于社会福利的部分则不能从损害赔偿中扣除。

（四）新西兰的事故赔偿体制

新西兰在 1972 年制定了事故补偿法，1974 年开始生效，该法实行的是一般事故保险体系，将工人补偿、汽车事故中的第三方责任、刑事赔偿以及其他赔偿结合在一起。适用对象不仅有新西兰所有的居民，包括儿童、成年人和领取工资者，还包括到新西兰进行访问的游客，无论是在工作岗位、家庭、道路、运动场，无论是否有过错，都被一般事故保险体系覆盖。工人补偿是强制性的、全国性的、无过错事故保险补偿体系的一部分。如果所发生的伤害属于事故保险体系中的事故所引起，受害人就没有权利就伤害提起民事诉讼。目前该法已经被1992年的《事故康复和补偿保险法》代替。从1995年4月开始，对于一些信用比较好的雇主，只要其拥有伤害管理和负责的能力，提交相关证明就可以实行自我保险。截止到1997年12月，共有39个雇主9万名雇员实行企业自我保险体系。

二　发达国家职业伤害救济制度对我国的借鉴意义

（一）构建以工伤保险制度为主的救济体系

我国工伤保险制度从1988年开始重建以来，对职业伤害救济起到了重要作用。工伤保险覆盖的人数不断增加，参加工伤保险的劳动者被认定为工伤的，在履行必要的程序后可以获得工伤保险基金的补偿。工伤保险中所确立的用人单位单方缴纳工伤保险费、补偿不究过失等原则使参加工伤保险的劳动者得到了相应的保障。作为企业，不必担心因为采用新科技、新技术、新仪器带来的职业灾害隐患以及无法预测的法律风险，通过预先缴纳工伤保险费这种有限责任换取企业发展机遇。所以，继续发展完善工伤保险制度，使之成为职业伤害救济的主要途径应是坚持的方向，但工伤保险制度建立的基础是对于一些无法预料和用人单位一般过错情况职业伤害责任的分担，对于用人单位故意或者重大过失行为造成的职业伤害，不应该免除用人单位应承担侵权补充民事赔偿责任。同时应发展商业保险，鼓励用人单位在法定的标准之上为劳动者购买补充商业保险，让劳动者受到伤害后可以获得更好的保障。因此，我国应构建以工伤保险为主，以民事赔偿和商业保险为补充的职业伤害救济模式。

（二）职业伤害救济制度应体现了法律人本主义观念

美国法学家罗斯特·庞德将西方法律的发展分为原始法、严格法、自然法、成熟法和法律社会化五个阶段，考察西方发达国家职业伤害救济制度的演变过程，也充分体现出庞德的五个发展过程。职业伤害的救济从雇主为雇员负责的严格责任到强调过错原则，再到职业伤害补偿的社会化，发达国家工伤保障制度的发展越来越体现出以人为本的理念，细致入微的一些制度设计呈现法律人本主义的特色。我国在职业伤害救济制度上同样要体现出以人为本的法律哲学思想。我国的工伤保险制度在构建时应从以下几个方面实现法律人本主义。

1. 体现社会连带国家连带的理念

劳动者在职业过程中面临各种各样的风险，个人风险就是社会风险，这种风险后果不应该由个人来承担，应该通过适当的制度分散这种风险，即责任承担社会化。德国参加法定工伤保险的占德国人口的一半，事故保险覆盖的人员不仅包括雇员、学徒、残疾人、独立经营者，还包括从事家务劳动者、幼儿园的儿童、中小学和大学的学生、由官方资助自己动手建造住宅时工作的人等，范围十分广泛。① 法国的事故保险适用于所有非独立劳动者。美国的工人补偿制度覆盖了全国 92% 的雇员。日本工人补偿保险制度除海员（有专门的海员保险法）、渔民和雇员为五人以下的小公司及农民没有参加外，覆盖私营企业的大部分雇员。新西兰的事故补偿制度则覆盖了所有的公民和到新西兰进行访问的游客。西方发达国家工伤保障制度包括的主体范围广，可以使更多的从业者通过工伤保障制度获得赔偿。

我国可以参加工伤保险的主体范围狭窄，将大量从属性劳动主体排除在法定的劳动者主体之外。随着"互联网＋"时代的来临，大量提供劳动且

---

① 〔德〕霍尔斯特·杰格尔：《社会保险入门》，刘翠霄译，中国法制出版社，2000，第 135 页。

不具备现行法律上劳动者概念的从业者，无法被工伤保险制度覆盖。建议扩大工伤保险的覆盖面，不以是否存在劳动关系为加入工伤保险制度的前提，从而使工伤保险能够覆盖以劳动报酬为主要收入的居民。

2. 提供的待遇要基本满足受害者的需求

发达国家建立和发展社会保障的目的是使受害者不至于因伤害而使生活水平有所下降，工伤保障制度在设计上充分考虑到受害者的需求，提供了多种待遇。在德国，工伤事故发生后，事故保险提供有效治疗、职业促进康复待遇、社会康复待遇、需要护理待遇作为损害补偿，对于不能工作的受保险人在停发工作报酬以后，支付暂时障碍津贴。法国事故和职业病保险待遇包括两个方面，一是临时支付，二是长期支付。受害人在发生事故后可以获得临时支付。在美国，工人受到职业伤害，首先要提供足够的医疗服务，包括支付医药费、住院费用、外科手术费用和与伤残有关的其他医疗费用，大部分州的工人保险补偿法要求雇主或者保险公司为雇员提供全部医疗费用。日本工伤保险补偿提供六种形式的待遇和三种服务。待遇包括医疗、临时残疾待遇、临时残疾延伸养老金待遇、永久残疾待遇、遗属待遇和葬礼津贴。额外待遇还有临时残疾待遇、临时残疾延伸保险金待遇、永久残疾待遇、遗属待遇、永久残疾奖金待遇、遗属奖金待遇、遗属孩子学校费用资助、康复费用、职业健康和安全贷款服务、公司破产拖欠工资的特殊支付。

发达国家除了给予受害者各种各样的待遇外，还不断提高给付的水平。例如，日本给予职业伤害受害者的待遇在不断增加。1960年，临时残疾给付和医疗费用从工伤保险补偿基金中支付。1978年，养老金形式的临时残疾给付也由基金支付，这些临时残疾给付在《劳动标准法》中是没有的。1965年日本政府开始给50岁及以上年龄的寡妇额外津贴。同年厚生劳动省给予了职业病人最低工资给付，为保证低收入残疾工人和死亡工人家属的给付水平，不断修订最低工资标准。1974年，《工人补偿保险法》增加了工人福利供给予，这些额外的给予，是在给予有关补偿后，又为提升残疾工人的一般福利和死去工人的遗属的福利水平而增加的。1973年增加了通勤事故的福利。在英国，就社会保障补助金的标准而言，1948～1977 年物价增长了大约五倍，收入增加了大约十倍，但社会保障补助金增长了大约 12 倍，让公民的保障和补助水平不因为其他因素而下降。

尽管给予职业伤害的劳动者多少待遇与这个国家的经济发展水平、富裕程度有关，发达国家经济发展水平高，相应的给予职业伤害的劳动者的待遇就比较高，但发达国家工伤保障制度也体现了一个理念，就是职业风险、职业伤害应该由整个社会来承担责任，受害者为现代社会工业发展付出了生命和身体健康的代价，全部或部分丧失作为人获得更美好生活的机会和条件，所以他们应该获得好的照顾。在工伤保障制度的设计上，不仅体现出人本主义的精神，而且比其他社会保障处在更优先的地位。

我国的工伤保险待遇存在不合理之处，例如基金承担有限的医疗费用，不承担"伤"的现金给付，"残"的待遇较低，职业康复机会较少等。有的地方工伤保险管理机构大量适用一次性补偿且补偿计算基数为十年，有些劳动者获得的补偿都无法保障自己今后的生活和医疗，更不能承担家庭的主要责任。

3. 体现了人道主义精神

所谓人道主义精神，是人类基于理性的认知，本着自由的意志，发挥人类互助的天性，在共同的社会生活中，展现的一种对同类的苦难、灾祸与不幸的关怀与同情，并以实际行动进行帮助。[1] 职业伤害受害者无疑遭受了不幸，理应给予更多的关怀。例如在德国，对于一个职业伤害受害者，工伤保险制度给予受害者最大限度的生活便利。如果一个因职业伤害而截瘫的矿工只能坐轮椅，那么他不适合伤害后生活的家庭设施如门、楼梯等就需要改造，以方便他的生活。德国职业伤害受害者家人探视的费用，作为社会康复的项目，也可以得到适当的补偿。日本位于千叶和大阪的职业康复中心，在功能康复方面，除了物理疗法、运动疗法、语言听力训练等，还设有作业治

---

① 杨奕华：《法律人本主义》，汉兴书局有限公司，1997，第 123 页。

疗室，备有编织、陶艺和厨房等设施，病人根据本身情况进行训练。康复中心被誉为工伤者的人生驿站、生命绿洲。不少人在这里得到精心的呵护和关怀，找到生命的价值。

中国的工伤保险制度由政府进行管理，一些职业伤害劳动者在获得工伤保险待遇的过程中遭遇过不同程度的"脸难看、事难办"的经历。如一个丧失了小臂的工伤者，为了更换假肢，不但千里迢迢从家乡赶到工伤保险统筹地，更是专门花费了三个月的时间，在有关部门之间跑了多次，靠软磨硬泡的方式才得以更换一次假肢。

发达国家工伤保障制度的人道主义精神还体现了受害者得到工伤保障待遇的及时性和程序上的便捷性。例如德国法规定，受保险人死亡或者身体受到损害，三天以上不能工作的，企业要在工伤事故之后的三天之内向事故保险运营机构报告。法国的社会保险法规定，雇主应该在知道事故发生后的48个小时将事故通告给基层保险所，劳动者在事故发生当日获得预期的工资，在第二天获得按日赔偿金。英国是从雇员受伤的第四天开始支付短期的伤残补贴。在美国，职业伤害一旦发生，工人伤害补偿制度就自动支付给受害者相应的短期补助和医疗帮助，有的州规定了短暂的等待期，有的州则没有等待期的规定，受害者获得工伤保险待遇的程序相对比较简单。

在我国，部分地区存在获得工伤保险要经过工伤认定、劳动能力鉴定等种种环节，尤其是职业病患者，在经过职业病诊断、鉴定、再鉴定等多重环节后还要再经过工伤认定程序，在一系列程序中需要提交多种证明文件，工伤保险的过程复杂、烦琐，在工伤保险程序的设计上没有充分考虑到受伤劳动者的艰难与需要，过多的程序、烦琐的环节给本已经受到伤害的劳动者造成"第二次伤害"。

4. 鼓励雇主重视职业安全

法律人本主义是通过法律的制定和适用鼓励人们从善的动机出发、采用善的行为体现的。职业伤害救济制度的设计同样要达到这个目标，促使劳动者和企业重视职业场所的安全和健康。劳动经济学认为，劳动场所的安全会给企业带来较低的工资水平、减少生产过程的中断、减少招聘和培训工人的费用等诸多收益，同时工伤事故的减少可转化为工人保险费率的降低。[①] 我国虽然实行了工伤保险制度，但职业场所的安全问题仍然较多，说明工伤保险的预防机制没有充分发挥作用，我国应从工伤保险缴费费率、追偿权等方面进行更为科学的设计和规定，通过工伤保险制度促进职业场所的安全和健康。

（三）政府管理与基金的关系

发达国家实行公共基金的工伤保险模式，有的基金是由政府直接管理，如北欧国家、英国等。有的国家是社会自我管理机制，如德国的工伤保险经办机构由 35 个工商业同业公会、21 个农业同业公会和公共部门同业公会进行运营，工商业同业工会是全国最大的和最重要的工伤保险经办机构，属于公法法人机构，在国家法律规定下自治管理。三个工伤保险经办机构之间地位平等，互不隶属，牵制很少。同业工会实行自我管理，雇主和雇员享有平等的决定权。德国的工伤保险，是典型的三方合作型，政府、企业和个人同时履行相应的社会保险筹资和管理的义务。英国最初的工人赔偿基金是由雇主参与管理的，雇主阶层认为，保险费是他们支付的，他们有权决定基金如何使用，如果政府管理基金，就应该由政府承担最终的责任。

我国的工伤保险基金是由政府管理，工伤保险待遇标准、工伤认定、待遇审核、费率制定、基金运作都是政府行为，缺乏必要的信息披露，劳动者、用人单位对于基金管理没有具体的参与和监督，工伤保险基金也缺乏社会的监督。

（四）建立职业安全健康严密的监督体系

发达国家在建立工伤保障制度的同时，非常重视建立职业安全监督和预防体系。在德国，职业场所的安全健康有五层监督体系。第一层监督是雇

---

① 〔美〕坎贝尔·R. 麦克南等：《当代劳动经济学》，刘文等译，人民邮电出版社，2006，第274 页。

主，雇主首先具有对劳动者提供劳动保护的义务，例如雇主有评判劳动条件、教育雇员、预防特别危险和任免安全代表的义务。第二层监督是雇员的监督，雇员在劳动中对自己、其他同事和劳动相关人员的安全和健康有法定注意义务和对劳动保护相关危险报告的义务。第三层监督是国家监督，通过在每个州设置劳动部，下设工商监督官员，专职监督职业场所的安全与健康条件。第四层监督是企业委员会，德国劳动关系的典型特点是劳动者在企业的事务中享有参与权，企业委员会在劳动保护方面具有重要的作用。[①] 第五层监督是同业公会，同业公会不仅是工伤保险的承办者，还负责劳动安全，具有一定的立法权。它所制定的规则报联邦劳动和社会秩序部批准后，具有强制执行的法律效力，生效后印发给企业，企业必须遵照执行。目前同业公会拥有自己的劳动保护专家，有关劳动保护的规定与规程有130余个。同业公会拥有3000名监察员，监察员的主要职责是对企业进行监督，保障安全规章的执行。德国严密的监督体制使企业必须重视职业安全和健康问题，德国的职业伤害发生率一直处在较低的水平。

相比之下，我国关于职业安全健康的监督严重不足，不少重大、特大重大安全事故是用人单位不重视安全生产造成的。同时，在强资本弱劳工的现状下，劳动者不可能发挥监督作用，职业安全和健康的监督更多依赖政府部门的行为。为了强化监督，我国职业安全、卫生监察、劳动监察由几个不同的部门管理，这样做非但没有起到好的效果，反而造成对于与劳动过程有关的职业安全和健康问题，最有条件进行监督的劳动监察部门不管、不能管，其他部门又没有力量管的现状。相比而言，我国劳动监察力量是最强的，职业安全、职业健康与劳动过程相连，如果整合监督力量，实行综合监督体制，可以加强对职业场所安全健康情况的监督检查，提高监督的效果。

（五）建立完善的法律责任制度

虽然工伤保障制度已成为发达国家职业伤害补偿最重要的途径，基本上

---

① 〔德〕W. 杜茨：《劳动法》，张国文译，法律出版社，2005，第176页。

对企业法律责任进行了免除，但这种免除仅是在一定程度上的，如果雇主违反劳动保护法规，同样要承担法律责任。例如，德国雇主违反劳动保护法规要承担公法上和私法上的双重责任，公法上的责任有承担行政责任和承担刑事责任，私法上的责任是在雇主没有遵守劳动保护法规时，雇员基于雇主积极违约有权按照《民法典》的规定要求雇主承担损害赔偿。即使是在实行事故赔偿法的新西兰，对于雇主的责任免除也不是绝对的。如果工伤是发生在工作场所并在事故赔偿法覆盖范围内，雇主就不会因为工伤事故造成的伤害而被起诉，但是如果雇主疏忽非常明显，甚至达到故意忽视工人的安全和健康的程度，雇主就可以被起诉，以示惩戒。[①]

我国关于职业安全和健康的法规并不少，但并没有得到严格执行，对违法用人单位的法律责任规定不足，政府监督不力，行政责任往往落空。在民事责任的承担上，工伤保险与民事赔偿的双赔问题理论上争论不断，实践中做法不一，对于用人单位没有为劳动者缴纳社会保险的，也只是按照工伤保险待遇的标准支付给受伤害的劳动者，违法成本较低。

---

① Hazel Armstrong：《新西兰无过失伤害的预防、康复和赔偿体制介绍》，《中国安全生产科学技术》2007 年第 1 期。

B.22
劳动合同解除情事变迁原则浅析

彭小坤*

摘　要： 本文认为民商合同运用情事变迁原则来平衡双方当事人利益，以免显失公平，但相关规则并不能简单适用于劳动合同，劳动合同自有其特殊性，不应以可否归责于一方为条件，具有一定主观性的用人单位依法决策的相关情形也应当准予适用。现行劳动合同立法区分客观情况与客观经济情况，与国际劳工组织的国际公约和建议书并不吻合，也给司法实践造成困扰，应当调整劳动合同现行情事变迁相关立法，对于业务外包等用人单位依法自主用工情形，司法部门应当结合实际情况准予适用情事变迁原则。

关键词： 劳动合同　情事变迁　司法实践

一　情事变迁原则及其法律渊源

情事变迁又称情事变更或情势变迁，是指合同订立后因不可归责于双方当事人的原因发生了严重影响合同履行的重大事项或合同履行所依赖的基础动摇或丧失。情事变迁原则是指发生情事变迁后继续履行合同将无法实现合同目的或显失公平，因而允许变更合同或解除合同的法理。该原则的适用通常包括以下条件：①存在情事变迁事实；②情事变迁发生在合同成立之后履

---

* 彭小坤，法学博士，广东瀚诚律师事务所主任，研究方向为劳动法。

行完毕之前；③不可归责于任何一方当事人；④情事变迁为当事人缔约时所不可预见；⑤如继续履行合同会显失公平。此原则为诚实信用原则的延伸，对合同的合理履行以及合理解除均有重要价值。

1986年，我国加入《联合国国际货物销售合同公约》（以下简称《合同公约》），《合同公约》第79条第1项规定了情事变更原则：如果一方当事人证明，未能履行义务为他所不能控制的障碍所造成，签约时其也不能被期待合理地预见该障碍，且无法避免和克服该障碍及其后果，则该方当事人不承担责任。① 此外，《维也纳条约法公约》《国际商事合同通则》也规定了情事变迁原则。这些规定可以理解为情事变迁的国际法渊源。

1992年，最高人民法院在《关于武汉市煤气公司诉重庆检测仪表厂煤气表装配线技术转让合同购销煤气表散件合同纠纷一案适用法律问题的函》中同意了湖北省高级人民法院对该案的处理意见，确认了情事变迁原则可以适用于司法实践。1993年《全国经济审判工作座谈会纪要》（以下简称《会谈纪要》）指出，由于不可归责于当事人双方的原因，作为合同基础的客观情况发生了非当事人所能预见的根本性变化，以致按原合同履行显失公平的，可以根据当事人的申请，按情势变更的原则变更或解除合同。《会谈纪要》进一步肯定了情事变迁原则。

我国1999年颁布施行的《中华人民共和国合同法》对情事变迁原则并无具体规定，但是2009年《最高人民法院关于适用〈中华人民共和国合同法〉若干问题的解释（二）》［以下简称《司法解释（二）》］对此原则进行了确认。② 《司法解释（二）》的规定将不可抗力排除在情事变迁范围之外，

---

① 原文为：A party is not liable for a failure to perform any of his obligations if he proves that the failure was due to an impediment beyond his control and that he could not reasonably be expected to have taken the impediment into account at the time of the conclusion of the contract or to have avoided or overcome it or its consequences。

② 《司法解释（二）》第26条规定："合同成立以后客观情况发生了当事人在订立合同时无法预见的、非不可抗力造成的不属于商业风险的重大变化，继续履行合同对于一方当事人明显不公平或者不能实现合同目的，当事人请求人民法院变更或者解除合同的，人民法院应当根据公平原则，并结合案件的实际情况确定是否变更或者解除。"

因为我国此前 1986 年制定的《民法通则》规定了因不可抗力不能履行合同的，不承担民事责任；而之后 2017 年颁布的《民法总则》也再次确认了因不可抗力不能履行民事义务的，不承担民事责任。

不可抗力是指当事人不能预见、不能避免且不能克服的客观情况。如果出现不可抗力，合同双方当事人都归于免责，但是对于合同后续如何安排或处置，《民法通则》与《民法总则》同样没有规定，所以上述规定只解决了法律责任问题，并没有解决合同履行过程中出现不可抗力时合同的变更与解除问题。《合同法》则进一步规定了因不可抗力致使不能实现合同目的，当事人可以解除合同。而《司法解释（二）》的规定，则是引入了情事变迁原则来进一步完善相关规则，在发生非不可抗力造成的客观情况重大变化时允许当事人向人民法院请求变更或者解除合同。这一规定并非简单赋予当事人可以径直行使变更权或解除权，而只是赋予类似于撤销权的请求权，需要履行相应的请求程序。不过当事人可以基于这一规定而自行协商变更或解除合同，以最低成本维持最大限度的利益平衡。

2. 情事变迁原则在我国劳动法律法规中的体现

1994 年颁布的《劳动法》第 26 条第 3 项规定："劳动合同订立时所依据的客观情况发生重大变化，致使原劳动合同无法履行，经当事人协商不能就变更劳动合同达成协议的"，用人单位可以解除劳动合同，但是应当提前30 日以书面形式通知劳动者本人。2008 年生效的《劳动合同法》第 40 条第 3 项规定："劳动合同订立时所依据的客观情况发生重大变化，致使劳动合同无法履行，经用人单位与劳动者协商，未能就变更劳动合同内容达成协议的"，用人单位提前 30 日以书面形式通知劳动者本人或者额外支付劳动者一个月工资后，可以解除劳动合同。2008 年颁布的《劳动合同法实施条例》第 19 条规定："劳动合同订立时所依据的客观情况发生重大变化，致使劳动合同无法履行，经用人单位与劳动者协商，未能就变更劳动合同内容达成协议的"，"依照劳动合同法规定的条件、程序，用人单位可以与劳动者解除固定期限劳动合同、无固定期限劳动合同或者以完成一定工作任务为期限的劳动合同"。

由上可见，我国劳动法律法规的相关规定相差无几，都是强调"客观情况发生重大变化"且致使劳动合同无法履行时，用人单位与劳动者协商变更未果的，可以解除劳动合同。1994 年颁布的《关于〈劳动法〉若干条文的说明》（以下简称《说明》）第 26 条第 4 款对于"客观情况"进行了解释："本条中的'客观情况'指：发生不可抗力或出现致使劳动合同全部或部分条款无法履行的其他情况，如企业迁移、被兼并、企业资产转移等，并且排除本法第二十七条所列的客观情况。"

上述规定为情事变迁原则在我国劳动法律法规中的具体体现，与民商法不同的是，我国民商法领域使用的概念是"情事变迁"，我国劳动法领域的表述为"客观情况发生重大变化"。而且将不可抗力列为客观情况之一，与《司法解释（二）》的规定并不一致。《司法解释（二）》将不可抗力与情事变迁按并列关系论处，前者当事人可依据《合同法》行使解除权而直接解除合同，后者则按照《司法解释（二）》当事人可以选择请求法院变更或解除合同。现行劳动法则将不可抗力和企业迁移、被兼并、企业资产转移等一起列为客观情况，均赋予用人单位解除权。此外，我国民商法中的情事变迁原则允许当事人可以选择申请变更或解除，而我国劳动法则将协商规定为程序，虽然保有了变更的可能性，但协商未果时归于解除，并无变更申请权。该解除权为形成权，系用人单位的单方权利，与民商法中的请求权有别，无须履行申请程序。或许因为劳动合同属于继续性合同，无法恢复原状，解除只能向将来发生效力，所以我国劳动法才有此特殊规定。

再考察我国民商法中的情事变迁原则适用的条件，又可以发现我国劳动法所规定的"客观情况发生重大变化"中的"客观情况"往往与用人单位的决策密切相关。即便是企业迁移或资产转移之类的法定情形也存在用人单位的主观因素，这样是否可以归责于用人单位，是否可以适用情事变迁原则似乎尚可商榷。不过国际劳工组织的《1982 年雇主提出终止雇佣公约》（第 158 号公约，以下简称《终止公约》）对此也有特别规定，《终止公约》第 4 条规定："雇员不得被解雇，除非存在诸如雇员工作能力或行为表现的原因，或基于企业、机构或服务单位运营所需。"① 相关规定保留了"运营所需"这一空间，也意味着情事变迁原则适用条件在劳动法领域自有特点。耐人寻味的是，我国劳动法将客观情况与客观经济情况区别处理，使司法实践对如何理解和适用劳动合同领域的情事变迁原则产生了困扰。

二　我国劳动合同情事变迁相关立法分析

我国劳动法律法规的情事变迁相关规定，其理论基础是否具有自洽性尚在其次，重点在于如何规范客观情况发生重大变化即情事变迁。立法中需要面对一系列问题：客观情况发生重大变化的判断标准是什么？哪类具体情况构成客观情况发生重大变化？相关程序如何规范？

《说明》确定判断是否构成客观情况发生重大变化的标准是"致使劳动合同全部或部分条款无法履行"，并列举了构成客观情况发生重大变化的三种情形：企业迁移、被兼并、企业资产转移。以此为标准，不可抗力自不待言，但客观上讲，示例的三种情形企业或其股东都有一定的决策权，即便被兼并，也并非完全由兼并方决定，所以这三种情形尽管最终体现出来的结果具有一定的客观性，但因难以符合"不可归责于任何一方当事人"这一条件而无法适用传统情事变迁原则。但是用人单位（尤其是企业）自有其运营需要，也依法拥有用工自主权，只要符合相关法律规定，履行了相应的程序，则应该承认即便是自行决策，只要存在劳动合同无法履行或部分无法履行的相关结果，也属于客观情况发生重大变化。正因为此，《终止公约》中才有了用人单位因"运营所需"而有权解雇劳动者的规定，这也是劳动法领域对民商法情事变迁原则适用条件调整的体现。

按传统的民商法情事变迁原则，哪类情事变迁在所不问，只要达到重大程度并导致继续履行合同会构成显失公平，即可运用此原则进行调整。我国

---

① 原文为：The employment of a worker shall not be terminated unless there is a valid reason for such termination connected with the capacity or conduct of the worker or based on the operational requirements of the undertaking, establishment or service。

劳动法所规定的客观情况虽然也有重大这一程度要求，但排除了与经济相关的情况。《劳动法》及其配套的《企业经济性裁减人员规定》强调"用人单位濒临破产进行法定整顿期间或者生产经营状况发生严重困难"适用裁员相关规范，《劳动合同法》进一步明确此为"客观经济情况"，除了依照企业破产法规定进行重整和生产经营发生严重困难情形外，还包括企业转产、重大技术革新或者经营方式调整以及其他情形。虽然国家允许裁员作为用人单位应对危机的特殊手段，但是对劳动者和社会影响重大，所以同时制定了特别的大规模解雇保护政策。我国劳动法在立法时将情事变迁事由做了区别对待，一般性的客观情况重大变化履行协商程序即可，而经济性的客观情况重大变化还有特别限制。不过相关界限并没有划分清楚，企业转产、重大技术革新或者经营方式调整这些行为固然与经济原因有关，但企业作为营利性机构，一切活动都以获取经济利益为目标，一般性的客观情况重大变化也可能是基于客观经济原因，所以实践中难以区分情事变迁的类型并适用相应的法律条款。

国际劳工组织的《终止公约》以及《1982 年雇主主动终止雇佣建议书》（第 166 号建议书，以下简称《终止建议书》）将用人单位解雇员工的类型归为三类，一是因员工工作能力因素，二是因员工行为因素，三是基于企业、机构或服务单位运营所需。第一类可以理解为劳动者不能胜任工作，第二类可以理解为劳动者行为不检存在过错，第三类则属于本文讨论的情事变迁。第三类情形并没有进一步区分客观情况重大变化与客观经济情况重大变化，而表述为"因经济、技术、结构或类似原因"，[①] 也就是说，无论何种情形，只要是"基于企业、机构或服务单位运营所需"，用人单位即得以行使解雇权利，避免了前述区分困难。

《劳动合同法》为了平衡用人单位与劳动者双方利益，在立法时一方面沿用之前《劳动法》的思路，继续区分了客观情况重大变化与客观经济情况重大变化两类不同的情形，另一方面规定裁减人员 20 人以上或者裁减不

---

① 原文为：for economic，technological，structural or similar reasons。

足 20 人但占企业职工总数 10% 以上的才适用裁员相关规定。但是这一规定并没有解决根本问题，反而带来理解分歧：有人认为达不到人数或比例条件的无须提前 30 天说明情况，也可以不向劳动部门报告，可以直接裁员；也有人认为达不到人数或比例条件的虽然可以不履行程序要求，但还是应当履行优先留用和优先录用义务；还有人认为达不到人数或比例条件的不允许裁员，应当适用《劳动合同法》第 39 条第 3 项相关规定，按客观情况发生重大变化来处理。

《劳动法》与《劳动合同法》都对因客观情况发生重大变化而解除劳动合同与因客观经济情况发生重大变化而裁员的程序做了区别立法，前者用人单位与劳动者协商变更劳动合同未果即可，后者则需要提前 30 天向工会或全体员工说明情况，还需要事先向劳动部门报告。因客观情况发生重大变化而解除劳动合同可以选择提前 30 天通知劳动者或支付一个月工资替代提前通知；因客观经济情况发生重大变化而裁员则无须提前 30 天通知劳动者，自然不存在支付一个月工资替代通知的选择。用人单位因企业转产、重大技术革新或者经营方式调整而裁员前还需要履行变更劳动合同的义务，仍须裁减人员的才得以实施裁员方案，这一规定使此类裁员难以实施。为了保障劳动者就业稳定，避免或减少裁员固然是应有之义，国际劳工组织的《终止建议书》也特别建议通过"自然减员、内部调配、培训和再培训、适当收入保护条件下的自愿提前退休、限制加班和缩减正常工时"等办法来实现这一目的，但是这些措施应当同时适用于"因经济、技术、结构或类似性质原因"的所有情事变迁情形，而非适用于某一特定原因的情事变迁。

三　司法实务中情事变迁问题的困扰

尽管《说明》列举了企业迁移、被兼并、企业资产转移三种情形作为客观情况发生重大变化的示例，但这只是不完全列举，而用人单位情事变迁的表现形式千差万别，所以立法时还用"等"字给司法裁判人员预留了空间。但是由于前述理论与立法的偏差，示例三种情形之外的情事变迁案例的实际裁判结果经常迥然不同，此类争议成了我国劳动争议处理的一大难点。

用人单位为了满足专业发展需求，经常采取业务外包措施，有时为了应对市场变化，也会撤销部门、取消业务线。但是业务外包、撤销部门或取消业务线这三类情况并非示例情形，是否构成客观情况重大变化则成为用人单位能否依法解除劳动合同的关键因素，司法实践中只能由司法裁判人员根据立法本意和个人理解来判断。由于这三种情形都具有一定的主观性，所以司法裁判人员对于是否构成客观情况会有一定的疑虑。笔者认为，这三种情形尽管在决策过程中会有一定的主观性，但是仍以一定的客观形式表现出来，不能否认其相应的客观性。而且用人单位自有判断能力，对其自身行为负责，其采取相应措施也有理由相信系为维持本身运作所需，只要符合法律规定，则不应否认用人单位的经营自主权和用工自主权，否则会陷入司法过度干预用人单位内部经营的困境。至于相关情况是否构成重大变化，则要根据实际影响来进行判断，因为合同和具体措施都有相对性，所以可以将是否导致劳动合同无法履行作为判断影响是否重大的标准之一。比如撤销某一部门或业务线，对于该部门或业务线所有从业人员来讲，都导致原来的工作内容和岗位没有的同一效果，进而影响劳动合同的履行，这种情形可以理解为产生了重大影响；但是对其他部门或业务线来讲，原则上不会有重大影响。用人单位实施业务外包时，原来从事被外包业务的工作人员肯定会受重大影响，毕竟没有了相应的工作内容和工作岗位，这点比较容易理解和接受；比较困难的是由于业务外包导致管理对象减少，财务或行政等对应的后勤工作部门的工作人员工作量会相应下降，这类员工如非专门或主要对口从事外包业务相应的后勤服务，则难以认定达到劳动合同无法履行的标准，用人单位可以适当调整安排工作，但却不宜因此单方解除这类员工的劳动合同。

劳动合同能否继续履行还需要结合劳动合同约定和实际履行情况来判断。如果劳动合同约定的工作内容过于宽泛，则不利于判断是否影响劳动合同履行。不过一些用人单位会有入职通知书，其中会约定具体岗位，也可以作为判断依据。但是劳动合同履行过程中合同本身就可能变更，一些劳动者实际履行的具体工作与最初订立的劳动合同约定的内容并不相符，所以立法均以"劳动合同订立时所依据的客观情况"为判断基础欠妥，应当根据实际履行原则，将客观情况发生重大变化时实际履行的工作内容、工作岗位作为对比项，即使实际履行中发生的变更行为没有书面形式也应如此。最高人民法院在《关于审理劳动争议案件适用法律若干问题的解释（四）》中也支持实际履行原则。①

对于业务外包，在我国司法实践中，还不得不判断其是否属于客观经济情况发生重大变化，是否属于裁员范畴，毕竟法律适用条款不同，结果也可能完全不同。《劳动合同法》规定经营方式调整且经变更劳动合同后仍需裁减人员的，需要适用裁员相关规定，但是如果不构成经营方式调整，则有机会适用客观情况发生重大变化相关条款。笔者认为，业务外包并非经营方式调整，只是用人单位根据其自身经营需要而采取的管理手段而已，而且是国家大力提倡的模式，有助于用人单位提升核心业务专业水平，增强竞争力。2014年国务院还专门下发了《关于促进服务外包产业加快发展的意见》，以促进我国服务外包产业加快发展。经营方式则是用人单位经营的具体形式，如自产自销、代购代销、批发、零售等；至于个人经营、合伙经营或委托经营等经营模式，体现的是所有权与经营权之间的关系，更多的是由企业形式来决定的法律关系，都与业务外包有显著区别。因此，业务外包构成情事变迁，但并不适用《劳动合同法》裁员相关规定。业务外包必须以实际发生为标准，如果只是决定外包，则还需要结合实际情况再考察是否为假外包。如果构成假外包，则不应支持用人单位情事变迁的主张，以免用人单位滥用权利。

---

① 《关于审理劳动争议案件适用法律若干问题的解释（四）》第11条规定："变更劳动合同未采用书面形式，但已经实际履行了口头变更的劳动合同超过一个月，且变更后的劳动合同内容不违反法律、行政法规、国家政策以及公序良俗，当事人以未采用书面形式为由主张劳动合同变更无效的，人民法院不予支持。"

业务外包时用人单位经常会与承包方签订相关协议,该协议可以客观反映业务外包相关权利义务,可以作为情事变迁的主要认定依据。但是有些协议名为外包(劳务外包),实为派遣,因此需要辨别真伪。最高人民法院注意到这类问题,在相关司法解释草案中总结了认定为假外包真派遣的情形:工作时间、工作场所由发包方决定或控制;生产工具、原材料由发包方提供;承包方的生产经营范围与承包的业务没有关系;其他符合劳务派遣的特征的情形。该草案虽暂未成为正式的司法解释,但相关规定可供司法裁判部门在实务中参考。

实践中一些用人单位还试图通过劳务派遣的模式来节约成本或转移管理压力,因此也引发了另外一个问题:劳务派遣是否构成情事变迁?是否得以适用客观情况发生重大变化的相关规定?适用于临时性、辅助性和替代性工作的劳务派遣确实也由第三方提供服务且导致劳动合同无法履行,但是劳务派遣仍须用工,而且用工场所相同、工作内容一致,也有同工同酬的要求,严格意义上讲原劳动合同履行的基础并非不复存在,所以不宜认定为情事变迁并适用相关规定,即便认定构成情事变迁,用人单位也应当与派遣单位协商并由派遣单位向相关劳动者提供相应的就业机会,这样或许得以两全。

对于撤销部门或取消业务线这类难以通过第三方来证明的情况,则应当考察相关决定是否由有权机构(董事会或股东会)决策,具体需要结合公司章程或权限划分规则来判断是否构成客观情况发生重大变化。有些用人单位有时使用"岗位取消"的概念,也需要进一步考察原因和具体表现形式,既不能因为我国劳动法律法规中无此概念而轻易否认,也不宜因其有相关决定而完全支持。还是需要根据个案实际情况并结合情事变迁相关原则来判断是否构成在客观情况发生重大变化,是否致使劳动合同无法履行,如果构成则可以支持,反之则不能支持。

客观情况发生重大变化的情况下,根据我国相关法律规定,用人单位还需要履行协商变更劳动合同的义务。劳动合同必备条款共有九条,其中最重要的是工作地点、工作内容和劳动报酬。但是法律并没有要求协商变更劳动合同必须保持原合同同等条件，否则谈何协商？协商的内容可以包括任何必备条款。实际上，原劳动合同无法履行主要是指工作内容无法履行，所以可以就新的工作内容和相关工作岗位、地点、待遇等进行协商。如果双方无法就任一必备条款达成一致意见，都可以理解为不能就变更劳动合同达成一致。如果劳动者明确表态拒绝协商，则可以直接认定为协商未果，用人单位也无义务再细化具体内容并就此与其继续沟通。也就是说，只要履行了协商程序即可，并非一定要协商具体内容。

企业迁移虽然是我国劳动法认可的情事变迁，但仍然存在诸多法律问题没有解决。企业迁移最主要涉及工作地点变更，而且对劳动者影响较大，所以不能只考虑用人单位一方是否因此获得单方解除权。在双方协商未果的情况下，也同样应该赋予劳动者解除权。所不同的是，用人单位因此解除劳动合同应当依法支付经济补偿，但劳动者主动解除劳动合同时用人单位则无须支付补偿，毕竟用人单位提供了相应的就业机会。我国现行劳动法并未规定此情形下劳动者的解除权，也无补偿权相关规定。为了解决这一问题并统一司法操作，深圳市中级人民法院与广东省高级人民法院分别出台了纪要，但相关规定大相径庭：前者规定用人单位在深圳行政区域内搬迁的无须支付经济补偿，[1] 而后者则规定用人单位搬迁原则上都需要支付劳动者经济补偿。[2] 这不仅令司法裁判人员无所适从，也让用人单位与劳动者困扰。

---

[1] 深圳市中级人民法院《关于审理劳动争议案件的裁判指引》（2015 年）第 80 条规定："用人单位在深圳市行政区域内搬迁，劳动者要求用人单位支付经济补偿的，不予支持。""用人单位由深圳市行政区域内向深圳市行政区域外搬迁，劳动者要求支付经济补偿的，应予支持。"

[2] 广东省高级人民法院《关于审理劳动争议案件疑难问题的解答》（2017 年）第 9 点规定："企业因自身发展规划进行的搬迁，属于劳动合同订立时所依据的客观情况发生重大变化，用人单位应与劳动者协商变更劳动合同内容。未能就变更劳动合同内容达成协议的，劳动者要求解除劳动合同以及用人单位支付解除劳动合同的经济补偿金的，予以支持。但如企业搬迁未对劳动者造成明显的影响，且用人单位采取了合理的弥补措施（如提供班车、交通补贴等），劳动者解除劳动合同理由不充分的，用人单位无须支付解除劳动合同的经济补偿金。"

四　相关立法及司法建议

劳动法自有其特殊，不应完全以民商法中的情事变迁原则适用条件为准则，劳动立法时应当涵括企业因经营需要而决策的行为，只要相关决策合乎相关法律要求，就应当认定用人单位属于依法行使用工自主权，只要客观上确实导致劳动者的劳动合同无法履行，则应当认定为客观情况发生重大变化并允许以此为由解除劳动合同。国际劳工组织《终止公约》规定用人单位运营需要时即可解除劳动合同就体现了这一思路，这也是劳动法的特色。立法或司法过度干预不仅影响用人单位的用工管理，而且与市场经济的需求相悖。所以在劳动法领域，情事变迁原则是否适用不应与是否可以归责于一方关联。基于此，再结合以上研究对比，笔者认为我国立法区分客观情况与客观经济情况并无必要，一方面是难以区分这两种情况，导致司法实践适用法律混乱；另一方面是企业经营过程中的主观行为在一定意义上都可以归结为经济原因，有些是直接因果关系，有些则属于间接因果关系，所以国际劳工组织的《终止公约》和《终止建议书》将因"经济、技术、结构或类似性质原因"解除劳动合同列于一类，不区分是否属于客观经济情况发生重大变化。我国不妨采纳这一模式，再结合我国实际情况调整相关规则。现行立法中裁员规则适用于一次性裁减20人以上或10%以上劳动者，该规则同样可以适用于客观情况重大变化而解除劳动合同的情形，也就是把《劳动合同法》第40条第3项的规定与第41条相关规定合并，不再区分是否构成客观经济情况发生重大变化，与《终止公约》和《终止建议书》保持一致。为了防止用人单位利用分期分批的办法来规避法律，需要设计相应的认定标准；与此同时，还需要考虑将劳动者总人数低于100人的中小微企业排除在相关规则之外，以保证中小微企业的灵活性和竞争力。

此外，劳动合同解除规则体现的是用人单位与劳动者双方利益的平衡，在相关规则设计过程中，还应当注意劳动合同类型的影响。我国固定期限劳动合同与无固定期限劳动合同的制度设计有别于英美，与法德等大陆法系国家也不相同。我国无固定限期劳动合同在进行全员合同制过程中承载了原固定工转换的历史使命，因此相关制度设计也应当考虑这一因素。对于固定期限劳动合同以及非法定条件成就协商签订的无固定期限劳动合同，应允许用人单位以情事变迁作为解除劳动合同的理由且司法部门对此也应适当放宽。对于达到法定条件而签订的无固定期限劳动合同条件则更应注重保护劳动者的就业稳定权、安全权，除裁员情形下的优先留用权外，非裁员情形下即便存在情事变迁，也需要通过立法明确更有利的变更方案以尽量避免解除劳动合同。但是无固定期限劳动合同对应长期雇佣，同时需要放宽用人单位的调岗权以平衡双方利益，避免一岗定终身，避免用工僵化，避免用人单位陷入用工困境。我国现行司法实践侧重保护劳动者，一方面司法裁判人员对因情事变迁而解除无固定期限劳动合同的案件都自觉不自觉地加重用人单位的举证责任，甚至实体条件满足时也会以制定规章制度的程序瑕疵来否定用人单位的解雇行为；另一方面现行法律只是规定协商一致可以变更劳动合同，部分司法裁判人员却强调变更劳动合同必须与劳动者协商一致，既是对现行法律规定的误解，也是不了解情事变迁原则相关法理。如此裁判案件加重了用人单位对签订无固定期限劳动合同的畏惧，社会效果反而更不理想。

由于历史原因和现实需要，我国劳动立法具有一定的倾向性，相关制度设计也严格限制用人单位解除劳动合同的权利，所以情事变迁原则的适用在司法实践中应当适当从宽，对于现行劳动法律法规未能列明的相关情形，应当结合实际情况准予适用情事变迁原则。劳动合同中的情事变迁事关劳动合同解除，涉及劳动者就业稳定权，也涉及用人单位经营决策权与用工自主权，既要甄别个案中相关情况变化是否真正导致劳动合同无法履行，依法保护劳动者，也要尊重用人单位依法行使相关权利，以平衡双方利益。

B.23
我国非全日制劳动者的劳动风险保障现状及完善

张荣芳　邱颖琪*

摘　要： 本文从非全日制劳动者的劳动风险出发，提出非全日制劳动者与正规就业从属劳动者一样具有劳动风险，应当纳入职工社会保险体系。分析我国现行规范将其纳入工伤保险，但在养老和医疗保障方面，规定这部分主体以灵活就业人员身份自己参保，且失业保障和生育保障未予明确。最后提出均等待遇原则是国际劳工公约确定的非全日制劳动者保障原则，我国应当调整相关规定，要求单位按照雇佣时间承担其社会保险义务。

关键词： 非全日制劳动者　劳动风险　社会保险权　均等待遇原则

　　非全日制用工是非典型就业关系的一种表现形式，各国对其定义有不同的认定标准。我国主要以工作时间为标准界定非全日制劳动者。① 与典型就业关系相比，非全日制用工具有临时性、短暂性、灵活性等特点。② 随着非

---

　　* 张荣芳，武汉大学法学院教授，博士，研究方向为社会法；邱颖琪，武汉大学法学院经济法硕士研究生。

　　① 参见《劳动合同法》第68条："非全日制用工，是指以小时计酬为主，劳动者在同一用人单位一般平均每日工作时间不超过四小时，每周工作时间累计不超过二十四小时的用工形式。"某些地区有特殊规定，如深圳市规定非全日制用工为"劳动者在同一用人单位一周内平均每日工作时间不超过5小时累计每周工作时间不超过30小时的用工形式"，参见《深圳市劳动和社会保障局关于印发〈关于非全日制用工的若干规定〉的通知》（深劳社〔2007〕61号）。

　　② 参见沈斌倜《非全日制用工的常见问题》，《上海法治报》2018年2月5日。

全日制用工形式的发展和非全日制群体的扩大，该群体的工伤、失业、生育等劳动风险问题愈加突出。而我国现行法律未将该部分劳动者纳入职工社会保险体系，仅规定非全日制劳动者应当参加工伤保险。非全日制劳动者是否与其他从属劳动者一样具有劳动风险？能否纳入职工社保体系以及如何纳入职工社会保险体系？本文从非全日制劳动者的劳动风险出发，首先提出其应当与其他正规就业劳动者一样享有劳动风险保障权益；其次，分析我国现行制度，指出其不足；最后，就如何实现非全日制劳动者的劳动风险保障权提出建议。

一 劳动风险保障权益：非全日制劳动者的应有之益

（一）劳动风险：社会保险保障的逻辑起点

工业革命之后，机器化大生产在改变生产技术的同时，也使贫穷、疾病、失业等现象成为严重的社会性问题。以劳动报酬为生的从属劳动者收入低，遭遇劳动能力减损、收入中断或者是减少等劳动风险时，依赖本人或者家庭的力量根本无力应对。在德国，这种劳资之间的矛盾尤为激烈，工人运动不断爆发，影响德国的经济甚至是政治安全。俾斯麦政府为了解决这类社会问题，设计了社会保险制度。可以说，社会保险制度产生的逻辑起点和最初原因就是保障劳动者的劳动风险。自产生以来，社会保险成为社会风险的一种外化的、公法性质的预防，通过缴纳保费的形式给予参保者享受待遇的资格，并在风险实现时享受实际待遇。[①] 也就是说，参保者需要以缴纳保费的形式支付保险分摊对价，才可以得到享受待遇的资格。在劳动关系中，劳动者必须接受用人单位的抽象管理与具体管理，包括遵守用人单位的规章制度，服从单位的具体指挥、监督等。[②] 与此相对应，用人单位应当承担保障劳动者劳动风险的义务，一方面是遵守劳动法领域的各项规定建

---

① 参见汉斯·察赫《福利社会的欧洲设计：察赫社会法文集》，刘冬梅、杨一帆译，北京大学出版社，2014，第108页。

② 参见张荣芳《劳动与社会保障法学》，科学出版社，2008，第3页。

立劳动安全卫生制度等，另一重要方面就是在外部通过社会保险缴费的形式分摊风险。因此，各国社会保险费用基本上是劳资双方共同承担。

对非全日制劳动者来说，一方面，非全日制劳动者存在劳动风险，并且这种风险发生概率比全日制劳动者更大。由于非全日劳动者所从事的大多是可替代、简单却琐碎、繁重的工作，其所面临的劳动风险尤为表现突出。另一方面，非全日制劳动者所提供的劳动性质仍然是从属劳动。我国现行规范对于"从属劳动"的判断标准主要是"用人单位依法制定的各项劳动规章制度适用于劳动者，劳动者受用人单位的劳动管理，从事用人单位安排的有报酬的劳动"，[①] 非全日制劳动者尽管并不一定与单位签订书面劳动合同，但其必定会服从单位的管理，处于单位控制之下。可以说，非全日制劳动者提供的劳动从属于用人单位。因此，用人单位有义务通过各种方式防范其劳动风险，包括以缴纳保费形式加入社会保险体系。

（二）发展趋势：社会保险主体的扩大化

世界就业趋势经历了灵活化—稳定化—灵活化的过程，目前灵活化的主要表现之一就是非全日制就业者的增加。[②] 如 2016 年德国从事部分工时的劳动者在占就业人数的 26.42%，[③] 2017 年日本非全日制劳动者占比为 23.56%。[④] 以前的劳动法和社会保险法偏向于以稳定的全日制就业者为对象设计制度，社会保险覆盖面较为狭窄，如最先设计社会保险制度的德国虽然成为各国效仿的对象，但"俾斯麦"模式将参保人限定为职业劳动者范围，1883 年颁布的《疾病保险法》就将参保对象限定为矿工、手工业者等

---

① 《关于确立劳动关系有关事项的通知（劳社部发〔2005〕12 号）》。

② 参见李坤刚《就业灵活化的世界趋势及中国的问题》，《四川大学学报》（哲学社会科学版）2017 年第 2 期。

③ 2016 年，德国非全日制就业人数为 1150 万人，总就业人数为 4354 万人。参见德国联邦统计局，https://www.destatis.de/DE/Publikationen/Datenreport/Downloads/Datenreport2018Kap5.pdf?＿＿blob = publicationFile，第 151 页以下，最后访问时间：2018 年 12 月 17 日。

④ 参见日本厚生劳动省《平成 29 年就业趋势调查结果综述——统计表》，https://www.mhlw.go.jp/toukei/itiran/roudou/koyou/doukou/18－2/dl/kekka_gaiyo－06.pdf，最后访问时间：2018 年 12 月 17 日。

工资劳动者。当非全日制就业人数在就业领域所占比重越来越高时，各国法律也对此做出了回应。在国际组织层面，国际劳工组织在 1994 年制定了《非全日制用工公约》（第 175 号公约），欧盟颁布了《非全日制工作指令》（97/81 号）。除此之外，各国也在国家层面制定专门立法规制灵活就业模式，如日本在 1993 年制定《非全日制劳动法》，并在 2007 年做了大幅修改；德国于 2000 年在欧盟 81 号指令的基础上出台了《非全日制用工和固定期限劳动合同法》。各国关于非全日劳动者的立法内容主要包括以下两点：一是强调禁止对非全日制劳动者的歧视；二是以均等待遇为原则，强调给予非全日制劳动者可比于全日制劳动者的待遇和保护。为了达到均等保护非全日制劳动者的立法目的，多国将非全日制劳动者纳入社会保险范围。

我国一直将社会保险制度作为保障劳动者劳动风险的主要手段之一。新中国成立初期，我国颁布了《劳动保险条例》，初步建立起以部分企业职工为主体的劳动保险制度。计划经济时期的劳动保险制度具有政府主导、单位负责、封闭运行等特点。① 改革开放之后，随着经济体制改革的深入，国家 20 世纪八九十年代开始探索逐步建立真正意义上的社会保险制度。职工和单位共同缴费，当职工发生年老、疾病、工伤、失业等劳动风险时享受相应的社会保险待遇。但是我国现行的社会保险体系主要是针对典型的全日制劳动关系设计的，对非全日制用工适用时存在一定的障碍，可以说，非全日制劳动者处于社会保险的边缘地带。②

二 现状分析：非全日制劳动者与全日制劳动者的社会保险存在差异

我国目前并没有赋予非全日制劳动者平等待遇的权利，相反在合同订立

---

① 参见关博《建立更加公平的养老保险制度——理论分析与中国实践》，经济管理出版社，2016，第 2 页。
② 参见田野《非典型劳动关系的法律规制研究》，中国政法大学出版社，2014，第 119 页。

和解除、社会保险方面，对其采取了更加灵活的规定，降低了对非全日制劳动者的保护。① 在社会保险领域，《社会保险法》为职工建立强制社会保险制度，要求用人单位自用工之日起 30 日内为其职工申办社会保险登记并缴纳社会保险费。但该法所称"职工"并不包括"非全日制劳动者"，依法规定非全日制劳动者可以灵活就业人员的身份参加职工基本养老保险和基本医疗保险，应当以职工身份参加工伤保险。至于失业保险和生育保险，该法并未明确。具体特点包括如下三个方面。

（一）非全日制劳动者的失业风险和生育风险无法通过职工保险体系分散

非全日劳动者所面临的失业风险、生育风险同样严峻。例如，非全日制劳动者所从事的工作一般都是替代性较强的，在不需要强制签订书面劳动合同的情形下，一旦非全日制劳动者出现任何不适应工作的状态，都有可能面临失业风险。对于该群体而言，他们习惯于"变换雇主和经历周期性的失业"。② 又如，生育保险制度是为了避免女性在怀孕期间面临的经济风险和失业风险，非全日制劳动者中存在大量女性劳动者，其在生育时面临更大的经济风险乃至健康风险。③ 非全日制劳动者可否进入职工失业保险体系和生育保险体系，《社会保险法》并未明确。在各地实践中，目前仅有南京、黄石、昆明、哈尔滨等少数地区试点将失业保险的覆盖范围扩大至灵活就业人员，但政策的总体实施效果并不成功。④ 2017 年 4 月，国务院出台文件⑤要求探索适应灵活就业人员的失业保险保障方式，以支持新就业形态的发展，

---

① 参见班小辉《就业转换权：破解非典型就业困境的优化路径》，《华中科技大学学报》2017年第 5 期。
② 〔英〕菲力普·李维斯、阿德里安·桑希尔、马克·桑得斯：《雇佣关系——解析雇佣关系》，高嘉华、曹金华、邓小涛、聂婷等译，东北财经大学出版社，2005，第 4 页。
③ 参见唐芳《论灵活就业群体的生育保险制度》，《河北科技大学学报》（社会科学版）2014年第 1 期。
④ 参见田大洲《我国失业保险覆盖灵活就业人员研究》，《中国劳动》2017 年第 10 期。
⑤ 参见《国务院关于做好当前和今后一段时期就业创业工作的意见》（国发〔2017〕28 号）。

将非全日制劳动者的失业保险制度设计提上日程。非全日制劳动者的生育保险，不仅在全国性立法中处于空白状态，各地也少有实践，北京直接将生育医疗待遇纳入职工医疗保险支付范围。① 2017 年 1 月，国务院办公厅下发生育保险和医疗保险合并的通知，② 并在之后确定了昆明等 12 个试点城市。昆明在 2017 年 6 月出台《昆明市生育保险和职工基本医疗保险合并实施试行办法》，规定灵活就业人员如以个人身份参加职工基本医疗保险，"继续按原缴费费率缴纳医疗保险费，不缴纳生育保险费"，实质上已将非全日制劳动者纳入生育保险保障范围，但未对生育保险基金与医疗保险基金的协调问题做出规定。

（二）非全日制劳动者无法按比例享受职工养老和医疗保险权

《社会保险法》规定，非全日制劳动者可以以自愿的形式参照个体工商户参加养老保险、医疗保险项目，由其个人缴纳全部保险费。然而与全日制劳动者只需承担全部缴费的 1/3 相比，现行规定更强调非全日制劳动者的个人责任。

尽管 2003 年劳动与社会保障部《关于非全日制用工若干问题的意见》（以下简称《意见》）规定，非全日制用工的小时最低工资标准由省、自治区、直辖市综合参考当地政府颁布的月最低工资标准和单位应当缴纳的基本养老保险费和基本医疗保险费而确定。③ 并且《意见》特别指出，"当地政府颁布的月最低工资标准未包含个人缴纳社会保险费因素的，还应考虑个人应缴纳的社会保险费"。即非全日制劳动者的工资与全日制职工相比，还应包含用人他能单位应缴纳的养老保险费、医疗保险费，以及非稳定就业的补偿等。非全日制劳动者的时薪一般由各地政府确定，其确定标准和依据是什

① 参见《北京市人力资源和社会保障局关于落实社会保险法有关问题的通知》（京人社法发〔2011〕196 号）。
② 参见《关于印发生育保险和职工基本医疗保险合并实施试点方案的通知》（国办发〔2017〕6 号）。
③ 《关于非全日制用工若干问题的意见》指出，小时最低工资标准 = 〔（月最低工资标准 ÷ 20.92 ÷ 8）× （1 + 单位应当缴纳的基本养老保险费和基本医疗保险费比例之和）〕× （1 + 浮动系数）。

么不得而知，相关数额比较低。① 因为工作不稳定，且实际到手的时薪一般比全日制劳动者更低、更没有保障，因此非全日制劳动者依赖劳动收入维持当前的生活支出比较困难，进而该群体很难以职工身份全额参加职工基本养老保险和基本医疗保险。按照职工社会保险实践情况来看，城镇就业中未参加职工基本养老保险和基本医疗保险的人员大部分为灵活就业人员。② 非全日制劳动者也可以选择加入当地居民养老和医疗保险体系，只是该体系虽然能够抵御一定的劳动风险，但因为缴费额度低，其相应待遇标准也比较低，特别是居民养老保险，较难保障参保人退休后的基本生活。③

（三）用人单位不能按雇佣时间承担非全日制劳动者的工伤保险费

《社会保险法》规定强制保险的主体是职工，非全日制劳动者与其他灵活就业人员自愿加入该体系，独立承担保费（包括用人单位和个人应缴保费），唯一例外的是工伤保险。《意见》规定由用人单位为建立劳动关系的非全日制劳动者缴纳工伤保险费，当发生工伤时可以依法享受工伤保险待

---

① 如武汉市最低小时工资标准为 18 元，深圳市最低小时工资标准为 20.3 元，北京市最低小时工资标准居于全国首位，仅 24 元/小时。参见《湖北省人民政府关于调整全省最低工资标准的通知》（鄂政发〔2017〕44 号）、《深圳市人力资源和社会保障局关于调整深圳市最低工资标准的通知》（深人社规〔2018〕11 号）、《关于调整北京市 2018 年最低工资标准的通知》（京人社劳发〔2018〕130 号）。

② 2017 年城镇就业人员总数为 42462 万人，参加城镇职工基本养老保险人数中职工人数为 29267.6 万人，参加职工基本医疗保险人数中职工人数为 22288.4 万人，因为正规就业劳动者被强制参加职工社会保险，因此可以推测出城镇就业中未参加职工基本养老保险和基本医疗保险的人员大部分为灵活就业人员。参见国家统计局《中国统计年鉴 2018》，http://www.stats.gov.cn/tjsj/ndsj/2018/indexch.htm，最后访问时间：2018 年 12 月 31 日。

③ 城乡居民养老金由政府发放的基础养老金和个人账户养老金组成。对于基础养老金，目前国家规定的最低标准为每人每月 88 元，各地实践标准不统一，深圳市为每人每月 280 元，最高的地区是上海，为每人每月 930 元；对于个人账户养老金，为个人账户储存额除以养老金计发月数 139 的得数。参见《关于 2018 年提高全国城乡居民基本养老保险基础养老金最低标准的通知》（人社部规〔2018〕3 号）、《深圳市人力资源和社会保障局、深圳市财政委员会关于调整完善我市居民基本养老保险基础养老金标准等待遇的通知》（深人社规〔2018〕14 号）、《关于 2018 年调整本市城乡居民养老保险领取养老金人员养老金的通知》（沪人社规〔2018〕18 号）等。

遇。各省市在此基础上将其进一步细化。河北、江西、吉林等省份都在其工伤保险实施办法中规定用人单位须为本单位全部职工或者雇工缴纳工伤保险费。① 四川更是明确了即使非全日制劳动者与不同的用人单位建立了多重劳动关系，各用人单位皆须为非全日制劳动者缴纳工伤保险费，当发生工伤时，由职工受到伤害时工作的用人单位承担工伤保险责任。② 如此一来，在法律承认非全日制劳动者可以存在多个用人单位的情形下，③ 每个用人单位都必须平均以 1% 的比例为该群体缴纳工伤保险费。因此，缴费义务与其雇佣时间不成比例。在劳动者为用人单位提供从属劳动的情况下，用人单位须承担社会保险缴费义务，既是更好地保障劳动者的劳动风险，也是分散自己的风险保障责任。但非全日制劳动者在同一用人单位工作时间一般不超过每日 4 小时、每周 24 小时的特点，相对于全日制劳动者，其工作时间一般不足一半。按照现行的工伤保险费缴纳办法，用人单位雇请非全日制劳动者的工伤保险费大于全日制劳动者。这一做法虽然保障了该类劳动者的职业损害风险，但显然加重了用人单位的风险保障义务。

我国现行的规范未将非全日制劳动者视为"职工"。他们既未被强制纳入社会保险体系，也无用人单位这一缴费义务人和代扣代缴义务人。尽管《意见》要求小时工资中应包含单位应缴保险费，但实际情况并不完全如此。非全日制劳动者的劳动风险保障问题突出。从 2017 年社会保险统计数据来看，养老保险覆盖范围最广，医疗保险和工伤保险居次，参加失业保险和生育保险的职工最少。④ 为扩大社会保险的覆盖面，增强劳动者运用大数

---

① 参见《河北省工伤保险实施办法》《江西省实施〈工伤保险条例〉办法》《吉林省实施〈工伤保险条例〉办法》等。

② 参见《四川省人力资源和社会保障厅关于进一步做好工伤保险工作若干意见的通知》（川人社发〔2015〕22 号）。

③ 参见《劳动合同法》第 69 条，"从事非全日制用工的劳动者可以与一个或者一个以上用人单位订立劳动合同；但是，后订立的劳动合同不得影响先订立的劳动合同的履行。"

④ 2017 年末参加职工养老保险、医疗保险、工伤保险、生育保险和失业保险的职工人数分别为 29268 万人、22288 万人、22724 万人、19300 万人和 18784 万人。参见《2017 年度人力资源和社会保障事业发展统计公报》，http：//www.mohrss.gov.cn/SYrlzyhshbzb/zwgk/szrs/tjgb/201805/W020180521567611022649.pdf，最后访问时间：2018 年 12 月 28 日。

法则抵御劳动风险的能力，有必要对非全日制劳动者参加社会保险进行完善。

三 均等待遇原则：非全日制劳动者社会保险权益保障的基本原则

所谓均等待遇原则，是指在不具有正当理由的情况下，应当平等对待全日制劳动者和非全日制劳动者，不得仅因非全日制劳动者的身份本身、不考虑实际情况而给予对非全日制劳动者不利的差别待遇。① 均等待遇原则自1994 年被国际劳工组织提出以来，在欧盟以及许多国家的劳动立法上都有所体现。国际劳工组织第 175 号公约（《非全日制工作公约》）除规定非全日制劳动者在核心劳动权利、基本工资、其他劳动条件等事项中的均等待遇之外，第 6 条还规定了这一群体在社会保险权益保障方面也应该享受可比于全日制劳动者的均等待遇，提出"应对以职业活动为基础的法定社会保障体制进行修改，以使非全日制工人享有与可比较全日制工人同等的条件；这些条件得按照工时、缴费或收入的比例，或通过与国家法律和实践一致的其他方法确定"。欧盟同样强调禁止歧视非全日制劳动者，并在 1997 年的《非全日制工作指令》中明确赋予了非全日制劳动者与全日制劳动者具有可比较的地位。在欧盟影响之下，德国、法国等国家纷纷在国内法中申明此原则。如德国的《非全日制用工和固定期限劳动合同法》第 4 条第 1 款："非全日制用工的就业歧视禁止，其规定雇主不能因为雇员从事非全日制工作而亏待于他，也就是说非全日制雇员应该得到全日制雇员平等的待遇，只有存在客观的原因时候才允许区别待遇。"第 2 款："给予非全日制雇员的工资或者别的可以用金钱衡量的、可分的待遇，与具有可比性的全日制雇员相比，至少应该达到非全日制雇员的工作时间和全日制雇员的工作时间的比

---

① 参见田野《论非全日制用工中的均等待遇原则》，《天津大学学报》（社会科学版）2014 年第 5 期。

例。"荷兰法律规定，非全日制劳动者应当不受歧视，规定根据其总工作时间，非全日制劳动者可以依照一定比例获取失业救济金、残疾人津贴、健康保险金以及养老金等各种津贴福利，也就是说，荷兰法律强调非全日制形态下的劳动者应在社会保障上与全日制的劳动者享有平等待遇。

从以上表述中可知，均等待遇原则的核心在于"均等"，强调按照一定的标准将非全日制劳动者视为全日制劳动者可比性的存在。也就是说，非全日制劳动者所获得的劳动条件、工资以及社会保险等待遇应当与全日制劳动者保持均衡，以使前者不受歧视。但是"均等"又不等于"同等"，在有客观理由时允许一定的差别待遇。而对于"均等"的标准，国际劳工组织提出可以"按照工时、缴费或收入的比例，或通过与国家法律和实践一致的其他方法确定"，从各国法律实践来看，更多国家选择按照工作时间比例作为可比性待遇标准。

四　我国非全日制劳动者劳动风险保障制度之完善

当前全日制劳动者参保社会保险，是基于"风险分摊"的强制性缴费义务，社保费用主要来自用人单位和劳动者的共同缴费。非全日制劳动者在劳动风险保障方面，应当参考均等待遇原则，强调禁止对非全日制劳动者产生歧视的同时，对该群体进行平等保护。

第一，将非全日制劳动者纳入社会保险制度保障范围应以均等待遇为原则，具体而言是以雇佣时间为可比性待遇标准。作为从属劳动者，非全日制劳动者与正规就业劳动者的风险一样。作为雇主，用人单位对非全日制劳动者同样享有管理监督权，也应承担相同的雇主保护责任，唯一差异在于其雇佣时间不同于全日制就业劳动者。用人单位按照雇佣时间长短对非全日制劳动者承担社会保险义务和责任是平等保护原则的应有之意，制度设计应当围绕这一原则进行。

第二，在参与方式方面，非全日制劳动者参与社会保险应当是强制性的。一方面彰显非全日制劳动者的劳动者地位，另一方面可以防范该群体面临的各种社会风险。对社会保险制度而言，既是其"社会性"本质内涵的应有之义，也是实现可持续发展的必然选择。

第三，在主体方面，应当明确用人单位的缴费主体与代扣代缴主体责任。根据我国法律规定，全日制劳动者参加社会保险，由用人单位和劳动者共同承担缴费责任，并且劳动者缴纳部分由用人单位代扣代缴。

第四，在缴费比例方面，比照全日制劳动者进行缴费。对用人单位而言，因为非全日制劳动者在工作时间等方面短于全日制劳动者，并且可以建立多重劳动关系，所有的用人单位都应该承担与非全日制劳动者提供劳动相当的缴费比例。具体而言，社会保险费的缴纳比例在不同用人单位之间的分配可以是按照工作时间比例。但我们需要进一步思考的是以本人实际工资，还是以省级人民政府发布的上年度职工工资平均水平，抑或是最低工资标准为基数进行缴费？笔者认为宜以上年度职工工资平均水平为基础，设置多档位供非全日制劳动者选择，档位越高享受待遇越多，兼顾劳动者的实际承受能力和社会保险制度的可持续性。

第五，在待遇享受方面，非全日制劳动者应获得与其所缴纳保费相适应的待遇。社会保险权的核心在于给付请求权，被保险人加入社会保险体系，当被保险人发生的社会风险达到规定条件程度时，有权请求保险人给付相关待遇。在其背后体现出一定的"对价性"，被保险人和保险人（我国社会保险的保险人是国家）之间达成一个"契约"，被保险人履行缴费义务，保险人在被保险人符合条件时支付待遇以助其渡过某社会风险。在非全日制劳动者的社会保险中，非全日制劳动者也是以缴费形式加入，当社会风险发生时其所获得的待遇享受应与其缴纳的保费相适应。

五　结语

随着新经济的发展，非全日制用工形式越发普遍。社会保险以"分摊"方式解决养老、医疗、工伤、失业、生育等劳动风险，强化了劳动者对社会风险的应对能力。非全日制劳动者作为劳动者的一部分，享有宪法赋予的社会保险权利，应当获得更加完全与充分的社会保险保障。而从我国保障现状来看，可以说我国现行非全日制劳动者这一群体的社会保险立法的价值定位存在偏差，过于强调其低成本特点，却忽视了该群体的劳动风险应得到社会保险的充分保障。非全日制用工的主要价值应在于其灵活性，也就是说非全日制劳动者可以适应不同用人单位的不同用工需求，低成本性质只是在目前我国劳动力市场体系并不完善背景下而出现的，我们必须明确非全日制劳动者并不等于低成本，否则易导致我国经济增长对低用工成本的路径依赖。[1]我国应尽快建立以社会保险权益为核心、以均等待遇原则为基本原则的针对非全日制劳动者的社会保险制度。进一步说，只有在解决非全日制劳动者在社会保险制度方面保障不公平与不完全问题的基础上，我国才能进一步实现非全日制劳动者所期待的同工同酬和性别平等目标。[2]

---

[1]　王静元：《非全日制用工规定的缺陷及其完善》，《工会理论研究》（上海工会管理职业学院学报）2018 年第 3 期。

[2]　参见李坤刚、乔安丽《我国非全日制用工制度完善研究》，《江淮论坛》2015 年第 3 期。

B.24
广东省用人单位应参保未参保职工
基本养老保险补缴机制研究

黄莹瑜*

摘　要： 由于劳动关系双方的不平等地位，实践中仍存在大量因用人单位违法未为职工参保缴费，导致职工基本养老保险权益受损的情况。目前各地对补缴基本养老保险的条件、期限、标准、补缴所产生待遇等做出限制性或惩罚性规定，出现不同程度的无法补缴、补缴期限受限、补缴标准过高、补缴年限无法跨地区转移、补缴后产生的权益远远低于正常缴费所产生权益等情况，甚至出现补缴后待遇比不补缴待遇更低的现象。本文通过对有关观点的剖析，建议广东省应统一补缴的条件、年限及标准，取消对补缴人员待遇的惩罚性规定，加大对正常参保缴费的监督力度。

关键词： 基本养老保险　补缴　劳资纠纷

　　我国于 20 世纪 90 年代初在全国范围内全面实施劳动合同制，伴随《劳动法》等法律法规的实施，国家建立统一的职工基本养老保险制度，规定了用人单位应当为与其形成劳动关系的职工缴纳职工基本养老保险的责任。但是因为劳动者在劳动关系中处于劣势地位等原因，职工基本养老保险制度

---

* 黄莹瑜，广东省人力资源和社会保障厅，副处长，硕士，研究方向为劳动和社会保障、地方立法和人力资源社会保障政策合法性审查。

建立以来的各个时期均未能达到参保缴费率100%的应保尽保状态，许多职工在与用人单位劳动关系存续期间，未按规定参保缴费，形成应参保而未参保、应缴费未缴费时段。由于养老保险属于权益积累型险种，按照目前缴费与待遇对应的制度设计，养老保险的缴费年限及缴费基数的多少直接影响参保人是否具备领取养老金资格、养老待遇高低等权益。基本养老保险补缴制度是对用人单位未依法参保的补救机制，是保障职工基本养老保险权益不受损失的制度安排。本文就有关应参加职工基本养老保险但未参保的职工补缴养老保险的制度做研究论证。

一 应参保未参保职工补缴养老保险背景分析

由于在劳动关系存续期间用人单位未依法为职工参保的情况多发，职工要求用人单位为其补缴养老保险，或者因超过投诉期限等要求自行补缴的需求十分广泛。

（一）用人单位应参保未参保职工补缴需求

应参保未参保职工的补缴需求产生具有以下背景。一是用人单位为职工参保的责任落实不到位。职工基本养老保险的受益主体主要为参保人，但是超过2/3的缴费责任由用人单位承担，另外1/3的缴费责任虽由劳动者承担，但法规规定由用人单位代扣代缴。用人单位因参保缴费将会增加将近1/3的用人成本，且不享受利益，大部分以追求利润为导向的用人单位，自然产生逃避参保缴费责任的动机。二是职工参保意识不强。享受职工基本养老保险待遇的必要条件为达到法定退休年龄，我国现行法定退休年龄为男性60岁，女性55岁或者50岁。在参保人达到法定退休年龄前，属于养老保险参保缴费的积累阶段，参保人尚未能享受权益，同时承担缴费义务将减损其当期的工资收入。因此，相当规模的法律意识不高、漠视长远利益的劳动者在年轻时选择不参加养老保险或默许用人单位不为其参保，导致应参保未参保现象多发。部分劳动者在劳动关系存续期间，担心失去工作不敢主张参保权利，待劳动关系终结以后才提出补缴诉求。三是执法保障缺位。由于养老保险费规定由用人单位负责办理全部的申报缴费手续，劳动者在领取待遇或发生转移等环节出现前几乎无须与社会保险经办机构发生联系，许多劳动者并不了解自身社保权益被侵犯的情况。执法力量不足、执法相对不严，也是导致用人单位未依法为职工参保缴费的现象难以消除的重要原因。

随着养老保险制度的不断完善，养老待遇稳步提升，养老保险保障参保人退休生活功能不断优化并得到社会认可。用人单位违法将导致劳动者因缴费年限不足而不能领取养老待遇，或因缴费年限缩短导致养老保险待遇降低。养老金对退休人员年老生活的保障至关重要，许多临近退休年龄劳动者才意识到未依法参保缴费所造成的巨大损失，因此对通过补缴救济自身权益的诉求十分强烈。

（二）应参保未参保职工补缴养老保险的法律依据

社会保障权是现代社会的一项基本人权，我国《宪法》第四十五条规定："中华人民共和国公民在年老、疾病或者丧失劳动能力的情况下有从国家和社会获得物质帮助的权利。国家发展为公民享受这些权利所需要的社会保险、社会救济和医疗卫生事业。"《社会保险法》第五十八条规定："用人单位应当自用工之日起三十日内为其职工向社会保险经办机构申请办理社会保险登记。未办理社会保险登记的，由社会保险经办机构核定其应当缴纳的社会保险费。"第八十四条规定："用人单位不办理社会保险登记的，由社会保险行政部门责令限期改正。"第八十六条规定："用人单位未按时足额缴纳社会保险费的，由社会保险费征收机构责令限期缴纳或者补足，并自欠缴之日起，按日加收万分之五的滞纳金。"

根据上述规定，用人单位具有强制为其职工参保的责任，如果用人单位违反规定未按时足额为职工参保缴费，应当改正。由于已无法完成当期缴费，改正行为只能通过补缴业务实现。因此，补缴职工养老保险的法律依据十分充分、明确。

二 职工基本养老保险补缴机制现状

（一）广东省职工基本养老保险补缴机制概况

广东省对补缴的条件、标准、期限及所产生的待遇做出规定的现行有效文件主要有：《关于妥善解决当前劳资纠纷重点问题的通知》、《广东省人力资源社会保障厅 广东省财政厅 广东省地方税务局关于完善灵活就业人员参加企业职工基本养老保险有关规定的通知》（以下简称《有关规定》）、《广东省人民政府关于贯彻国务院完善企业职工基本养老保险制度决定的通知》（以下简称《决定》）。

关于补缴的条件。《关于妥善解决当前劳资纠纷重点问题的通知》规定："用人单位申请补缴应参保未参保期间养老保险费的，补缴年限的起始时间不超过当地实施企业职工基本养老保险制度之月。"按照上述规定，只要属于应参保未参保的职工，由用人单位主动申请补缴的，都应当允许补缴。政策层面并未设定补缴的门槛或障碍。

关于补缴的期限。《关于妥善解决当前劳资纠纷重点问题的通知》规定，补缴年限的起始时间不超过当地实施企业职工基本养老保险制度之月。社会保险法及有关上位法，均未对补缴期限做限制性规定。法律法规及规范性文件对补缴期限均持应保尽保态度，如劳动关系存续期间，应当参保而未参保的时段一直自当地实施企业职工基本养老保险制度之月开始存在，那补缴的时段可追至当地实施企业职工基本养老保险制度之月。

关于补缴的标准。《关于妥善解决当前劳资纠纷重点问题的通知》规定，用人单位为职工补缴养老保险，应当以补缴时段对应期间职工本人工资申报缴费工资基数，按对应时段当地缴费比例和基数的规定计算应当缴纳的养老保险费。《有关规定》规定："月缴费工资基数，在所在地级以上市企业职工基本养老保险的缴费工资基数上下限范围内，由本人根据实际收入状况和经济承受能力自行申报。缴费比例为 20%，其中

12%记入统筹基金，8%记入个人账户。"《有关规定》对其附件所列的文件涉及的补缴人群的标准做出了统一规定。其中附件所列《关于妥善解决企业未参保人员纳入企业职工基本养老保险问题的通知》涉及的是已经超过追诉时效等原因导致无法通过责令用人单位为职工申请补缴，且用人单位不愿主动补缴的，由职工自行申请补缴的一类人群。该类人群的补缴成本骤然升高为补缴时所在地级以上市企业职工基本养老保险的缴费标准。换言之，即使补缴的是2008年的欠费，也要按照2018年的标准确定缴费金额。

关于补缴所产生的待遇。《决定》是现行有效的对养老保险待遇计发办法做出规定的文件。《决定》中关于基本养老金计发办法多处与首次参加基本养老保险时间这一参数挂钩，而目前对于补缴人员的首次参加基本养老保险时间规定，补缴年限的起始时间不能作为补缴人员的首次参加基本养老保险时间，由此对补缴人员待遇计算对比有以下几方面的影响。

一是对视同缴费账户建账计发的影响。《决定》附件3"视同缴费账户建账和管理办法"第二条明确规定："对1998年6月30日前参加基本养老保险，享受过渡性养老金的参保人，补计1993年前视同缴费年限、补齐1994年1月至1998年6月底前个人账户补足8%部分的视同缴费账户……1993年底前没有视同缴费年限但有实际缴费年限的参保人，也按上述办法建立视同缴费账户。"参保人1998年7月1日后才参保，即使按照规定补缴了1998年6月30日前应参保未参保的时段，该参保人仍不能建立视同账户补记额、补齐额。

二是对地方养老金计发的影响。《决定》第五条规定："在建立地方养老保险制度前，2005年度在岗职工月平均工资高于全省2005年度在岗职工月平均工资的市，可为2006年6月30日前参加基本养老保险、2006年7月1日后申领基本养老金的参保人计发地方养老金。"参保人2006年6月30日前未参保，即使2006年6月30日后补缴了2006年6月30日前的时段，该参保人仍不能享受地方养老金。

三是对缴费指数的影响。对缴费指数的影响是最重要且最深远的。《决定》附件 2 关于"补缴年限的指数计算"规定"补缴年限的指数 = 补缴时计征的月平均缴费工资基数 ÷ 补缴时上年度全省在岗职工月平均工资",即补缴的缴费指数与正常缴费的实际缴费指数计算办法不同。例如,正常缴费下指数计算为当年的缴费工资除以上年度的社会平均工资,但是如果补缴 2008 年的社会保险费,在计算养老保险待遇时,分子为该职工 2008 年的工资,但分母却是 2017 年的社会平均工资。对此,《决定》的规定具有惩罚性的影响。

四是关于基本养老金发放时间的影响。《决定》第三条关于享受基本养老金条件规定:"1998 年 6 月 30 日前应参保未参保,1998 年 7 月 1 日以后办理参保补缴手续,达到国家规定的退休年龄,累计缴费年限满 15 年的,可申请按月领取基本养老金。"对于超过国家规定的法定退休年龄后缴清补缴费用,且补缴后累计缴费年限才满 15 年的参保人,尚未有文件对该类情况的补缴人员的基本养老金发放时间做出规定。目前省直以及全省多个地市对于这类情况的补缴人员,基本养老金发放时间规定参照一次性补缴人员的发放时间,规定从缴清补缴费用的次月起发放基本养老金。

(二)部分外省市的先进经验

经对部分省市开展调研,湖南、山东、河北、北京、上海等省市基本上畅通了应参保未参保职工的补缴渠道,补缴期限及补缴标准都趋于合法合理,且未对补缴与正常缴费的待遇计算方法做差别性对待,不存在对补缴职工待遇的惩罚性规定。

以湖南为例。《湖南省人力资源和社会保障厅湖南省财政厅关于妥善处理企业职工基本养老保险费缴纳有关问题的通知》规定,补缴的条件:单位及职工欠缴的养老保险费,由单位提出书面申请,或者提供人民法院、审计部门、实施劳动保障监察的行政部门、劳动争议仲裁委员会出具的具有法律效力等证明存在劳动关系的相应材料,到参保地或者属地社保经办机构补缴。补缴的标准:以职工历年实际工资核定缴费基数,按同期缴费比例补缴，并按规定收取滞纳金。

以河北为例。补缴的条件及年限：用人单位未及时为职工办理参保造成应保未保的，用人单位或个人提出书面补缴申请，并提交申请补缴期间与被保险人存在劳动关系证明以及工资收入凭证等材料，经确认后，从规定实行企业和个人共同缴费之月起，补缴在单位期间的养老保险费。补缴的标准：补缴1990年至建立个人账户前养老保险费的，按相应年份全省（在岗）职工平均工资为基数补缴。补缴产生的待遇：补缴的1992年12月以前的部分，其缴费指数按"1"取值；补缴的1993年1月至建立个人账户前部分，缴费指数按"1.200"取值；补缴建立个人账户以后部分，按照实际补费基数计算实际指数。

以北京为例。北京市为了保障参保人待遇，同时维护基金权益，规定补缴社保法实施前欠费的，通过增加用人单位缴费额的方式承担延迟缴费的时间成本；补缴社保法实施后的欠费的，按规定对用人单位加收滞纳金，两种情形下，用人单位依法缴纳了养老保险费和滞纳金的，均不减损参保人各项待遇和权益。

三 广东省应参保未参保职工补缴养老保险现行做法存在问题及原因分析

（一）存在的问题

广东省现行做法存在的问题主要有人为设置补缴门槛、限制补缴年限，补缴成本过高，补缴后产生的待遇较低等。

1. 补缴门槛过高损害职工权益

实践中，全省各地经办机构或税务机关在办理补缴业务时，长期存在用人单位主动申请补缴养老保险渠道并不畅通的问题。广东省社保局对办理补缴职工基本养老保险业务，要求提供法院判决、生效仲裁裁决或者劳动保障监察机构出具的生效行政处理、行政处罚决定书，确认用人单位存在未为该职工参保缴费的违法事实，并经责令或判决、裁定限时去补缴的才给予办理补缴业务。对于用人单位未经有关机构确定存在违法事实，主动到经办机构或征收机构申请补缴的，均不予办理。珠海等地区社会保险费征收机构则要求提供经人力资源社会保障行政部门确认劳动关系存续时段的证明，才给予补缴等。由于补缴职工养老保险的诉求一般具有滞后性，很多劳动者在年轻时或劳动关系存续时不提出补缴要求，导致过后超过救济期限无法获得相关判决、裁决和法律文书，无法进行补缴。还有很多劳动者已经和用人单位达成一致意见，用人单位也愿意为其补缴，但是相关部门要求出具确认用人单位违法的法律文书，这将直接破坏双方关系，往往导致补缴不成。

2. 补缴期限受限导致补缴意义不大

实践中，各地并未落实《关于妥善解决当前劳资纠纷重点问题的通知》关于补缴年限的规定。东莞、深圳等地有关部门出现办事指南中明确规定补缴期限不得超过两年。部分地区因有关行政部门错误理解"违反劳动保障法律、法规或者规章的行为在两年内未被劳动保障行政部门发现，也未被举报、投诉的，劳动保障行政部门不再查处"的规定，只允许补缴两年的养老保险费。很多职工应参保未参保年限长达十余年，补缴以后就达到按月领取基本养老金条件，但如果只能补缴两年，对其意义不大。

3. 补缴成本过高迫使职工放弃补缴

实践中，大部分地区按照《有关规定》规定的标准确定补缴金额，而《关于妥善解决当前劳资纠纷重点问题的通知》规定的相对合理、标准较低的缴费规定在执行中难以落实。大部分人群面对高昂的补缴成本，均疑惑是否应该补缴，补缴后产生的权益到底能不能给自己带来保障。其中经济条件较差的人群则选择直接放弃补缴。

4. 补缴后产生的权益过低严重损害职工利益

由于《决定》对补缴所产生的权益做出惩罚性规定，导致补缴权益过低，甚至出现补缴了比不补缴待遇更低的离奇结果。

假设两个参保人各项参保条件都一致，缴费时间都是从 1994 年 1 月至 2008 年 12 月（共 180 个月），且均按照全市在岗职工平均工资缴费，但其中一人为正常缴费，另一人于 2018 年进行企业应参未参保补缴，则两人在 2018 年底到龄退休时，正常缴费人员基本养老金约为 1650 元，企业应参未参保人员基本养老金约为 660 元。补缴人员养老金远低于正常人员，主要有两方面原因：一是补缴指数带有惩罚性，所以补缴人员的平均指数只有 0.244，仅为正常人员的 18%。同时由于平均指数 0.244 远低于 0.6，导致 a 为 0.4067，进一步拉低基础养老金，导致补缴人员的基础养老金仅为正常人员的 28%；二是补缴人员的首次参保时间是 2018 年，不符合建立过渡性养老金和地方养老金条件，导致这两项待遇为 0，最终导致补缴人员待遇总额远远低于正常缴费人员。

（二）产生各种补缴问题的原因

上述各种补缴问题主要分为两种，一种是政策制定并未出现问题，但是在执行时各地负责办理补缴业务的部门自行设置门槛和限制，不落实国家法律法规和政策规定，如自行设置补缴条件、补缴年限等限制；另一种是政策规定就损害了职工利益，如补缴的标准过高、补缴后产生的权益过低等。分析其中的原因，主要有以下三个方面。

1. 业务办理部门为避免审计风险

虽然政策规定只要存在劳动关系，并且在劳动关系存续期间具有应参未参保的事实，就可以补缴。但是由于负责办理补缴业务的社会保险经办机构和税务部门，缺乏甄别用人单位提供的劳动合同等证明劳动关系真实性的能力，而且实践中也存在不少虚构劳动关系进行补缴以获得长期养老待遇的案例，导致办理业务的本部门自行提高补缴门槛，要求提供判决、裁决或行政处罚决定书等法律文书作为补缴的前提，避免审计风险。

2. 补缴产生的权益如果等同于正常缴费将导致对正常缴费人群的不公平

针对在政策制定时规定补缴产生的待遇权益远低于正常缴费的问题，政策制定者认为：在认定、计发参保人养老保险待遇和权益时，区分补缴与正常缴费待遇两种情形目的是体现时间成本。如果用人单位和参保人没有按时足额缴费，应当为通货膨胀、基金收支管理等所受到的影响付出成本，否则将对其他正常缴费人群不公平。

3. 补缴产生的权益如果等同于正常缴费将冲击正常缴费

为解决补缴后权益过低的政策问题，广东省人社厅负责立法的机构曾提出立法建议，在《广东省企业职工基本养老保险条例（草案）》中增加以下内容："用人单位补缴或补足应当缴纳的社会保险费后，参保人在认定首次参保时间、视同缴费账户权益、实际缴费指数、地方调节金、按月领取基本养老金时间时，享受与按时足额缴费情形同等待遇，社会保险经办机构在核定时不得以存在补缴情形为由减损参保人权益。"该征求意见稿征求了 25 个地市人力资源社会保障局及基层单位的意见，共 12 个单位赞同，主要理由是保障参保人的利益不因参保单位的违法行为而受到损害；共 13 个单位不赞同，主要理由是可能冲击正常缴费。

可见，担心冲击正常缴费是区分补缴和正常缴费所产生待遇的主要原因。如果允许补缴后产生与正常缴费同等的待遇，则职工会产生什么时候缴费都不受影响的思想，失去监督用人单位在当期正常参保缴费的积极性，而用人单位天然具备逃避参保缴费责任的动机，这将造成劳动关系双方均不愿正常缴费的结果，严重影响养老保险制度健康运行。

（三）对补缴所存在问题的合法性及合理性分析

1. 合法性方面

一是对于违反规定自行提高补缴门槛、不接受符合上位法规定的补缴、自行限制补缴年限等做法，各地法院、行政复议机关做出的生效判决、行政复议决定已经认定为违法，并责令予以纠正。早在 2000 年前后，广东省高级人民法院，深圳、东莞、佛山等地的中级人民法院的生效判决，以及广东省人力资源和社会保障厅的生效复议决定的观点十分一致，均认为只要劳动关系真实，存在应当参保而未参保的情形，社保经办机构或税务部门就应当予以办理用人单位的补缴业务。且不得限制补缴的年限，如不得设置最长不超过两年的限制，最早的补缴期限应可追溯至当地实施企业职工基本养老保险制度之月。职工如果在补缴时遭受不法对待，可依法申请行政复议或提起行政诉讼维护自身权益。二是对于政策规定补缴权益过低问题，缺乏法理支撑。补缴机制的法理基础是，用人单位具有强制为其职工参保的责任，在用人单位应参保未参保的情况下，为保障劳动者权益不受损害，产生补缴业务。因此，补缴业务根本目的在于改正用人单位的违法行为，补正职工遭受的养老保险权益损失。其性质属于对侵权行为的纠正，法律对侵权行为纠正的基本原则是恢复原状，赔偿损失，补缴机制也应当遵循恢复原状的基本原则。但是，目前补缴所产生的待遇权益远低于正常缴费，不符合恢复原状的原则，缺乏法理支撑。

2. 合理性方面

对于区分补缴和正常缴费所产生的待遇权益，实务界曾引发普遍讨论，支持与不支持的声音各半。本文认为不应设置对补缴所产生待遇的惩罚性机制，主要基于两方面理由。一是补缴所要缴纳的金额不会比正常缴费低，而且用人单位支付了滞纳金，理论上不会对基金的收支产生影响。根据社会保险缴费与权益对等的原理，相同的缴费应当产生同等待遇。现行政策区分补缴与正常缴费的待遇，甚至出现补缴了比不补缴待遇更低的情况，严重违反社会保险基本原理。二是显失公平。根据《社会保险法》第八十六条释义，职工缴纳社会保险费由用人单位代扣代缴，违法主体的法律责任应由用人单位承担，而不包括个人。加收滞纳金是通过给用人单位增加额外金钱负担的方式，促使其尽快补缴养老保险费，已经对不按时足额缴纳养老保险费的主体做出了惩罚。然而广东省现行的补缴政策减损了参保人个人享受养老保险待遇的权利，将不按时足额缴纳养老保险费的惩罚施加于参保人个人。由于违反参保缴费及代扣代缴的责任主体是用人单位，违法责任和相应不利后果不应当由参保人个人承担，广东省现行相关规定和做法对参保人显失公平。

但是根据《行政强制法》规定，滞纳金设置了封顶机制，即滞纳金不得超过本金。许多观点指出，滞纳金一旦封顶，就无法体现对用人单位不按时缴费对基金产生的通胀等时间成本的责任，将导致补缴影响基金的收支平衡。

四　关于广东省应参保未参保职工补缴养老保险机制的建议

（一）统一补缴的条件、年限及标准

按照《关于妥善解决当前劳资纠纷重点问题的通知》的规定，在职工基本养老保险经办规程类文件中明确全省统一的应参保未参保补缴机制。统一补缴条件统一为只要符合应参保未参保情形的均可申请补缴，所需提供的证明材料包括提申请补缴期间与被保险人存在劳动关系证明、工资收入凭证等材料。统一补缴期限为，起始时间不超过当地实施企业职工基本养老保险制度之月的应参保未参保所有时段。统一补缴标准为以补缴所对应时段的职工本人工资申报缴费工资基数，按照当时有关缴费比例和上下限等规定计算应当补缴金额。

（二）取消对补缴人员待遇的惩罚性规定

由于应参保未参保人员进行补缴的未参保责任大部分在于用人单位，参保人属于利益的受损方，建议删除《决定》中对补缴人员待遇的惩罚性规定，出台新的全省统一规定，对应参保未参保补缴人员的补缴年限视作正常缴费年限，规定补缴的参保人在认定首次参保时间、视同缴费账户权益、实际缴费指数、地方调节金、按月领取基本养老金时间时，享受与按时足额缴费情形同等待遇。

（三）加大对正常参保缴费的监督力度

加强监督执法，力争实现应保尽保。针对目前存在的执法力量不足、执法相对不严、用人单位抱有侥幸心理等情况，应该加大对企业参加职工基本养老保险的监督检查力度，充分发挥行政处罚、加收滞纳金、纳入失信企业名单等举措和制度设置，提高用人单位违法成本，从源头上减少应参保未参保职工人群。

B.25
深圳市 L 区企业职工就业质量评估研究

徐道稳*

摘　要： 深圳市在扩大就业和提高就业质量方面还面临一些难题和挑战。本文通过对深圳市 L 区就业质量进行分析评价，使政府准确掌握就业质量状况，全面把握就业形势，为政府宏观决策提供参考，为制定维护劳动者权益的法规政策提供依据，有助于就业质量的综合治理。

关键词： 就业质量　就业政策　综合治理

一　前言

党的十八大报告提出："要实施就业优先战略和更加积极的就业政策，推动实现更高质量的就业。"党的十九大报告提出："就业是最大的民生。要坚持就业优先战略和积极就业政策，实现更高质量和更充分就业。"在党的就业方针和政策指引下，深圳市积极就业政策体系不断完善，就业规模持续扩大，就业结构不断优化；覆盖城市居民的社会保障体系趋于成熟，社会保障制度建设实现重大突破，社会保险待遇水平大幅提高；职工工资水平稳步提高，劳动关系协调机制逐步完善，劳动关系总体保持和谐稳定。然而，受多种因素的影响和制约，深圳市在扩大就业和提高就业质量方面还面临一些难题和挑战，主要表现在：就业总量压力和结构性矛盾并存，结构性矛盾

---

* 徐道稳，深圳大学心理与社会学院教授，博士，研究方向为社会政策。

将更加突出；职业培训基础比较薄弱，劳动者素质能力还不能适应转变经济发展方式和产业升级的要求；公共就业服务体系有待进一步完善，基层就业服务机构服务能力尚不能满足劳动者多元化就业需要；劳动保障监察执法和争议调解仲裁力量薄弱，劳动关系领域的突出矛盾尚未得到有效化解。正是在这一背景下，课题组在 L 区人力资源局的指导下，对 L 区企业职工就业质量开展调查研究。

本研究的目的是构建就业质量指标体系并运用这一体系对 L 区企业职工的就业质量进行评估，从评估中发现就业创业工作存在的问题，提出解决问题的思路，为制定积极的就业政策提供参考依据。建立就业创业工作评价制度是加强劳动力市场建设的基础性工作，对完善劳动力市场、促进就业创业、提高劳动者的就业质量具有重要意义。建立就业质量评价制度，督促企业定期向劳动部门上报就业质量信息，加强信息整合，将有助于劳动力市场信息质量的提高，大大提升劳动力市场服务质量。通过对就业质量的分析评价，使政府准确掌握就业质量状况，全面把握就业形势，为政府宏观决策提供参考，为制定维护劳动者权益的法规政策提供依据，有助于就业质量的综合治理。

二 就业质量指标体系的建构

（一）指标体系建构的原则

要对就业创业工作进行科学评价，应以我国现行的劳动法律、法规、政策为指导，以国际劳工组织关于体面劳动的内容和学术界有关研究成果为参考依据，立足 L 区现阶段经济发展水平和就业创业工作实际，建立一套科学的就业创业工作评价体系。指标体系建构拟遵循以下原则。

1. 指标体系要覆盖基本内容，突出主要矛盾

就业创业工作内容非常丰富，若对每一具体内容进行量化评估不太现实，似乎也没有必要，而且有的内容也不符合我国国情。如强迫劳动和童工

劳动是反映工作性质的基本要素，但因为这两种性质的劳动都是非法的，在现实中常常是隐蔽的，所以统计起来非常困难，目前还没有一个可行的方法来进行统计。另外，集体争议和集体行动的指标是反映就业质量的指标，但与我国国情不符。所以就业创业评价指标体系既要符合中国国情，又要科学地反映就业质量的基本内容，突出就业创业工作中的主要矛盾。

2. 指标体系要易理解、可操作、重实用

易理解，是指使用公众易理解的语言，选择公众能理解的指标，不故弄玄虚，不把简单问题复杂化。可操作，是指选择符合国情的指标，指标能简化尽量简化，要便于收集相关数据，要便于统计和测量。否则，指标设计得再完备也没有任何意义。重实用，是指选择的指标要有效度和信度，计算方法简便易行，计算结果符合实际，具有实用价值。

3. 客观指标和主观指标相结合，以客观指标为主

现有的就业质量研究比较重视客观指标，对主观指标少有涉及。例如，从就业环境、就业能力、就业状况、劳动者报酬、社会保护、劳动关系等方面对就业质量指数进行测算；从就业率、毕业生供需比、薪金水平、就业结构、社会认可度等方面研究大学生的就业质量。这些研究使用的都是客观指标，但是劳动者对自身的就业质量也应该有发言权，其主观感受不应被湮没在劳动合同签订率和劳动纠纷发生率等客观指标中。由于主观指标因人而异，波动性比较大，从而不便比较，故主观指标分量不宜太大。

（二）指标体系框架

近年来，有关就业质量的研究成果明显增加，其中多数是针对某一特定群体的研究。李军峰通过对就业稳定、工作质量、劳动关系、福利和保障及职业发展五个指数进行分析，总结出女性的总体就业质量低于男性。[①] 石彤等从就业率的性别差异、工作报酬的性别差距、就业中专业的性别倾向、就

---

① 李军峰：《就业质量的性别比较分析》，《市场与人口分析》2003 年第 6 期。

业中行业的性别差异、职业的性别隔离五个方面对大学生性别就业质量进行分析，得出男大学生的就业质量比女大学生高。[①] 秦建国从大学生的就业能力、就业制度、就业服务、工作条件、工作报酬、就业稳定性等几个指标提出大学生就业质量的评价体系。[②] 唐美玲通过劳动关系、工作收入、工作特征、工作保障等指标对青年农民工与城市青年进行就业质量比较，得出了青年农民工的就业指标都低于城市青年，但是城市青年的就业质量也比较低的结论。[③] 卿涛等通过就业水平、技能培训、收入水平、工作认可及权利保障五个方面对西部五省市农民工就业质量进行了调查，认为农民工的就业水平等基本层次已得到改善，但是工作认可等较高层次方面仍需提高。[④] 赖德胜等从就业环境、就业能力、就业状况、劳动报酬等六个维度对除西藏之外的全国各省份的就业质量进行了调查，认为东部的就业质量高于西部，但是全国总体的就业水平依然不高。[⑤] 这些研究的主要特点是：较多关注大学生和农民工的就业质量，未将提高就业质量上升到宏观政策的层面；就业质量指标体系不一致，有的相互之间差异很大；无论采取什么指标体系对就业质量进行评价，都得出我国就业质量水平较低、劳资矛盾较为突出的结论。

国内学者主要借鉴国际劳工组织"体面就业"的概念框架，构建我国就业质量指标体系。虽然不同的研究使用的指标体系不同，但是一般来说，就业质量指标体系的内容包括工作性质、工作条件、工作安全、个人尊严、健康和福利、社会保障、培训和职业前景、劳资关系和机会平等方面。虽然测量的内容相近，但是研究者可以从不同的维度对就业质量进行测量。例如，赖德胜等从就业环境、就业能力、就业状况、劳动者报酬、社会保护、劳动关系六个方面对 30 个省份的就业质量指数进行了测算。柯羽从就业率、

① 石彤、王献蜜：《大学生就业质量的性别差异》，《中华女子学院学报》2009 年第 6 期。
② 秦建国：《大学生就业质量评价体系探析》，《中国青年研究》2007 年第 3 期。
③ 唐美玲：《青年农民工的就业质量与城市青年的比较》，《中州学刊》2013 年第 1 期。
④ 卿涛、闫燕：《西部五省市农民工就业质量调查》，《中国劳动》2012 年第 2 期。
⑤ 赖德胜、苏丽锋：《中国各地区就业质量测算与评价》，《经济理论与经济管理》2011 年第 11 期。

毕业生供需比、薪金水平、就业结构、社会认可度等方面研究了大学生的就业质量。[①] 实际上，就业质量是多维度的，包括不同区域、不同行业、不同企业、不同群体的就业质量。测量的维度不同，就业质量指标体系的表现形式就不同，搜集资料的方法也不同。需要指出的是，目前就业质量研究都是针对正规就业群体，灵活就业人员由于缺乏规范的劳动关系没有被纳入就业质量指标体系。考虑到 L 区的实际情况和指标的可操作性，本文也暂不考虑灵活就业人员。本文拟从劳动条件、劳动环境、劳动关系、社会保障、职业发展和工作满意度六个方面设计指标体系，重点关注各就业群体的就业质量，指标体系框架结构见表1。

表1 就业质量指标体系框架结构

一级指标	二级指标
劳动条件	工资收入
	工资拖欠
	休息时间
	带薪年休假
	劳动强度
劳动环境	工作环境
	居住环境
劳动关系	劳动合同
	职工参与
	工会组织
	集体合同
	劳动纠纷
社会保障	养老保险
	医疗保险
	工伤保险
	失业保险
	生育保险
	住房公积金

---

① 柯羽：《大学毕业生就业质量现状调查及趋势分析——以浙江省为例》，《黑龙江高教研究》2010 年 7 期。

续表

一级指标	二级指标
职业发展	上岗培训
	在职培训
	升职和加薪
工作满意度	工资收入
	工作岗位
	工作时间
	工作环境
	规章制度
	人际关系

三 就业质量指标体系的检验

就业质量是一个内容丰富而且比较抽象的概念，因此，需要通过概念的操作化将其降维为具体的指标，这些具体指标构成调查问卷。在降维过程中，概念的抽象程度降低了，从而有利于信息的收集，但代价是降维过程中的信息失真。社会科学调查不可能获得 100% 准确的信息，关键是信息失真必须在可控的范围，这就需要对作为测量工具的调查问卷进行可靠性和有效性检验。检验的方法包括信度检验和效度检验。信度检验和效度检验必须通过问卷试调查来实现。试调查的有效样本为740 人。

（一）信度检验

信度系数测验结果的一致性、稳定性及可靠性，一般以内部一致性来表示测验信度的高低。信度系数越高即表示该测验的结果越一致、稳定与可靠。信度检验包括重测信度、复本信度、折半信度、克朗巴哈系数（Cronbach's Alpha），其中克朗巴哈系数是目前最常用的信度系数。本文也使用这一信度系数。就业质量指标体系信度检验结果见表 2。

表2 就业质量指标体系的信度检验

指标内容	有效样本	Cronbach's Alpha	标准化 Cronbach's Alpha
劳动条件	740	0.741	0.742
劳动环境	738	0.855	0.863
劳动关系	709	0.773	0.775
社会保障	704	0.743	0.752
职业发展	729	0.865	0.865
工作满意度	728	0.888	0.890

信度系数是无量纲单位数值，最大值为1，最小值为0。一般而言，0.5为中等信度，0.7为较高信度。从表2可以看出，在就业质量指标体系中，劳动环境、职业发展和工作满意度三个方面的指标信度系数都在0.8以上，劳动条件、劳动关系和社会保障三个方面的指标也在0.7以上。这说明本次就业质量指标体系的信度较高，即指标的一致性和稳定性较好。

（二）效度检验

效度即有效性，是指测量工具或手段能够准确测出所需测量的事物的程度。效度是指所测量的结果反映所想要考察内容的程度，效度越高，则测量结果与要考察的内容越吻合；反之，则越不吻合。效度分为三种类型：内容效度、准则效度和结构效度。有的学者认为，效度分析最理想的方法是利用因子分析测量量表或整个问卷的结构效度。因子分析的主要功能是从量表全部变量（题项）中提取一些公因子，各公因子分别与某一群特定变量高度关联，这些公因子即代表量表的基本结构。通过因子分析可以考察问卷是否能够测量出研究者设计问卷时假设的某种结构。本文使用结构效度。就业质量指标体系效度检验结果见表3。

根据因子分析的结果，就业质量指标体系被分解成七个因子，分别是工作满意度因子、职业发展因子、劳动条件因子、劳动关系因子、劳动环境因子、职工参与因子、社会保障因子。这七个因子包括了表1指标体系中的六个方面，但是多出一个职工参与因子。职工参与因子包括加入工会、参与工会选举、参与企业规章制度和合理化建议等指标，而这些指标在设计时被归为劳动关系。

表3　就业质量指标体系的效度检验

单位：%

因子名称	特征值	方差百分比	累计贡献率
工作满意度	7.959	19.897	19.897
职业发展	5.542	13.853	33.750
劳动条件	4.087	10.216	43.966
劳动关系	3.297	8.243	52.209
劳动环境	2.378	5.947	58.156
职工参与	2.271	5.680	63.836
社会保障	1.040	2.601	66.437

在因子分析的结果中，用于评价结构效度的主要指标是累积贡献率。累积贡献率反映公因子对问卷的累积有效程度。表3显示，七个因子的累积贡献率为66.4%，或者说七个因子能够解释66.4%的误差。这说明七个方面的指标（在问卷中实际上是六个方面指标）能较好地测量就业质量。

四　抽样和样本基本情况

（一）调查对象

本次调查对象是与 L 区企业有劳动关系（包括事实劳动关系、劳务派遣关系）并工作半年以上的人员。

（二）样本容量

以估计简单随机抽样比例 P 时的样本量为基础，在95%的置信度下按抽样绝对误差不超过2%的要求进行设计，即 $P\{|p-P|\leq 0.02\}=95\%$。由抽样理论可知，满足上述精度要求的以人为抽样单元的样本总量为 $N=U_{0.05}^2 P(1-P)/d^2$，其中 $d=0.02$ 为绝对允许误差，$U_{0.05}=1.96$ 是标准正

态分布的双侧临界值。$0 \leqslant P \leqslant 1$，恒有 $P(1-P) \leqslant 0.25$，因此保守的样本总量为 $N = 2500$ 人。为给出复杂抽样设计下的样本总量，需要借助设计效应 $deff$。在相同精度下，复杂抽样设计的样本量是简单随机抽样设计的样本量的 $deff$ 倍。根据理论分析和实际经验，抽样的设计效应大约为 2。因此本次调查的样本数量定为 5000 人。

（三）抽取样本

本次调查采用配额抽样和随机抽样相结合的方法，具体步骤如下。

第一步：根据各街道产业结构和企业数量分配样本数量（见表 4）。

第二步：根据分配样本数量，在各街道选取若干大、中、小型企业作为数据采集点。大、中、小型企业的划分参照国家统计局相关划分标准。以 20 人为一个抽样单元，小型企业抽一个单元，即 20 人，中型企业抽 2 个单元，即 40 人，大型企业抽 3 个单元，即 60 人。

表 4 各街道选取的企业数和样本数

街道	数据采集企业	计划样本数	实际样本数
街道 1	2 大、4 中、26 小	$2 \times 60 + 4 \times 40 + 26 \times 20 = 800$	798
街道 2	2 大、4 中、29 小	$2 \times 60 + 4 \times 40 + 29 \times 20 = 860$	846
街道 3	1 大、3 中、21 小	$1 \times 60 + 3 \times 40 + 21 \times 20 = 600$	609
街道 4	1 大、3 中、21 小	$1 \times 60 + 3 \times 40 + 21 \times 20 = 600$	600
街道 5	1 大、2 中、18 小	$1 \times 60 + 2 \times 40 + 18 \times 20 = 500$	500
街道 6	2 大、4 中、25 小	$2 \times 60 + 4 \times 40 + 25 \times 20 = 780$	774
街道 7	2 中、14 小	$2 \times 40 + 14 \times 20 = 360$	360
街道 8	1 大、2 中、18 小	$1 \times 60 + 2 \times 40 + 18 \times 20 = 500$	481
合计	10 大、34 中、152 小	5000	4968

第三步：样本选取应尽量覆盖不同行业和不同所有制企业，建立企业样本抽样框。

第四步：在每个小型企业抽取的 20 人中，一线工人 16 人，管理层 4 人，管理层不分高中低；在大中型企业中，抽取的一线工人占 70% 左右，管理层占 30% 左右，管理层名额在高中低层大致按 2：4：4 分配。

（四）样本基本情况

企业职工就业质量调查在 L 区 8 个街道同时进行，计划调查 5000 人，实际回收有效问卷 4968 份，有效回收率 99.3%。在有效样本中，女性略多于男性，性别比例大致持平；30 岁以下的占 56.3%，平均年龄 29.8 岁；大专及以上学历的占 40.6%；调查对象的行业分布比较分散，但加工制造业一家独大，占 71%。

五　评估结果

（一）劳动关系

劳动关系主要包括劳动合同、工会组织、集体合同、职工参与和劳动纠纷等指标。从劳动合同来看，在所有有效样本中，没有签订劳动合同的比例仅为 3.1%，签订固定期限劳动合同的占 81%，无固定期限劳动合同占 14.1%，以完成一定任务为期限的劳动合同占 1.8%。总的来看，L 区企业职工劳动合同签订率较高，达到 96.9%。在固定期限劳动合同中，三年或三年以上期限的占 56%，劳动关系比较稳定。从群体的角度看，劳动合同签订的性别差异不大。男性劳动合同签订率为 96.7%，女性为 97.0%。不同受教育程度群体之间的劳动合同签订率差异较大。高中及以下的调查对象中，劳动合同签订率为 96.1%，而大专及以上的为 98.0%。户籍差异也不太明显。市外城市户口的劳动合同签订率最高，达 97.8%；其次是深圳户口为 97.7%；市外农村户口最低，为 96.4%。假设劳动合同签订率越高则就业质量越高，可以把劳动合同签订率乘以 100% 直接换算成得分，则 L 区劳动合同签订得分为 96.9 分。

关于工会组织，在所有有效样本中，认为自己参加工会的员工仅占 25.5%。显然，这个比例并不是工会的实际覆盖率，课题组称之为主观入会率。关于工会发挥的作用，有 45.2% 的调查对象认为，工会对维护员工的合法权益比较有用或非常有用。员工的主观入会率在不同群体之间呈现不同特点。男性和女性的主观入会率没有明显差异，但是不同学历之间差异明显。随着学历的升高，主观入会率随之升高，依次是初中18.4%、高中24.7%、大专28.0%、本科35.2%、硕士及以上41.9%。深圳户籍的主观入会率最高，达39.3%，其次是市外城市户口30.8%，最低的是市外农村户口21.4%。从所有制看，国有企业员工入会率最高，为58.3%；民营企业最低，为22.6%；外资企业处于平均水平。

关于集体合同，认为签订集体合同的比例为24.5%，认为没有签订的30.5%，不知道是否签订的占45.0%。与工会入会率类似，这里集体合同签订率也是主观签订率，而且各群体之间的差异与工会参会率大体一致。

根据深圳市总工会和L区总工会的有关材料，深圳市工会组织已实现全覆盖。但调查发现，员工主观认为自己参加工会的比例明显偏低，这说明员工对工会的认知度和认同度不高，工会的作用还有待发挥。为了平衡客观上工会组织全覆盖和主观上参会率偏低的矛盾，本文将各街道职工参加工会得分设定为客观得分与主观得分之和。假设每个街道工会组织100%全覆盖，客观得分按60%计算。每个街道参加工会得分=（60% + 主观参会率×40%）×100。假设集体合同覆盖率达90%，客观得分仍按60%计算，则每个街道集体合同得分=（54% + 主观签订率×40%）×100。根据上述计算公式，L区参加工会和集体合同的得分分别为70.2分和63.8分。

在职工参与方面，员工合理化建议的参与率最高，为60.5%，其余依次是企业规章制度45.6%、工会选举43.6%、集体协商28.2%。以参与率最高的合理化建议比例作为职工参与得分，则全区范围内员工参与得分为60.5分。关于劳动纠纷，在4876个有效样本中，有130人发生过劳动纠纷，劳动纠纷发生率为2.7%。假设劳动纠纷越多，就业质量越低。因此，就业质量在劳动纠纷上的得分=（1 –劳动纠纷发生率）×100。据此，全区劳动纠纷得分为97.3分。

综上所述，劳动关系得分包括劳动合同、工会组织、集体合同、职工参与和劳动纠纷五个方面。课题组认为，在劳动关系五项指标中，劳动合同和劳动纠纷对就业质量的影响最大，故分别赋予其权重分别为 0.25；参加工会组织次之，权重为 0.20；集体合同和职工参与的影响最小，权重均为 0.15。根据这一计算方法，就全部样本而言，劳动关系五项指标加权平均得分为 81.9 分。劳动关系五项指标的具体得分见表 5。

表 5 L 区劳动关系五项指标得分

劳动合同	工会组织	集体合同	职工参与	劳动纠纷	平均分
96.9	70.2	63.8	60.5	97.3	77.7（算术）
0.25	0.20	0.15	0.15	0.25	81.9（加权）

（二）劳动条件

劳动条件包括工资收入、工资拖欠、工作时间、劳动强度、带薪年休假等指标。

关于工资收入，在所有有效样本中，调查对象平均月收入为 4077 元，中位值是 3800 元。根据分组统计，64.9% 的调查对象月收入在 4000 元及以下，82.8% 的调查对象月收入在 5000 元及以下（见表 6）。

表 6 L 区劳动者月收入分组情况

单位：%

金额	频数	有效百分比	累计百分比
2500 元及以下	241	5.2	5.2
2501～3000 元	855	18.5	23.7
3001～3500 元	944	20.5	44.2
3501～4000 元	958	20.7	64.9
4001～5000 元	826	17.9	82.8
5001～6000 元	330	7.2	90.0
6000 元以上	464	10.0	100.0
合计	4618	100.0	

统计发现，不同性别和户籍的职工平均月收入有明显差别，男性平均月收入为4371元，明显高于女性（3808元），深圳户籍职工的收入明显高于市外城市户籍职工，市外城市户籍职工的收入明显高于市外农村户籍职工。受教育程度对收入也有明显影响，高中及以下文化程度收入在4000元以上的比例为23.0%，而大专及以上文化程度的这一比例达53.5%。把收入换算成得分有多种方法。如利用标准化公式计算标准分，但是标准分不是百分制；也可以用线性功效函数计算得分，这种方法计算出的得分为百分制，但是最低分为0分，不符合使用习惯。这里使用比例得分法，即令最高收入为100分，其他收入按相对最高收入的比例计算得分。据此，全区就业质量收入得分为93.8分。

在所有有效样本中，工资被拖欠过的比例为4.6%，拖欠工资的时间普遍较短，拖欠时间多数在一个月以内。关于休息时间，统计显示，每月休息少于4天的调查对象占7.7%，每月休息4天及以上的占92.3%，其中每月休息4天的调查对象占39.2%，每月休息8天的占31.7%。此外，74.1%的被调查者享受过带薪年休假。67.8%的被调查者认为劳动强度比较适中；29.5%的被调查者认为劳动强度比较大，但尚能承受；2.7%的被调查者认为，劳动强度非常大，难以忍受。

为了计算就业质量在上述各项目上的得分，课题组假设，就业质量与工资拖欠成反比例关系，即工资拖欠比例越高，就业质量就越低；在法律规定的范围内，休息时间越长，就业质量越高；带薪年休假对就业质量有正向影响；劳动强度适中者的就业质量优于劳动强度较大者。根据以上假设，就业质量在工资拖欠项目上的得分=（1－工资拖欠率）×100。据此，就业质量在工资拖欠项目的得分为95.4分。考虑到大多数工人每月休息4天及以上的实际情况，本文把每月休息4天及以上的比例换算为得分，如在所有调查对象中，每月休息4天及以上的占92.3%，则该项得分为92.3分。就业质量在带薪年休假和劳动强度方面的得分分别为74.1分和67.8分。就业质量在劳动条件方面包括五个项目，即工资收入、工资拖欠、休息时间、带薪年休假和劳动强度，其具体得分见表7。在劳动条件五项指标中，工资收入和劳动强度对就业质量的影响最大，故分别赋予其权重为 0.25；休息时间次之，权重为 0.2；工资拖欠和带薪年休假的影响最小，权重均为 0.15。

表 7　L 区劳动条件五项指标得分

工资收入	工资拖欠	休息时间	带薪年休假	劳动强度	平均分
93.8	95.4	92.3	74.1	67.8	84.7（算术）
0.25	0.15	0.2	0.15	0.25	84.3（加权）

（三）劳动环境

劳动环境包括工业粉尘、有毒化学物质、高温或低温、噪音、辐射、高空作业和居住环境等指标。统计表明，在所有有效样本中，1259 人的工作环境有一项或几项有害情况。在 1259 人中，35.5% 的人工作环境有工业粉尘，33.0% 的人在高温或低温环境中工作，45.4% 的人工作环境噪音过大，22.6% 的人在有毒化学物质环境中工作（见表 8）。分析发现，男女工作环境呈现不同的特点，男性在工业粉尘、高温或低温和噪音过大环境中工作的比例明显高于女性，在辐射超标环境中工作的比例低于女性。总体来说，深圳户籍、高学历群体和管理岗位的职工的工作环境要优于其他群体。

表 8　调查对象的工作环境（N =1259）

单位：%

工作环境	回应人数	回应人数占比	个案占比
工业粉尘	447	22.7	35.5
有毒化学物质	285	14.5	22.6
高温或低温	416	21.1	33.0
辐射超标	102	5.2	8.1
高空作业	40	2.0	3.2
地下工作	17	0.9	1.4
噪音过大	571	29.0	45.4
其他有害情况	91	4.6	7.2
合计	1969	100.0	156.4

关于居住环境，在所有有效样本中，83.1%的人认为居住环境比较安全或很安全，16.9%的人认为居住环境不太安全或很不安全。分析发现，不同群体的居住安全感有明显差异。深圳户口的居住安全感高于市外城市户口，市外城市户口又高于市外农村户口。大专及以上学历的居住安全感明显高于其他学历。国有企业职工的居住安全感明显高于民营企业职工。

显然，有害的工作环境对就业质量造成不利影响，没有有害工作环境的比例越高，就业质量也越高。因此，课题组把没有有害工作环境的比例换算成得分。例如，在4968个有效样本中，没有有害工作环境的人数为3709人，占74.7%，则就业质量在工作环境上的得分为74.7分。同理，就业质量在居住环境上的得分为83.1分。考虑到有害工作环境对就业质量的影响远大于居住环境，因此赋予工作环境和居住环境的权重分别为0.7和0.3，具体得分见表9。

表9 L区劳动环境两项指标得分

工作环境	居住环境	平均分
74.7	83.1	78.9（算术）
0.7	0.3	77.2（加权）

（四）社会保障

"五险一金"包指标括养老保险、医疗保险、工伤保险、失业保险、生育保险和住房公积金。就全部有效样本而言，调查对象的"五险一金"参与率分别是87.0%、88.7%、78.8%、87.2%、67.6%和57.2%。与其他项目一样，"五险一金"参与率在不同群体之间也有明显差异。统计表明，户籍、教育、所有制、工作岗位等因素对参加"五险一金"有显著影响。"五险一金"参与率在深圳户口、市外城市户口、市外农村户口之间呈明显的递减关系，从高学历到低学历也呈现明显的递减关系。类似的，国有企业职工"五险一金"参与率高于外资企业，外资企业高于港澳台企业，港澳台企业高于民营企业。不同工作岗位"五险一金"参与率从高到低的顺序是管理人员、技术研发人员、行政文员、市场销售人员、工勤人员、一线员工。

社会保险参与率越高、参与项目越多，就业质量当然就越高。据此，把社会保险参与率直接转换为就业质量在社会保障项目上的得分，如养老保险参与率为 87.0%，则该项目得分为 87.0 分。考虑到生育保险和住房公积金在企业职工中普及率较低，特别是基层工人参与率较低，故在计算就业质量得分时拟排除生育保险和住房公积金的影响。这样在计算就业质量得分时取养老保险、医疗保险、失业保险和工伤保险四项指标，该四项指标得分见表10。

表 10 L 区社会保障四项指标得分

养老保险	医疗保险	失业保险	工伤保险	平均分
87.0	88.7	78.8	87.2	85.4（算术）
0.3	0.3	0.2	0.2	85.9（加权）

（五）职业发展

职业发展包括上岗培训、在职培训、加薪和升职的前景等指标。据统计，在所有有效样本中，参加过上岗培训的比例为 84.1%，参加过在职培训的比例为 84.3%。超过 70% 的调查对象认为，培训非常有用或比较有用，其他人认为培训用途不大或基本没用。这说明，职工培训工作还需要进一步加强，培训的实用性和有效性还需要进一步提高。35% 的调查对象认为在未来两年加薪的概率比较大，25% 的调查对象认为在未来两年升职的概率比较大。

在上述职业发展指标中，上岗培训和在职培训参与率是客观指标，加薪和升职是主观指标。尽管对未来的信心在某种程度上能反映就业质量，但是单个主观指标往往因人而异，而且波动性比较大，因此，在计算职业发展得分时只计算上岗培训和在职培训的分数，不计入升职和加薪两项指标的影响。职业培训的参与率对就业质量有正向影响，就业质量在职业发展上的得分由上岗培训和在职培训的参与率直接转换获得。课题组认为，上岗培训和在职培训对就业质量的影响同等重要，故两者的权重均为 0.5。L 区职业发展得分见表 11。

表 11　L 区职业发展两项指标得分

上岗培训	在职培训	平均分
84.1	84.3	84.2（算术）
0.5	0.5	84.2（加权）

（六）工作满意度

工作满意度包括对工资收入、工作岗位、工作时间、工作环境、规章制度、人际关系的满意度等指标。在所有有效样本中，调查对象对工资收入等六个项目的满意度见表 12，除工资收入的满意度偏低外，其他各项满意度均倾向于积极。

表 12　调查对象的工作满意度（N = 4858）

单位：%

选项	工资收入	工作岗位	工作时间	工作环境	规章制度	人际关系
很不满意	7.2	2.2	2.8	2.4	2.5	1.7
不太满意	23.5	8.7	9.3	8.0	9.3	4.7
一般	46.0	49.3	43.4	39.8	42.9	34.8
比较满意	20.2	34.3	37.8	41.2	38.1	45.3
非常满意	3.1	5.5	6.8	8.7	7.2	13.4
合计	100.0	100.0	100.0	100.0	100.0	100.0

为了获得满意度得分，课题组对"很不满意""不太满意""一般""比较满意""非常满意"分别赋予 1、2、3、4、5 分，然后对六个项目的满意度进行加总，总分最低分为 6 分，最高分为 30 分，再按公式 $Y_i = 100X_i/30$ 将其转换为百分制得分，其中 Y_i 为每个调查对象的百分制得分，X_i 为每

个调查对象的原始总分。根据满意度的百分制得分，可计算出所有有效样本的满意度平均得分为 66.9 分。男性和女性的满意度得分没有明显差异。有深圳户口的调查对象满意度平均分比市外农村户口的高 3.9 分，比市外城市户口高 2.3 分。高中及以下学历的满意度得分为 64.9 分，大专及以上满意度得分为 69.7 分。

（七）小结

L 区企业职工就业质量指标体系中的六项一级指标的百分制得分包括就业质量的各项加权得分和就业质量总分，为体现六项一级指标对就业质量的贡献，通过因子分析算出六项一级指标在就业质量中的权重，算术平均分和加权平均分见表 13。其中，85 分及以上属于优秀，75 ~ 84 分为良好，60 ~ 74 分为一般。因此，L 区总体就业质量处于良好状态（80.1 分）。

表 13 L 区就业质量一级指标得分

	劳动关系	劳动条件	劳动环境	社会保障	职业发展	工作满意度	就业质量总分
得分	81.9	84.3	77.2	85.9	84.2	66.9	80.1（算术）
权重（%）	24.2	19.7	21.7	7.8	10.9	15.7	79.6（加权）

六 结语

在就业质量六项一级指标中，L 区企业职工在劳动条件、劳动关系、社会保障和职业发展指标上得分较高，均在 80 分以上，劳动环境和工作满意度得分较低。就业质量总分平均为 80.1 分，总体就业质量处于良好状态。从总分看，就业质量仍有较大的提升空间；从结构上看，各项指标得分不平衡，L 区就业质量还存在一些薄弱环节。第一，劳动合同签订率总体较高，但是农民工群体、餐饮娱乐业、民营企业的劳动签订率仍有提高空间。第二，关于工会组织，职工的主观参会率与官方的统计差异较大，说明工会的影响力和公信力有待提高。集体合同签订也存在类似问题。第三，在企业民主管理中，职工参与普遍不足，特别是集体协商工作亟待加强。第四，基层职工的收入有待提高，职工带薪年休假制度落实不到位，职工劳动强度偏大。第五，公共就业服务程序要进一步优化，政策要进一步落实，免费职业培训和创业培训要进一步加强。

B.26
欠缺就业证件情形下外国人劳动
权益保护问题

班小辉　金　瑾*

摘　要： 依法取得就业证件是外国人在华就业合法化的关键，对于欠缺就
业证件的外国人与用人单位之间的用工关系如何定性，本文提出
在实践中有两种不同做法，一种是认定违反法律、行政法规强制
性规定，按照劳动合同无效处理；一种是认定劳动者主体不适
格，从而排除劳动法的适用，作为普通民事关系处理。从理论上
而言，就业证件的欠缺与劳动关系的认定并无关联，其所影响的
是劳动关系能否受到法律保护，即无效劳动合同问题，因而相关
争议应当纳入劳动争议处理程序。在实体权益方面，本文认为应
当基于人权保护理念，保障外国人基本的劳工权利，并按照就业
证件欠缺的过错责任，支持其合理的合同无效赔偿请求。

关键词： 外国人　就业证件欠缺　劳动关系

2018 年 8 月 23 日，人力资源和社会保障部颁布第 37 号令，正式废止
《台湾香港澳门居民在内地就业管理规定》，港澳台同胞在内地（大陆）就业
不再需要办理就业证件，但对于外国人来华就业仍实行就业许可制度，是否
持有合法就业证件影响其权益的保护。根据《最高人民法院关于审理劳动争

---

* 班小辉，法学博士，武汉大学法学院副研究员，研究方向为劳动与社会保障法；金瑾，法学
硕士，浙江省经济技术开发区人民法院法官，研究方向为劳动法。

议案件适用法律若干问题的解释（四）》〔以下简称《司法解释（四）》〕第14条的规定，"外国人、无国籍人未依法取得就业证件即与内地用人单位签订劳动合同，以及香港特别行政区、澳门特别行政区和台湾地区居民未依法取得就业证件即与内地用人单位签订劳动合同，当事人请求确认与用人单位存在劳动关系的，人民法院不予支持"。可见，最高人民法院将就业证件作为劳动关系认定的依据之一。然而，由于缺少上位法的指引，该条司法解释在各地实践中的适用难以统一，程序规则与实体权益裁判尺度不一，需要从理论上进一步厘清就业证件对劳动关系认定的影响。本文首先对外国人就业证件制度进行梳理，其次分析了《司法解释（四）》第14条的适用状况，最后在对欠缺就业证件情形下用工关系进行定性的基础上，对实体权益的处理提出裁判建议。

一 外国人就业证件制度概况

就业证件制度是我国对外国人来华就业管理的重要措施，当前主要由《中华人民共和国出境入境管理法》（以下简称《出入境管理法》）、《外国人在中国就业管理规定》（以下简称《管理规定》）加以规范，主要内容包括以下三点。

（一）就业证件类型

为有效管理外国人在华就业，我国立法设立了一套就业证件体系，包括就业许可证、职业签证、就业证以及外国人居留证。根据现行《管理规定》第5条的规定，用人单位聘用外国人工作的，需要为该外国人申请就业许可证，经获准取得"中华人民共和国外国人就业许可证书"后方可聘用。[①] 同

---

① 值得注意的是，根据《国家外国专家局人力资源社会保障部外交部公安部关于全面实施外国人来华工作许可制度的通知》（外专发〔2017〕40号）的规定，从2017年4月1日起，全国统一实施外国人来华工作许可制度，外国人就业许可证和外国专家来华工作许可证统一为《外国人工作许可通知》（以下简称《工作许可通知》），而外国专家证和外国人就业证则统一为"外国人工作许可证"（以下简称"工作许可证"）。为与法条和裁判文书保持一致，后文在引用相关材料时仍使用就业许可证和就业证。

时，根据《管理规定》第 8 条要求，外国人在华就业还需具备职业签证（"Z 字签证"）和外国人居留证件、外国人就业证。其中，就业许可证和职业签证是外国人入境前办理，外国人就业证和外国人居留证则是其入境后办理。

（二）就业证件的申请义务主体

从申请的义务主体来看，用人单位是办理就业证件的主要义务人。外国人在华就业证件办理的流程：由用人单位按照《外国人来华工作分类标准（试行）》向相关部门申请《工作许可通知》（就业许可证）；外国人携带《工作许可通知》等材料前往使领馆申领职业签证；用人单位在被聘用外国人入境后 15 日内，需为外国人办理"工作许可证"（就业证）；外国人在入境后 30 日内，持"工作许可证"到公安部门办理居留证。因而在外国人在华就业过程中，用人单位负责入境前的工作许可和入境后的工作许可证的办理，外国人自行负责办理签证和居留证事宜。

（三）就业证件的有效性问题

外国人在华就业期间，其居留证件的有效期限根据工作许可证的有效期来确定，而工作许可证期限又与劳动合同期限相挂钩。根据《管理规定》的规定，劳动合同期限最长不得超过五年，劳动合同期限届满，"工作许可证"即失效。若劳动合同提前解除，用人单位还需将"工作许可证"和居留证分别交还劳动行政部门和公安部门。若用人单位在合同到期后希望续聘该外国人，应在到期前 30 日向行政部门申请延长聘请，经批准后办理"工作许可证"延期手续。

"工作许可证"所注明的用人单位必须与外国人在中国的实际就业单位保持一致。若外国人在发证机关规定的区域内变更用人单位、仍从事原职业的，需要经过原发证机关批准，并办理许可证变更手续。但是，如果外国人离开发证机关规定的区域或者在原规定区域变更用人单位且变更职业的，需要重新办理"工作许可证"。

综上，我国立法对外国人在华就业建立了严格的就业证件管理制度，特别是用人单位、从事职业、所在就业区域必须与就业证件相一致。

二 欠缺就业证件对用工纠纷影响的实践梳理

《司法解释（四）》明确将就业证件与劳动关系的认定相挂钩。但是，该规定仅规定"不予认定劳动关系"，对于欠缺就业证件情形下外国人与用人单位用工纠纷的程序规则和实体权益的处理问题，并未进一步规定，这导致实践中各地劳动仲裁机构和人民法院的裁判标准有所差异。①

（一）纠纷解决程序的差异

我国劳动争议实行仲裁前置制度，而该类案件是否适用仲裁前置程序在实践中出现不同理解。

1. 作为民事关系处理，劳动仲裁不予受理

上海市高级人民法院、上海市原劳动局于 1996 年联合发布的《关于审理劳动争议案件若干问题意见》第 6 条曾规定："外国人和港、澳、台人员未经获准，擅自就业发生纠纷的，劳动争议仲裁委员会和人民法院均不予受理。"即否定了未经批准就业情形下，外国人因就业引发纠纷的诉讼权利。在 2002 年之后，上海地方法院开始受理该类案件，而劳动仲裁部门仍不受理此类案件。例如，在蔡铭益案②中，蔡某未依法取得就业证件，在被辞退后向劳动争议仲裁机构申请仲裁，劳动仲裁机构不予受理。其后蔡某诉至法院，一审、二审法院均认为双方不存在劳动关系，不受劳动法律、法规调整，双方合同的权益按照民法下的劳务关系处理。除此之外，在北京、广州、山东、福建、贵州、四川等地方一些案件中，劳动仲裁机构也不予受理

---

① 由于港澳台同胞先前也需要获得就业许可证后，方能在内地（大陆）就业，《司法解释（四）》对港澳台同胞与外国人采取了相同的司法审判意见。因而，在后文分析就业证件与劳动关系认定的案件中，部分就业者身份为港澳台同胞，但案件性质相同，用以参考借鉴。

② 参见上海市第二中级人民法院，（2017）沪 02 民终 4532 号。

此类案件。① 北京市劳动人事争议仲裁委员会的专家认为，对于此类案件，仲裁机构应当明确双方之间的争议不属于劳动争议，在立案过程中应当严格审查是否有就业证，如果没有，则不予受理。如果受理案件之后才发现没有就业证，也不应终止审理，应当对劳动报酬做出裁决。② 但是按照劳动仲裁办案规则，劳动争议仲裁机构在受理之后发现不属于受理范围的案件，应当做出撤销案件的决定，而非继续审理。

2. 认定劳动合同无效，适用劳动仲裁前置程序

一些地方的司法机关认为欠缺就业证件应当导致劳动合同无效的后果，仍适用劳动争议解决程序。例如，在江苏省姜昱丞案③中，姜某未经劳动仲裁直接向人民法院起诉，一审、二审法院均认为，未取得就业证件下签订的合同属于无效劳动合同，但劳动合同无效纠纷仍然属于劳动争议案件受案范围，故裁定驳回姜某的起诉。在再审程序中，江苏省高级人民法院认为，劳动合同被确认无效后的争议处理仍应参照劳动合同法的相关规定，适用劳动争议的处理程序。

此外，在实践中还有"先合法、后非法"和"先非法、后合法"两种特殊的情形：一种是在订立劳动合同时拥有合法有效的就业证，但是到期后用人单位未及时办理延期手续；一种是在订立劳动合同时未取得合法有效的就业证，但是在合同履行过程中用人单位办理了就业证，对于这两类案件，劳动仲裁机构和人民法院通常予以受理。④

综上，对于欠缺就业证件的用工纠纷受理问题，在实践中存在上述两种不同做法，但即使在同一省份，甚至同一市内，裁判标准也未完全统一。例如，江苏省高院虽认为欠缺就业证件的用工纠纷属于劳动争议，但地方的劳

① 参见北京市第三中级人民法院，（2016）京 03 民终 8078 号；广东省珠海市中级人民法院，（2015）珠中法民四终字第 152 号；山东省高级人民法院，（2017）鲁民终 50 号；四川省成都市中级人民法院，（2017）川 01 民终 2638 号等。

② 柴黎平：《有关外国人在华就业劳动争议案件处理》，《中国劳动》2012 年第 7 期。

③ 参见江苏省高级人民法院，（2015）苏审二民申字第 02153 号。

④ 参见上海市第一中级人民法院，（2017）沪 01 民终 12755 号；上海市浦东新区人民法院，（2014）浦民一（民）初字第 17781 号。

动仲裁机构仍不予受理此类案件。① 浙江省杭州市经济技术开发区与江干区的劳动人事争议仲裁委员会在是否受理问题上也存在差异。②

（二）实体权益的裁判差异

对于欠缺就业证件情形下就业者实体权益的问题，各地裁判也尚未形成统一标准。具体来说，主要分为两种情形。

第一，不予认定劳动关系，仅支持劳动报酬。受《司法解释（四）》第14条的影响，一些地方法院以欠缺就业证件不予认定劳动关系为由，否决就业者按照劳动合同主张权益。例如，在一些案件中，对于就业者主张未签订劳动合同的双倍工资、加班费、违法解除劳动合同赔偿的权益，法院均不支持，仅支持合同约定的工资权益。③ 对于就业者主张的未办理就业证件的损害赔偿请求，一些法院并未支持。④

第二，认定劳动合同无效，虽不支持与劳动合同相关的双倍工资、经济补偿金等权益，但支持就业者主张劳动合同无效的赔偿金。根据《劳动合同法》第86条的规定，劳动合同被确认无效，给对方造成损害的，有过错的一方应当承担赔偿责任。一些地方法院根据此条款，支持就业者主张劳动合同无效责任的损害赔偿。例如，在李刚奕案中，法院认为用人单位未能证明未办理就业证是就业者的原因，应当按照《劳动法》第97条和《劳动合同法》第86条承担赔偿责任。二审法院按照合同解除的经济补偿金标准判决用人单位给予赔偿。但是，对于病假待遇和竞业限制经济补偿问题，二审

① 例如，江苏省苏州市和常州市一些地方的劳动仲裁机构也不予受理此类案件。参见江苏省太仓市人民法院，（2017）苏 0585 民初 554 号；江苏省常州市中级人民法院，（2016）苏 04 民终 3854 号。

② 参见浙江省杭州经济技术开发区人民法院，（2013）杭经开民初字第 117 号和浙江省杭州市中级人民法院（2015）浙杭民终字第 3696 号。

③ 参见上海市青浦区人民法院，（2017）沪 0118 民初 19028 号；广东省江门市中级人民法院（2017）粤 07 民终 3597 号；浙江省宁波市镇海区人民法院，（2013）甬镇民初字第 560 号。

④ 参见浙江省绍兴市中级人民法院，（2017）浙 06 民终 3330 号。

法院则以劳动关系无效驳回了李刚奕的诉讼请求。① 在张君旭案中，法院也认定办理就业证件属于用人单位的法定义务，用人单位应当承担因劳动合同无效导致就业者的损失，但是法院计算合同无效的损失标准为：在劳动合同有效情形下，劳动者可获得的经济补偿金的80%。② 可见，各法院对合同无效的赔偿标准未形成统一意见。

此外，对于就业者在订立劳动合同时具有有效就业证件，但在合同履行期间，就业证件过期而未办理延续的情形，有些法院采用了分段计算的方式，即在就业证件有效期内，将用工关系认定为劳动关系，支持就业者所主张的在此期间内未签订劳动合同的双倍工资、经济补偿金等权益，对于欠缺有效就业证件期间的法律关系则按劳务关系处理，但是将未办理就业证延续或变更的责任归于用人单位，支持就业者参照经济补偿金标准主张合同无效的赔偿金。③

在实践中，对于欠缺就业证件的用工纠纷，是应当按照无效劳动合同处理还是不予认定劳动关系，地方裁判存在差异。即使在认定无效劳动合同的案件中，有些法院也同时认定劳动关系不存在，将两种概念混合使用，但是若无劳动关系，也不应当适用《劳动合同法》的相关规则。因而，有两个问题仍需进一步分析：第一，欠缺就业证件所产生的"不予认定劳动关系"和"劳动合同无效"能否等同；第二，欠缺就业证件对就业者实体权益的影响程度，是否应当将这类就业者完全排除在劳动法的保护范围之外。

三　欠缺就业证件情形下用工纠纷的性质分析

《司法解释（四）（征求意见稿）》曾规定"外国人、无国籍人以及

---

① 参见广东省珠海市中级人民法院，（2014）珠中法民一终字第48号；湖北省随州市中级人民法院，（2016）鄂13民终533号。
② 参见福建省武平县人民法院，（2016）闽0824民初301号。
③ 参见辽宁省沈阳市中级人民法院，（2014）沈中民五终字第1229号。

台港澳地区居民已经付出劳动的，可参照合同约定支付劳动报酬"，但最终版本删除了该款规定。有学者认为，这在一定程度上说明最高人民法院认为"不存在劳动关系"与"无效劳动关系"法律后果应当相区分，司法实践中应采取"不予认定劳动关系"的态度，仲裁机构不应受理。[①]但是，该司法解释存在一定的问题，欠缺就业证件不应作为劳动关系的否定因素。

（一）欠缺就业证件不应影响劳动关系的判定

劳动关系是指当生产资料与劳动力分别属于不同人所有时，劳动力所有者在生产资料所有者的指挥控制下进行劳作，生产资料所有者向劳动者支付工资，从而形成的社会关系，[②]"从属性"是劳动关系判定的通说标准。从法理上看，作为社会关系的劳动关系只有受到劳动立法的调整才会形成劳动法律关系，但是在理论上一直存在"事实劳动关系"的概念之争。有观点认为，事实劳动关系应为不符合法定模式的劳动关系，其中包括缺乏劳动合同有效要件的劳动关系，涉及主体不适格、内容违法、意思表示不真实等情形。[③]也有观点认为，在主体不适格的情形下，不存在事实劳动关系的问题，而是根本没有劳动关系。[④]《司法解释（四）》第14条与后一种观点相符，将"就业证件"作为劳动者适格的要件，但是《管理规定》第7条实际上已对外国人在华就业资格做出了规定，[⑤]就业证件影响的并非主体资格问题，而是就业行为的合法性问题。

---

① 吴文芳：《我国就业的外国人劳动争议案件适用劳动法之难点》，《法学》2013年第6期。

② 王全兴：《劳动法》（第四版），法律出版社，2017，第33页。

③ 王全兴、侯玲玲：《事实劳动关系的法律定义重构》，《中国劳动》2006年第1期。

④ 沈建峰：《论事实劳动关系的解除》，《中国劳动》2015年第6期。

⑤ 《外国人在中国就业管理规定》第7条规定，"外国人在中国就业须具备下列条件：（一）年满18周岁，身体健康；（二）具有从事其工作所必须的专业技能和相应的工作经历；（三）无犯罪记录；（四）有确定的聘用单位；（五）持有有效护照或能代替护照的其他国际旅行证件。"

　　根据《出境入境管理法》第 43 条的规定，"未按照规定取得工作许可和工作类居留证件在中国境内工作的""超出工作许可限定范围在中国境内工作"等情形属于非法就业性质。这种"非法"是由于欠缺就业的行政审批。因而，这种情形在事实上类似"无营业执照或者未经依法登记、备案的单位以及被依法吊销营业执照或者撤销登记、备案的单位"和"未达到法定就业年龄的童工"。而对于"非法用工"行为，我国立法也并未明确将其规定为劳务关系。例如，根据《工伤保险条例》第 66 条和《非法用工单位伤亡人员一次性赔偿办法》的规定，在上述两种非法用工过程中发生的工伤事故，就业主体或其近亲属所获一次性赔偿不得低于工伤保险待遇的规定，对赔偿数额发生的争议，可以按照劳动争议的有关规定处理。有观点认为，这实际上是肯定了非法用工纠纷可以适用劳动争议程序。[1]《劳动人事争议仲裁办案规则》第 6 条也明确将欠缺合法要件的用人单位与劳动者发生的纠纷纳入劳动仲裁的程序。一些地方法院也肯定了"因主体原因"造成非法用工的，应当按照劳动关系处理。[2]

　　有观点进一步认为，劳动者不适格的劳动关系属于事实劳动关系，应当受到劳动法的保护，但是基于《司法解释（四）》第 14 条的规定，应当将未依法取得就业证件的外国人排除在外。[3] 但是未达到法定就业年龄的用工关系在理论上可以被纳入事实劳动关系，若抛开《司法解释（四）》的条文，欠缺行政审批但符合就业条件的用工关系也应当被纳入事实劳动关系。因此，《司法解释（四）》直接以不具有就业证件作为否定"劳动关系"的依据，在理论上存在不妥。是否具有"劳动关系"应基于从属性特征进行判定，对于欠缺就业证件的，劳动仲裁机构和人民法院应当对劳动合同的效力予以审查。《劳动合同法》第 26 条确立了劳动合同无效的制度，明确将"违反法律、行政法规强制性规定"作为无效的情形之一，对于违反了行政

---

① 张立人：《非法用工单位与其职工建立的是否劳动关系》，《中国劳动》2006 年第 1 期。

② 参见泸州市中级人民法院《关于审理劳动争议纠纷案件若干疑难问题解答》。

③ 王全兴：《劳动法》（第四版），法律出版社，2017，第 95 页。

性审批的强制性规定，应当是劳动合同无效的问题，即不能成立劳动法律关系，而非不能形成劳动关系。

（二）否认劳动关系不利于就业证件制度目标的实现

从就业证件的管制目的来看，否认劳动关系并不是最为合理的路径。各国立法之所以通过工作签证、就业许可制度等方式对外国人的就业行为加以规范，是基于维护劳动力市场秩序、人才战略以及国家安全的角度考虑。如果立法否定非法就业人员的劳动关系和基本劳动权利，反而会增加用人单位违法用工的可能性。从就业证件的办理主体来看，就业许可证和就业证由用人单位负主要申请义务，外国就业者是辅助的配合义务，在双方均存在违反《出境入境管理法》规定情形下，让就业者承担更多的不利后果，实属不妥。外国就业者面临非法状态下被用人单位剥削的风险，用人单位会对长期违法的获利与被管理机关发现和惩罚的风险进行衡量，在这种状态下，完全忽视非法就业者的权利，反而会增加非法就业的数量。[1] 正如上述案件中，一些法院以不予认定劳动关系为由，不支持加班费、未签订劳动合同的双倍工资、违法解除的经济补偿金等权益，这与行政处罚相比，[2] 用人单位可获利空间更大。另外，在实践中还出现了用人单位最初办理了就业证件，后未依法延续办理的情形，一些法院采取了分段计算的方式，分别按照劳动关系和劳务关系处理，而因非法就业期限的延续，导致前段的劳动关系中能够主张的劳动权益面临超过诉讼时效的风险，这实际也进一步增大了用人单位非法用工的可能性。

基于上述理论与规范分析，笔者认为，对于欠缺就业证件的情形，不应当直接否认劳动关系的存在，而应将之视为非法用工，属于无效劳动合同范畴，在程序上可按照劳动争议程序处理。

---

[1] Stephen Clibborn, "Why Undocumented Immigrant Workers Should Have Workplace Rights," *The Economic and Labour Relations Review*, Vol. 26, 2015, p. 468.

[2] 《中华人民共和国公民出境入境管理法》第 80 条规定："非法聘用外国人的，处每非法聘用一人一万元，总额不超过十万元的罚款；有违法所得的，没收违法所得"。

四 欠缺就业证件情形下实体权益处理问题

"不予认定劳动关系"与"劳动合同无效"不仅在处理程序上有所区别，在实体权益上也有差异。在前者情形下，用工关系被纳入民法的调整范围。在后者情形下，非法就业人员与用人单位的劳动关系并不因合同无效而被否定，其有权按照《劳动合同法》第 28 条和第 86 条关于无效劳动合同的规定，主张已付出劳动的劳动报酬和合同无效所导致的损害赔偿。若按照无效劳动合同进行处理，应注意以下两方面问题。

（一）应当保障非法就业外国人的基本劳动权利

从人权角度来看，就业权是人权的重要组成部分，其在《世界人权宣言》和《经济、社会及文化权利国际公约》中均有体现，人人享有工作的权利和公正良好的工作条件。联合国在 2003 年颁布的《保护所有迁徙工人及其家庭成员权利国际公约》第 25 条第 3 款规定："缔约国应采取一切适当措施，确保移徙工人不因其逗留或就业有任何不正常情况而被剥夺因本原则而获得的任何权利。特别是雇主不得由于任何这种不正常情况而免除任何法律的或合同的义务，或对其义务有任何方式的限制。"该条款体现了联合国对于移民工人在非正常状态下的劳动权利保护理念。因而，从人权角度而言，我国立法应当对欠缺就业证件的外国人基本人权予以保护。[①] 不过，为了兼顾对于违法就业行为的抑制，非法就业的外国人享受的劳动权利应当受到一定限制。

在《劳动合同法》第 28 条所规定的劳动报酬追偿权之外，笔者认为，非法就业外国人还应享有就业自由、最低工资保障、休息与休假、劳动安全与卫生的权利，以免出现用人单位强迫劳动或损害人身健康的情形。对于外国人在非法就业期间发生的工伤事故，应当比照非法用工行为予以赔偿。同

---

① 陆海娜：《人权保护与外国人在华就业管理》，《人权》2014 年第 4 期。

时，立法应进一步增加用人单位雇佣该类人员的用工成本，通过加大行政处罚力度等，从用人单位的源头遏制非法用工的现象，保障我国劳动力市场的规范运营。

（二）对劳动合同无效的赔偿责任应分情形对待

根据《劳动合同法》第 86 条规定，对于欠缺就业证件而导致劳动合同无效，应由过错一方承担赔偿责任。所以在具体的案件中，仲裁机构或法院应当对欠缺就业证件的原因进行分析。

首先，在过错责任的认定上，审理机关应当基于就业证件的办理义务主体进行责任区分。例如，办理《工作许可证》属于用人单位的义务范围，审理机关应当推定欠缺该类就业证件的过错责任由用人单位承担，除非用人单位能够证明该证件的欠缺是劳动者过错所致。而居留证在申请程序上由外国人自行申请，如若欠缺该类证件，应推定是外国人的过错所致。

其次，在赔偿责任的范围上，对于劳动合同无效状态下就业者的损害赔偿请求应当划定合理范围。如果将合同在有效状态下，就业者可以获得法定的劳动合同权益作为损害赔偿的标准，则会对这类就业者过度保护，降低了其自身因非法就业面临的风险，不利于就业证件制度的实施。因此，具体赔偿范围可以参照劳动合同在有效情形下就业者可获得的经济补偿金为标准，以督促用人单位及时办理合法就业证件。

B.27
员工诉求超法律基准类劳资纠纷处置研究

张振成*

摘　要：　本文指出国家、广东省、深圳市各级人力资源部门在对劳资纠纷进行统计和分析时，均未使用员工诉求超法律基准类劳资纠纷的口径，但在劳动监察机构日常处置劳资纠纷过程中，员工诉求是否超出法律基准，对处置工作的困难性和复杂性均产生较大影响。同时，随着经济的不断发展，员工在劳资纠纷中提出超出法律基准诉求的情形常有发生。为提高劳动监察机构劳动纠纷处置水平，有必要对员工诉求超法律基准类劳资纠纷进行有针对性的分析研究。在此基础上，本文从强化劳资纠纷风险预警、加强调解机制建设等方面提出处置此类纠纷时的工作建议。

关键词：　员工诉求　法律基准　分类处置　劳资纠纷

一　研究背景与基本定义

（一）研究背景

近年来，深圳市各级人力资源部门积极创新思路，按照"依法依规、分类处置，明确职责、健全机制，属地解决、快速化解"的原则，积极预防化解群体性劳资纠纷，大量劳资纠纷得到妥善快速化解。但与此同时，随

---

*　张振成，深圳市人力资源和社会保障局三级执法员，研究方向为劳动监察与执法。

着经济社会的不断发展，一些深层次的矛盾逐渐凸显，经济社会新常态下劳资纠纷的新情况、新问题、新动向陆续显现。其中，员工在劳资纠纷中提出超出法律基准诉求的情形常有发生，已经成为当前深圳市各级人力资源部门劳资纠纷处置工作的重点和难点。

目前，国家、广东省、深圳市各级人力资源部门在对劳资纠纷进行统计和分析时，均未严格使用员工诉求超法律基准类劳资纠纷的口径，但在劳动监察机构日常处置劳资纠纷过程中，员工诉求是否超出法律基准，对处置工作的困难性和复杂性均产生较大影响。为提高深圳市劳动监察机构劳动纠纷处置水平，有必要对员工诉求超法律基准类劳资纠纷进行有针对性的分析研究，认真提炼总结深圳市各级劳动监察机构在处置员工诉求超法律基准类劳资纠纷方面的经验做法，进一步提高劳资纠纷处置水平。为此，本文对2016年以来至2018年上半年深圳市劳动监察机构参与处置的员工诉求超法律基准类30人以上劳资纠纷进行分析，对涉及人数较多、持续时间较长、具有较大社会影响力的部分典型案例进行集中剖析，总结提炼深圳市劳动监察机构在处置此类纠纷时的经验做法，就做好防范和化解、进一步提升处置水平等方面提出工作建议。

（二）基本定义

所谓员工诉求超法律基准类劳资纠纷，是指劳动关系运行过程中，员工提出超出现行劳动保障法律、法规和规章标准之外诉求的劳资纠纷。这里需要明确的是，员工诉求超法律基准类劳资纠纷，并非专指员工全部诉求均超出法律基准的劳资纠纷，而是指员工众多诉求中，有一项或多项超出法律基准的诉求。主要包括以下三种情形。

1. 法律法规已明确规定非用人单位法定义务的诉求

如企业同城搬迁，依法无须支付经济补偿，员工要求支付经济补偿金；企业出现转型、升级、分立、合并，企业变更法人、主要负责人或投资人等情形，不影响劳动合同履行，但员工提出买断工龄，要求支付经济补偿金；公司因经营需要减少加班或放假，员工要求增加加班时间或者要求解除劳动合同支付经济补偿金等。

2. 属于用人单位法定义务但标准超出法律基准的诉求

如企业市外搬迁，依法应当向员工支付一倍的经济补偿金（N，经济补偿金按劳动者在企业工作的年限，每满一年支付一个月工资的标准），但员工提出按 2N，甚至高于 2N 标准的诉求；也包括用人单位将要搬迁，目前生产经营正常，依法应当在解除劳动关系时支付经济补偿金，但员工要求企业在支付期限上提前支付经济补偿金的情形。

3. 法律无明文规定，属于劳资双方可以协商的诉求

随着员工物质生活水平和法律意识的不断提高，员工对企业的民主管理、文化生活、工资水平以及福利待遇的需求也日益增长，如员工要求改善企业经营管理，增加福利待遇，提高工资水平等，但由于一些企业效益不佳、管理无章粗糙，或经营者无视员工要求，尚无畅通的沟通协调机制，极易引发劳动争议，而员工提出的上述诉求目前在法律中又没有明确规定，使得监察、仲裁与法院在处理这类案件中处于多难的境地。

二　总体态势和主要特点

（一）总体态势

一是劳资纠纷总体形势平稳可控，30 人以上劳资纠纷数量逐年下降，但员工诉求超法律基准类占比呈上升趋势。2016 年至 2018 年上半年，深圳市各级劳动监察机构参与处置 30 人以上劳资纠纷数量总体呈下降趋势，但员工诉求超法律基准类占比持续上升，其中 2016～2017 年占 40% 左右，但 2018 年上半年此比例上升到 58%，上升趋势较为明显。

二是企业减少加班或者放假等方式收缩经营规模导致员工收入减少，企业转型升级、分立、合并，停产、停业、结业和搬迁，是员工诉求超法律基

准类劳资纠纷高发的主要原因。近几年来，随着深圳市产业政策调整步伐加快和产业结构优化政策效果持续凸显，大量劳动力密集型、低附加值、高污染企业主动通过减少加班或者放假等方式收缩经营规模、寻求转型升级和搬迁予以应对，或者停产停业、宣布提前解散、结业，是员工诉求超法律基准类劳资纠纷高发的主要原因。2016 年至 2018 年上半年员工诉求超法律基准类劳资纠纷中，因此类原因引发的超过 80%。

三是员工诉求主要以无法律依据或者超出现行法律标准要求支付经济补偿金为主，且占比呈上升趋势。

2016～2017 年的员工诉求超法律基准类劳资纠纷中，员工诉求涉及无法律依据或者超出现行法律标准要求支付经济补偿金的均超过 80%；而 2018 年上半年该数据则超过 90%，说明无法律依据或者超出现行法律标准要求支付经济补偿金是当前超法律基准类劳资纠纷中员工诉求的最主要内容，而此类诉求，由于涉及资金量巨大，难以在短时间内解决。

（二）主要特点

一是从登记注册类型来看，发生员工诉求超法律基准劳资纠纷的企业主要以有限责任公司和港澳台投资企业为主。其中有限责任公司占 40% 左右，港澳台投资企业占 35% 左右，外商投资企业占 10% 左右。

二是从发生行业来看，主要集中在劳动力密集型制造业企业。2016 年至 2018 年上半年劳动监察机构参与处置的员工诉求超法律基准类劳资纠纷发生在制造业企业超过 80%。

三是从参与人数规模来看，100 人（含 100 人）以下的中小型劳资纠纷是最主要的部分，占 70% 左右；100～300 人（不含）的占 20% 左右；300 人及以上的大型的劳资纠纷占 10% 左右。

四是从持续时间来看，80% 以上的劳资纠纷都可以在十天之内解决，持续时间超过十天以上不到 20%，说明目前深圳市处置此类劳资纠纷的工作机制是行之有效的。

三　处置工作经验总结和存在难点

（一）处置工作经验总结

在处置员工诉求超法律基准类劳资纠纷时，深圳市人力资源、维稳、应急、公安、工会和街道等相关部门按照劳资纠纷分类处置工作机制，依法依规，分类处置。对员工合理诉求，积极引导协商解决，对企业违法行为坚决查处，依法惩戒严重扰乱公共秩序的违法行为。

一是部门联动、分类处置，是目前处置员工诉求超法律基准类劳资纠纷的组织基础。深圳市各职能部门在处置劳资纠纷群体性事件包括员工诉求超法律基准类劳资纠纷方面已建立起较为完善的长效机制，各部门按照《深圳市突发事件应急预案管理办法》《深圳市人民政府办公厅关于加强劳资纠纷分类处置工作的意见》有关工作要求，积极履行部门职责，切实做好部门协作。人力资源部门和总工会负责企业的补偿和沟通方案进行审核把关，指导督促和帮助企业搭建平台，组织劳资双方开展平等协商，及时收集员工诉求；维稳、信访、应急、公安、街道等负责做好前期信息摸排、掌握重点人员情况以及现场维稳处突等，宣传部门负责舆情监控引导工作。多部门按照各自职责，既分工又合作，及时做好沟通衔接，合力处置，是目前深圳市处置员工诉求超法律基准类劳资纠纷的组织基础。

二是搭建平台，引导劳资双方开展平等协商是处置员工诉求超法律基准类劳资纠纷主要做法。相对于处置其他类型的劳动纠纷，处置员工诉求超法律基准类劳资纠纷的工作重点和工作难点均为超出法律基准部分诉求。由于这部分诉求超出法律标准应当由劳资双方协商解决，政府部门难以通过行政手段强制要求劳资双方任意一方做出让步，只能通过搭建平台，引导劳资双方在法律框架内平等协商的方式解决。从处理结果来看，通过耐心引导劳资双方协商是可以将绝大部分劳资纠纷处置完结的。

三是引导员工申请劳动争议仲裁，是处置员工诉求超法律基准类劳资纠纷重要手段。对于劳资双方分歧较大的，积极引导员工通过申请劳动争议仲裁，由劳动争议仲裁机构依据就近、便利原则，依法快速处理。这既是处置此类劳资纠纷的重要手段，也是逐渐将员工诉求超法律基准类劳资纠纷处置工作纳入法治轨道的必由之路。但多数情况下，员工明知其诉求超出法律基准难以获得仲裁支持或者认为仲裁耗时过长而不愿申请仲裁。

四是失业救助，就业帮扶，及时分流转移员工，是处置员工诉求超法律基准类劳资纠纷的重要推力。在处置员工诉求超法律基准类劳资纠纷，特别是涉及人数众多，因企业搬迁、破产、提前解散、结业引起的员工诉求超法律基准类劳资纠纷时，及时为员工提供社保转移、失业登记、失业金领取和就业帮扶等公共服务，能有效化解员工心理波动，及时将员工分流安置，推进处置工作顺利完成。如某电子器材企业关闭，市、区人力资源部门在现场设立了劳动关系、就业服务、失业登记及社会保障等十个服务窗口，当地社保部门通过分局办理、劳动站办理和自助机办理等多个途径办理员工失业金申领业务。当地人力资源部门先后邀约超过80家帮扶企业到现场举行招聘，部分企业在现场直接进行面试，对面试合格员工，安排车辆直接接送到企业了解情况，从而使原本聚集的员工群体在短时间内就得到了分流，既有力推动了劳资纠纷的迅速解决，也大大缓解了当地政府的维稳压力。

五是有效布控，依法惩戒严重扰乱公共秩序的违法行为，是确保处置工作有序进行的重要保障。公安部门及时做好事态稳控，及时掌握员工动态，对采取非理性行为表达诉求的员工，及时告知其法律后果；对群体性事件中出现的暴力恫吓破坏，封堵等严重扰乱公共秩序的违法行为，依法进行处置。如某电子企业、某玩具企业、某电器企业、某运输企业等劳资纠纷，公安机关及时出手，对挑头闹事的相关人员采取训诫谈话，避免了事态的进一步恶化。

（二）存在的难点

近年来，虽然劳资纠纷群体事件的数量逐年下降，员工诉求超法律基准类劳资纠纷绝对数量也相应逐年下降，但占比呈上升趋势，且事件处置难度逐渐加大，具体表现在以下七个方面。

一是经济补偿金涉及经济利益巨大，劳资双方博弈激烈。经济补偿金按照员工的工作年限计算，往往数倍于月工资，是员工在此类劳资纠纷中诉求的重点，但同时由于依法无据或者诉求超过法定标准，也是资方最不愿意做出让步的关键点。由于涉及经济利益巨大，劳资双方均围绕经济补偿金进行了或明或暗的博弈。对于资方，在订单不足、生产经营发生困难的时候，往往不采取裁减员工的方式，而是通过减少加班、放假、停工停产等方式，使员工实际工资大幅降低，促使员工主动离职，达到回避支付经济补偿金的目的；作为员工一方，只要企业生产经营发生困难，发生或可能发生合并、分立、变更法定代表人或投资人的情况，即以停工、集体上访等方式，迫使企业买断工龄，支付经济补偿金。上述劳资双方的行为，实质核心还在于经济补偿金问题。

人力资源等政府相关部门在处置此类劳资纠纷时，囿于法律，主要通过引导劳资双方协商解决。由于涉及金额巨大，劳资双方均不轻易让步，协商往往耗时费力。一方面，企业需要时间分析得失，评估让步；另一方面，员工的诉求也在协商中反复变化与调整。随着时间推移，各级政府面临的维稳工作压力也越来越大。

二是事件性质更趋复杂。激化劳资矛盾的原因是各种各样的，群体性劳资纠纷事件往往是各类矛盾激化后的传导末端和最终表现形式，其性质已不局限于劳资纠纷。部分事件性质已超越单纯的劳资纠纷，而是民事纠纷、管理纠纷与劳资纠纷相混合，事件性质更为复杂。如某电子厂劳资纠纷表现形式是工厂停产停业，但实际原因是两股东之间产生严重民事纠纷，并涉嫌经济犯罪等。处置过程中出现公章、人事章、财务章、执业执照等全部丢失，公司财务人员被控制，人力资源部门无法核对工人数量及工人工资额度等复杂情况。又如某电子器材公司劳资纠纷，因公司管理层曾与员工发生过口角及员工对管理制度不满，90 名员工随即在厂区内聚集要求现公司生产经理下台，调回原来的生产经理和主管。其性质已超出劳资纠纷范畴，对处置工作构成较大挑战。

三是法内诉求和法外诉求难以剥离。在绝大多数的员工诉求超法律基准内劳资纠纷中，员工合法诉求往往与法外诉求交织，且难以剥离，处置工作耗时持久。如龙岗某电器企业劳资纠纷，员工除提出按 2N 标准支付经济补偿金的诉求外，又提出了住房公积金、社保补缴、加班费追溯等14 项诉求。这类案件中，法外诉求由劳资双方进行协商，合法诉求可以通过行政程序、劳动仲裁、司法程序救济。但员工往往不愿意就合法诉求先行采取法定程序救济权利，而是要求企业一揽子解决，并通过怠工、上访等方式以取得政府干预，给企业施加压力，最终目的是同时实现合法诉求和法外诉求，获取更多利益，从而使处置工作变得更加复杂，耗时也更为持久。

四是部分事件爆发比较突然，对预警信息要求更高。部分案件在发生之前没有预兆，企业用工正常，在人力资源部门的预警范围内没有出现征兆。例如某电子企业劳资纠纷，该公司 2016 年 11 月 15 日刚发放了 10 月份工资，11 月 18 日即因两股东之间产生纠纷开始停产；又如宝安某高科技企业劳资纠纷，该公司工资发放、工资标准、合同签订情况等用工情况均符合劳动法律规定，人力资源部门也未曾收到关于该公司的劳动违法投诉举报情况，但在 2017 年 3 月 3 日该公司在没有知会任何政府部门、房东和员工，也没有发出任何通知的情况下，欲将部分设备搬离，从而引发劳资纠纷。可以说，在当前形势下，对预警信息的要求更高、范围更广，已不仅是人力资源部门对企业信息的掌握范围，还涉及企业订单萎缩、开工不足、资金周转不灵导致欠税、欠水电费、欠贷款等信息，已需要涉及经贸、市场监管、水电、银行等多个职能部门和非政府部门互通共融预警信息。

五是工会、协会作用缺位，集体协商机制运作不畅。对工会在劳资纠纷中的职责，《工会法》《深圳经济特区和谐劳动关系促进条例》等法律法规规定了工会在因劳动争议发生集体停工、怠工时，应当代表劳动者同用人单位谈判，反映劳动者的要求和意见并提出解决方案。但从实际情况来看，工会的作用仍有待进一步发挥。特别是在员工诉求超法律基准类劳资纠纷中，企业不存在劳动保障违法行为，员工也未采取过激行为，此时工会的主动介入，能引导和促进劳资双方在法律框架内进行正常的博弈。但在实际工作中，工会作用仍没有得到很好发挥。一方面，当前员工对工会代表信任感较低，发生劳资纠纷时通过工会与企业谈判的意愿较低；另一方面，因集体谈判权受限，即使工会代表员工与企业协商，其作用范围仍比较有限。

六是自媒体新媒介的传播方式，使事件升级速度更快。微信、微博等自媒体的普及，使员工串联的速度更快，在互相转发过程中导致事件的社会影响急剧发酵，用舆论助推、舆论造势给企业和政府施压。同时，信息传播途径的扩大，还容易掺杂虚假信息，极易产生先入为主和"一边倒"效应，严重干扰政府部门的处置工作，同时使政府维稳压力加大。

七是员工维权组织化程度较高。随着新生代员工文化水平的提高、参与意识和集体行动意识的增强、"法不责众"心态的加固，员工维权组织化程度较高、策划力明显加强。在部分案件中，企业中层干部不能及时准确传递双方信息，甚至基于自身利益进行幕后策划组织，唆使一线员工非理性维权。同时，由于深圳地缘特殊，经济地位重要，容易有境外势力维权组织渗透并推波助澜。

四 工作建议

（一）强化劳资纠纷风险预警，加强数据融合

认真落实深圳市委政法委等八部门联合下发的《关于加强劳资纠纷风险预警防范的实施办法》要求，加强劳资纠纷风险预警防范，提升预警的广度、维度，尽早发现隐患，及时研判预警，从源头防范化解。

（二）加强调解体制机制建设

提出完善深圳市调解工作顶层设计的政策建议，建立健全党委政府领导、综治协调、人社行政主导、有关部门共同参与的多元调解工作机制。开展调解员专业化培训工作；完善调解协议仲裁审查确认制度，提高调解协议的执行力，柔性化解劳动争议。

（三）强化劳资纠纷分类处置，提升履职能力

进一步落实《深圳市人民政府办公厅关于加强劳资纠纷分类处置工作的意见》和各区处置劳资纠纷工作预案，增强责任意识，提升履职能力，保障既有方案有效运转。部门间加强日常沟通和演练，关键时候可以迅速高效地形成条块结合、上下联动、各司其职的工作格局。同时，进一步细化劳资纠纷处置预案的职责分工，牵头部门加强防范处置劳资纠纷群体性事件的整体合力。落实相应责任监督机制，对在劳资纠纷处置中配合不到位、处置不及时的，依照相应规定及时通报。

（四）进一步发挥工会、行业协会、商会在劳资纠纷预防化解和处置中的作用

充分发挥工会组织对维护工人权益的重要作用，建立员工自我维权的组织基础，加强集体维权的力量，帮助员工通过工会以合法、正当的手段，抵制和防范侵权行为。在因劳动争议发生集体停工、怠工时，应当代表劳动者同用人单位谈判，反映劳动者的要求和意见并提出解决方案。充分发动行业协会等中介组织，积极参与构建和谐劳动关系的各项工作。利用行业协会的自律功能，发挥其在处理劳动纠纷中的积极作用。引导合法民间维权组织健康发展，严厉打击侵害劳动者权益、危害社会稳定的非法组织。

（五）加强教育宣传，营造构建和谐劳动关系的良好环境

一是创新宣传模式，打造和谐劳动关系"好声音"。深入推进法律法规

宣传教育活动，充分利用网站、微博微信、移动客户端等新媒体，以贴近生活的语言和形式，加大对和谐劳动关系先进典型的宣传和对重大违法行为的曝光力度，密切关注舆情动态，及时发布权威消息，做好舆论引导，形成正确宣传导向。二是强化教育引导，做好员工依法维权的"导航仪"。引导员工正确对待社会利益关系调整，合理确定诉求预期，理性合法表达利益诉求。

❖ 皮书起源 ❖

"皮书"起源于十七、十八世纪的英国，主要指官方或社会组织正式发表的重要文件或报告，多以"白皮书"命名。在中国，"皮书"这一概念被社会广泛接受，并被成功运作、发展成为一种全新的出版形态，则源于中国社会科学院社会科学文献出版社。

❖ 皮书定义 ❖

皮书是对中国与世界发展状况和热点问题进行年度监测，以专业的角度、专家的视野和实证研究方法，针对某一领域或区域现状与发展态势展开分析和预测，具备原创性、实证性、专业性、连续性、前沿性、时效性等特点的公开出版物，由一系列权威研究报告组成。

❖ 皮书作者 ❖

皮书系列的作者以中国社会科学院、著名高校、地方社会科学院的研究人员为主，多为国内一流研究机构的权威专家学者，他们的看法和观点代表了学界对中国与世界的现实和未来最高水平的解读与分析。

❖ 皮书荣誉 ❖

皮书系列已成为社会科学文献出版社的著名图书品牌和中国社会科学院的知名学术品牌。2016年，皮书系列正式列入"十三五"国家重点出版规划项目；2013~2019年，重点皮书列入中国社会科学院承担的国家哲学社会科学创新工程项目；2019年，64种院外皮书使用"中国社会科学院创新工程学术出版项目"标识。

权威报告·一手数据·特色资源

皮书数据库
ANNUAL REPORT(YEARBOOK)
DATABASE

当代中国经济与社会发展高端智库平台

所获荣誉

- 2016年，入选"'十三五'国家重点电子出版物出版规划骨干工程"
- 2015年，荣获"搜索中国正能量 点赞2015""创新中国科技创新奖"
- 2013年，荣获"中国出版政府奖·网络出版物奖"提名奖
- 连续多年荣获中国数字出版博览会"数字出版·优秀品牌"奖

成为会员

通过网址www.pishu.com.cn访问皮书数据库网站或下载皮书数据库APP，进行手机号码验证或邮箱验证即可成为皮书数据库会员。

会员福利

- 已注册用户购书后可免费获赠100元皮书数据库充值卡。刮开充值卡涂层获取充值密码，登录并进入"会员中心"—"在线充值"—"充值卡充值"，充值成功即可购买和查看数据库内容。
- 会员福利最终解释权归社会科学文献出版社所有。

数据库服务热线：400-008-6695
数据库服务QQ：2475522410
数据库服务邮箱：database@ssap.cn
图书销售热线：010-59367070/7028
图书服务QQ：1265056568
图书服务邮箱：duzhe@ssap.cn

社会科学文献出版社 皮书系列
SOCIAL SCIENCES ACADEMIC PRESS (CHINA)
卡号：388527699388
密码：

S 基本子库
SUB DATABASE

中国社会发展数据库（下设 12 个子库）

全面整合国内外中国社会发展研究成果，汇聚独家统计数据、深度分析报告，涉及社会、人口、政治、教育、法律等 12 个领域，为了解中国社会发展动态、跟踪社会核心热点、分析社会发展趋势提供一站式资源搜索和数据分析与挖掘服务。

中国经济发展数据库（下设 12 个子库）

基于"皮书系列"中涉及中国经济发展的研究资料构建，内容涵盖宏观经济、农业经济、工业经济、产业经济等 12 个重点经济领域，为实时掌控经济运行态势、把握经济发展规律、洞察经济形势、进行经济决策提供参考和依据。

中国行业发展数据库（下设 17 个子库）

以中国国民经济行业分类为依据，覆盖金融业、旅游、医疗卫生、交通运输、能源矿产等 100 多个行业，跟踪分析国民经济相关行业市场运行状况和政策导向，汇集行业发展前沿资讯，为投资、从业及各种经济决策提供理论基础和实践指导。

中国区域发展数据库（下设 6 个子库）

对中国特定区域内的经济、社会、文化等领域现状与发展情况进行深度分析和预测，研究层级至县及县以下行政区，涉及地区、区域经济体、城市、农村等不同维度。为地方经济社会宏观态势研究、发展经验研究、案例分析提供数据服务。

中国文化传媒数据库（下设 18 个子库）

汇聚文化传媒领域专家观点、热点资讯，梳理国内外中国文化发展相关学术研究成果、一手统计数据，涵盖文化产业、新闻传播、电影娱乐、文学艺术、群众文化等 18 个重点研究领域。为文化传媒研究提供相关数据、研究报告和综合分析服务。

世界经济与国际关系数据库（下设 6 个子库）

立足"皮书系列"世界经济、国际关系相关学术资源，整合世界经济、国际政治、世界文化与科技、全球性问题、国际组织与国际法、区域研究 6 大领域研究成果，为世界经济与国际关系研究提供全方位数据分析，为决策和形势研判提供参考。

法律声明

　　"皮书系列"（含蓝皮书、绿皮书、黄皮书）之品牌由社会科学文献出版社最早使用并持续至今，现已被中国图书市场所熟知。"皮书系列"的相关商标已在中华人民共和国国家工商行政管理总局商标局注册，如LOGO（ ▗ ）、皮书、Pishu、经济蓝皮书、社会蓝皮书等。"皮书系列"图书的注册商标专用权及封面设计、版式设计的著作权均为社会科学文献出版社所有。未经社会科学文献出版社书面授权许可，任何使用与"皮书系列"图书注册商标、封面设计、版式设计相同或者近似的文字、图形或其组合的行为均系侵权行为。

　　经作者授权，本书的专有出版权及信息网络传播权等为社会科学文献出版社享有。未经社会科学文献出版社书面授权许可，任何就本书内容的复制、发行或以数字形式进行网络传播的行为均系侵权行为。

　　社会科学文献出版社将通过法律途径追究上述侵权行为的法律责任，维护自身合法权益。

　　欢迎社会各界人士对侵犯社会科学文献出版社上述权利的侵权行为进行举报。电话：010-59367121，电子邮箱：fawubu@ssap.cn。

社会科学文献出版社